ハワイアン・プライド

今を生きるハワイ人の民族誌

四條真也［著］

教友社

目次

第Ⅰ部　序論

第一章　問題の所在

はじめに

本書の目的は、オアフ島西岸域ワイアナエ地区（Wai'anae District）における先住ハワイ人専用の居住区「ハワイアン・ホームステッド（Hawaiian Homestead）」で実施した社会人類学的・文化人類学的調査によって得られた資料をもとに、現在のハワイアン・ホームステッドおよびその周辺域の先住ハワイ社会の姿を考察することにある。ハワイ州内でも人口規模の大きいハワイアン・ホームステッドが集まるワイアナエ地区は、現地ハワイでは「ハワイアン・ランド（Hawaiian Land）」とも称され、ホームステッド内外に多くの先住ハワイ人が住む地区として知られる。一九世紀に本格的にはじまるハワイの近代化以降、州内の都市や州外への分散移住が進んだ先住ハワイ社会であるが、二〇世紀になって「ハワイアン・ホームステッド」という形で先住ハワイ人コミュニティが再形成されたワイアナエ地区は、先住ハワイ社会の現在の姿を知ることができるフィールドであるといえるだろう。本書では、ワイアナエ地区の先住ハワイ社会における諸相の中でも、特にハワイ人にみる「血（blood）」と「プライド（pride）」の二つの概念に注目し、ハワイアン・ホームステッドそしてワイアナエ地区の姿を描くことで、特に一九七〇年代にハワイで活発化した、「エスニック・プライド運動」以後の、先住社会の現状を考察する。

まず、「血」の概念は、ハワイアン・ホームステッドの住民および入居を希望する先住ハワイ人にとっては、とりわけ重要な概念だといえる。そもそも、伝統的に民族を「血」で規定してこなかった先住ハワイ人にとって、二〇世紀前半に導入された「五〇%以上のハワイ人の血の割合」を求めるハワイアン・ホームステッドの入居基準は、先住ハワイ人を「血」で規定するとともに、ハワイアン・ホームステッド内の伝統的な親族概念を変えるきっかけとなった。つまり、伝統的には「血」以外にも養育といった関係性によっても規定され得たオヤコ関係が、ハワイアン・ホームステッド内では無効とされたのである。また、昨今は、ハワイ州内のほかのエスニック・グループと比較して貧困率が高いとされる先住ハワイ人社会において、入居後にいくつかの経済的メリットもあるハワイアン・ホームステッドに入居することは、その後の人生を大きく左右することであるとする考えが広がっているといえる。入居することが、アメリカ国内でもとりわけ物価高の状況にあるハワイ州での、経済的自立の重要な足掛かりとなるからである。そして、すでにハワイアン・ホームステッドで暮らしている住民にとっても、ハワイ人の「血」を守ることは、将来の経済的基盤を守ることにつながるのだ。本書では、社会経済的環境を背景に高まるハワイアン・ホームステッドの需要と、それに伴い前景化する「血」というアメリカ本土経由の民族概念を積極的に利用する先住ハワイ人の姿を、「血」にまつわるこれまでの人類学的研究を踏まえて、ハワイ人と「血」の関係を明らかにしてみたい。

本書で注目するもう一つのワイアナエ地区をめぐる状相が、日常生活の中でしばし言及される「プライド(pride)」の概念である。昨今、「プライド」という言葉が国家やエスニック集団、および地域や特定集団の枠組みで使用される状況がある[Sullivan 2014]。オアフ島西部に位置するワイアナエ地区の場合には、多文化・多民族的背景を持つ人が多くいる地区住民の、集団的意識を表象する際に、「ウェストサイド・プライド(Westside pride)」というフレーズが使われることがある。例えば、二〇〇八年にワイアナエ出身のハワイアン・レゲエ歌手ババ・

ビー（Baba B）は、『*Westside Pride*』という歌をハワイでリリースし、歌詞の中で地域の誇りであるワイアナエ出身のハワイ人著名人らを、ワイアナエの「プライド」として称え、地区の人々の共感を集めた。また、筆者の周囲でも、民族の如何を問わずワイアナエ地区の出身、あるいは住民であることを肯定的に表現する際に、「ウェストサイド・プライド（Westside Pride）」や「ワイアナエ・プライド（Wai'anae Pride）」というフレーズを使用する住民は少なくない。「ハワイ人の土地」とも呼ばれるワイアナエ地区で、「血」という概念がハワイ人を本質的に規定する状況が存在する一方、多民族的でもあるワイアナエ地区の集団的意識を、「プライド」概念が下支えしている様子を本書では事例とともに詳しく見てみたい。

「プライド」概念を考察するにあたり、本章では、アメリカで一九六〇年代以降にエスニック・マイノリティの間で広まった「プライド運動（pride movement）」の状況に注目する。公民権運動を発端としてアメリカ全土に拡大した「エスニック・プライド運動」は、一九六〇年代後半には先住ハワイ人社会にも拡大し［Trask 1987:132, Tengan 2008:55］、先住文化復興の布石となった。しかし、エスニック・マイノリティにおける「プライド」の議論に関しては、政治的目的を柱としたエスニック・プライド運動に関する諸事例の提示にとどまり［Rhea 1997］、アメリカにおけるエスニック・マイノリティの「プライド」概念の定義が、充分に議論されてきたとは言いがたい。そこで、本書では、まず社会心理学の見地から「プライド」に関して分析するギャビン・B・サリヴァン（Gavin Brent Sullivan）らによる議論を参照し、先住ハワイ人社会およびワイアナエ地区で言及される、「プライド」について考察を試みる。以下では、初めに「血」に関する議論を概観し、つぎに「プライド」についてのこれまでの議論をまとめてみたい。

第一節　本書の視座

1　「血」に関する文化人類学的研究

「血」に関する議論を概観するにあたり、まずは西欧社会と接触する以前のハワイの伝統的な親族概念について整理しておきたい。

先住ハワイ人社会における婚姻に関して、伝統的には男性が妻の生家あるいはその周辺で暮らす母方居住が基本形と考えられている。一方、出自は双系をたどり、個人は父系と母系の双方に由来するマナ（mana）と呼ばれる霊的な力や、アウマクア（ʻaumakua）と呼ばれる代々の守り神を受け継ぐとされる[1]。厳格な階級社会であったハワイでは、階級を異にする両親から生まれた子どもは、生まれた時点で両親のどちらかの階級が選択され、それは一生変わることがなかったといわれている。例えば、アリイ（aliʻi）と呼ばれる首長階級出身の母と、マカアーイナナ（makaʻāinana）と呼ばれる平民の父の間に生まれた子どもは、生まれた時点で、上位である首長階級の子として一旦認知されると、生涯アリイ階級の人間として扱われた［Apple & Apple 1980:15-14, Handy & Pukui 1991:287-290, Kauanui 2008:132］。サーリンズによれば、クックが到来する以前のハワイ社会では、個人の系譜は双系的に、そして多くの場合には階級上昇志向のもとに選択されていたと考えられるという［Sahlins 1985:20］。また、個人の能力が認められれば、階級の変更は伴わないものの、上位階級に相当する生活を保障されることもあった。

同時に、伝統的なハワイ社会における親族システムは、後述するハーナイ（hānai：養子縁組制度）など、柔軟な親族の規範を有するシステムでもあった。この柔軟な親族の枠組みは、現代の先住ハワイ人家庭においても顕著[2]である［Sahlins 1985:28, Linnekin 1990:92, McGlone 2009:16］。近代以降の先住ハワイ人社会の親族概念を考察したリネキンは、「ハワイの社会組織は、人類学が提示するカテゴリーの範疇に必ずしも合致するものではない」[Linnekin1990:115] とし、ハーナイ制度など伝統的なハワイ社会における多元的な親族の枠組みに注目している。

ちなみに、ハーナイとは基本的には一族の嫡子であるヒアポ（hiapo）を祖父母が自分達の子どもとして育てる習慣のことである。仕事で忙しい子世代に代わり、祖父母は一族の長となるべく引き取られた子どもに、一族の系譜にまつわる伝承や知識をゆっくりと時間をかけて口伝した。このほかにも、時にハーナイは子どもに恵まれなかった夫婦が、兄弟姉妹の子どもを譲り受ける形などでも行われた。いずれの場合にも、伝統的にハーナイは子どもが生まれて間もない時期に行われ、養父母が系譜上の親（mākua マークア）となり、養子も、遺伝的要素でもある超自然的霊力マナ（mana）や守り神アウマクアを受け継ぐことができた。ハーナイとなった子どもは、成長しても実父母の存在を知らないことがまれでなく、このようなハーナイの慣習が長年にわたり行われてきたため、先住ハワイ人の血縁関係は複雑に入り組んだものであった [Tengan 2003:173]。

近代化以降、キリスト教の布教などによって伝統文化の多くが禁止されたハワイであるが、ハーナイの慣習は禁止されることはなかった。一九世紀後半になると、他民族との接触が急速に進んでいた先住ハワイ人社会では、多様な民族背景をもつ住民が増加した。こうした中、ハワイ人家庭の中には移民の「孤児」を我が子として迎える家庭もあったという。ナリーン・N・アンドラーデ（Naleen N. Andrade）とキャシー・K・ベル（Cathy K. Bell）は、ハーナイとして迎え入れた子どもが親族集団の一端を担い、親族にとって重要な成員であったことにふれ、その背景として「ハワイの民族文化的概念において、ハーナイとして迎え入れられ育てられた子どもは、先住ハワイ人」[Andrade and Bell 2011:17] であり、近代化以降のハワイにあっても、育った文化環境により民族性が規定され得たことに言及している。

ところが、ハワイアン・ホームステッドへの入居資格を定めたHawaiian Homestead Commission Act（ＨＨＣＡ、一九二〇年に制定）に記された「ハワイ人の血の割合（blood quantum）が五〇％以上」というルールは、養子縁組など緩やかな親族体系を持つハワイ社会に、大きな変化をもたらすことになる。アメリカ連邦政府がＨＨＣＡに盛り込んだ「血の割合」という概念は、先住ハワイ人を「人種」という概念で規定するものであり、伝統的親族集団を維持するための一翼であったハーナイによる系譜の存続を、ハワイアン・ホームステッドの中では途絶えさせるものであったといえるだろう。

サリー・Ｅ・メリー（Sally E. Merry）はＨＨＣＡにおける西欧由来の民族・親族概念の導入は、そもそも一八二〇年以降のハワイのキリスト教化を基盤としており、キリスト教宣教師が唱える家族の理想像を通して、父系社会モデルがハワイに徐々に浸透していたことを強調する［Merry 2000］。西欧との接触以降、先住ハワイ人が大量にキリスト教に改宗していることからも、ハワイにもたらされたこのキリスト教的家族観は、ＨＨＣＡにおいて血縁主義的な親族概念が組み込まれることにつながる重要な背景であることはまちがいないであろう［Merry 2000, Kauanui 2008］。

血の概念をはじめとするアメリカ本土経由の親族概念の導入と、それまでの先住ハワイ人の親族概念について、ケーハウラニ・カウアヌイ（Kēhaulani Kauanui）は、ＨＨＣＡの起草段階での先住ハワイ系の議員とアメリカ人議員の間で交わされた質疑を詳細に分析し、起草の過程でアメリカ人議員から投げかけられる人種や血という概念が、先住ハワイ人議員の考える先住ハワイ人の規定を次第に西欧化した経緯から、ＨＨＣＡにおける血の概念がアメリカ本土を経由したものであることを明らかにしている［Kauanui 2008］。

ちなみに、現在ハワイアン・ホームステッドへの入居には五〇％以上の先住ハワイ人の血を受け継いでいることを証明しなければならないわけだが、証明するには一〇〇％先住ハワイ人である人物から、本人へつながる系譜を作成し提出することが義務付けられている。しかし、出生証明書や婚姻証明などの過去の証明書の多くがすでに消失していたり、中でも戦前に作成された証明書では名前の綴りが証明書によって違っていたりと、系譜を作成する作業は困難を極める。そのような困難な作業にもかかわらず、入居希望者が絶えない理由は、ハワイアン・ホームステッドに入ることで得られる経済的なメリットにある。ハワイアン・ホームステッドの土地区画は、年間約一ドルで貸し与えられる。また管轄する郡によっては、入居後数年間の固定資産税の免税・減税の制度もあり、こうした先住ハワイ人を対象にした経済的な優遇政策は、近年物価の高騰が著しいハワイにおいて大きなメリットであるといえる。特に、生活困窮者の割合が多いとされる先住ハワイ人社会にとって、ハワイアン・ホームステッドに住めるか否かということは、その後の人生の土台作りに関わることである。

「血の割合」をめぐる議論では、一九九〇年代になり、先住文化における政治的構築の要素に関心が高まりを見せると、構築物としての血の割合に焦点をあてた研究が登場する。上述したように、メリーによれば、ＨＨＣＡにおけるアメリカ由来の民族・親族概念の導入は、そもそも一八二〇年以降のハワイにおけるキリスト教化を基盤としており、キリスト教宣教師が唱える家族の理想像を通して、当時のハワイでは西欧的父系社会モデルが徐々に浸透していた［Merry 2000:67］。また、ＨＨＣＡ起草の段階での、公聴会における血の割合に関するハワイ代表団と連邦議会議員とのやり取りの記録を詳察したカウアヌイは、アメリカ人議員から投げかけられる人種や血という概念が、当初は血という概念をまったく意識していなかった先住ハワイ人議員の考えを次第に西欧化した経緯を明らかにした。さらにカウアヌイは、ＨＨＣＡにおける血の割合の概念が西欧由来であると結論付けたうえで、ハワイに持ち込まれた血の割合の概念が植民地主義の産物であるとし、先住ハワイ人社会におけるアイデンティティの柔軟性、つまり伝統的な親族概念を軽視するものであると主張する［Kauanui 2008］。しかしながら、このような、一九九〇年代以降に高まる先住性を、血の割合によって数値化する行為へと向かわせた血の割合というルールに対する批判は、ハワイアン・ホームステッド内部の現状と乖離しており、筆者が確認したような、借地権の相続などと密接に関わっている血の割合が、実際の住民生活の中で依然として強く意識されている状況を、見過ごしているといわざるを得ない。本書では、アメリカ政府から「押し付けられた」血の割合というルールが先住ハワイ人社会に与えた影響を、ハワイアン・ホームステッドの住民の言説から明らかにし、これまでの血の割合をめぐる議論に、さらにミクロな考察を加えてみたい。

2 親族における「血」の概念

ここで、現代の先住ハワイ人社会を捉えるうえで重要な要素である「血」に関して、親族研究で行われてきた議論について整理しておきたい。一九六〇年代後半、親族概念における血の意味を考えるきっかけを作ったデイヴィッド・シュナイダー（David Schneider）は、後述するように、親族というものがモダン人類学的親族研究で言及されてきたような、「自然（nature）」なのか「法（law）」なのかという枠組みで解明できるものではないという立場を示したうえで、親族体系における後天的な性格について注目をした［Schneider 1980, 1984］。一九七〇年代になると社会科学・人文科学では、巨大な理論的・方法論的パラダイム転換、いわゆるモダニズムからポスト・モダニズムへの転換が始まる［上杉 2003:108］。これと並行して、人類学の関心が構造から過程へ移る中、親族研究においては家族や親族集団の存在を前提としてその構造や機能を問題とする研究から、それらの形成の過程や変化を追う研究手法へと移行した［Holy1996:3-6, 上杉 2003:109］。先のシュナイダーの主張はその後、マリリン・ストラザーン（Marilyn Strathern）やジャネット・カーステン（Janett Carsten）らによりさらに発展することとなる。特に、カーステンは親族研究において、長く絶対的であった「血」の意味を改めて検証したという点で、本章の議論に貴重な視座を与えてくれる［Carsten 2004］。

「血が親族を親族たらしむ物質」であることが自明であった西欧社会を拠点としてきた親族研究は、上述したように一九七〇年を過ぎた頃に転換期を迎える。親族研究の転換にさいして、当時中心的な役割を果たしたディヴィッド・シュナイダーは、ミクロネシア諸島ヤップの親族体系を分析した結果、親族研究においてすべての親族概念が生物学的関係を内因するものではないと主張した［Schneider 1968］。このとき、アメリカの親族概念の分析にもちいた「自然によるもの（order of nature）」か「法によるもの（order of law）」、あるいは「サブスタンス」か「規約（code）」かという枠組みは、アメリカ社会の親族概念における「nature」傾向を明らかにするものであった［Carsten 2004］。また、シュナイダーは、それまでの欧米の人類学者は、欧米的な親族概念、つまり「血は水よりも濃い（Blood is thicker than water.）」という民俗的前提を、無意識のうちに絶対視し、その概念を「そうではない」社会にあてはめようとしていたのであると指摘し、旧来の親族研究に対して本質的な疑問を投げかけた［Schneider 1980, 栗田 2012］。シュナイダーのこの指摘は、それまでの人類学における親族研究を覆すほどの衝撃であり、ついには親族研究の停滞にまでつながったとさえいわれる［Carsten 2000］。

シュナイダーのこの議論をさらに発展させたストラザーンは、親族関係にかつて内在した本質的な「自然（nature）」的根拠を認めながらも、現代（ことに現代イギリス）ではその関係は同時に「文化（culture）」的な要素が折り重なったものであると付け加えた［Strathern 1995］。ストラザーンのいう現代の親族関係とは、代理出産などの生物工学によってもたらされた、「選択制」の親族関係であり、彼女はこの点において、親族概念は新たな枠組みが必要であると主張する［Strathern 1992］。

親族研究の停滞に一石を投じたもう一人が、ジャネット・カーステンである。「関係性」を軸とした親族関係について議論を試み続けているカーステンは、親族とは「生物学的（biological）」な要素だけでなく、「社会的（social）」な要素を多分にふくんだ観念であると改めて定義する。また、カーステンは、マレー人社会で自身が観察した事例を用いて、血の概念が、必ずしも子どもの性質を完全に規定しない状況を提示した。マレー人社会においては、胎児は母親の血を受け継ぐものとして考えられているが、しかし同時に、出生後に家族と同じ釜の飯をたべることによって、その血が徐々に家族のそれと同質のものとなると考えられているのである。このような事例をもとに、カーステンは、一つ屋根の下での共食と共住が、たとえ血縁関係にない個人間でも、親族関係を構築することを明らかにし、親族関係における非遺伝的な解釈を提示した［Carsten 2004］。

第二節　本書におけるエスニック・プライドの位置づけ

ここからは、ハワイでのエスニック・プライド概念を考察するにあたり、まず学際的な議論が進む「プライド」概念の枠組みを示したうえで、ハワイで展開するエスニック・プライド運動の背景となる、アメリカ本土の「エスニック・プライド運動（ethnic pride movement）」の経緯を概観してみたい。

1　「プライド」とは

集団的感情（collective emotion）に基づく集団的プライド（collective pride）の発生原理や枠組みについては、これまでに脳科学や、社会学、哲学、カルチュラルスタディーズ、政治学、そして社会心理学など多岐にわたる分野でいくつかの試論が提示されてきた［Sullivan 2014b］。その中でも、社会心理学的アプローチから「プライド」の分析を続けるギャビン・B・サリヴァン（Gavin Brent Sullivan）による議論は、本書が明らかにしようとする「プライド」における社会・文化的要因を知るうえで、一つの手がかりとなるだろう。

「プライド」に関する感情の要素に注目するサリヴァンは、「プライド」の要素を次のように説明している。サリヴァンは、「プライド」とは、集団的なアイデンティティの中にある肯定的側面と肯定的感情であるとし、「プライド」をアイデンティティの下位概念として位置づける。なお、ここでの肯定的感情とは、幸福感（happiness）、自尊心（confidence）、高揚感（effervescence）であり、「プライド」においては、これらの感情が、人々の相互行為の中で共有されることで結束が強まるのである。国家レベルでの「プライド」が醸成される状況としては、宇宙開発の成功や、近代オリンピックやＦＩＦＡワールドカップなどの大規模な国際競技会での事例が報告されている［Sullivan & Hollway 2014:80, Sullivan 2014b:124］。しかし、規模の大きな枠組みだけではなく、サリヴァンは、例えば一般のチーム、ファンクラブ、社交クラブ、バンドやオーケストラ、劇団、政党、宗教団体や、ほかにも、ジェンダーやセクシャリティ、疾患、エスニシティに関する意識を共有する人々の集まりでも、集団的かつ肯定的感情としての「プライド」が生まれ得ると主張する［Sullivan 2014b:226］。

また、集団的アイデンティティの肯定的側面が「プライド」であるなら、否定的側面も合わせて考える必要があるとサリヴァンは主張する。集団的なアイデンティティが、否定的感情をともなって表出する状況を、サリヴァンらは「うぬぼれ的プライド（hubristic pride）」と呼び、「プライド」が行き過ぎた状況下で生まれる、自己優越的かつ自己中心な側面を指摘する［Sullivan & Hollway 2014:81］。行き過ぎた「プライド」（＝「うぬぼれ的プライド」）を持つようになった集団は、「他集団に対して、険悪で反抗的な集団的プライドで対峙するようになる」［Sullivan 2014a:8］のであり、ゆえに、「プライド」とは求心力によって、自己における肯定的感情にも、反対に他者に対する否定的感情ともなり得るのである。

また「プライド」は、表面上はナショナリズムや愛国主義に近い形態であるようにみえる。しかし、ナショナリズムと愛国主義における議論では、ナショナル・アイデンティティの集団的・文化的モデルに関して理論の構築が主に行われてきた。それゆえ、「プライド」と関連性がある感情（emotion）と、組織やコミュニティ、ヴァーチャル・ネットワーク、そしてほかの非国家主体（non-national）やトランスナショナルな集団との関係性は明らかにされてこなかったといえる［Sullivan 2014c：204］。

サリヴァンが「プライド」における感情の側面を重視し分析を行ってきた一方、「プライド」の背景として、参与者の社会的地位や社会と人との関係に注目したのがトーマス・クーン（Thomas Kühn）である［Kühn 2014］。クーンは、二〇一四年にブラジルで開催されたＦＩＦＡワールドカップのブラジル大会に先駆け、ブラジル国内で高揚したナショナル・プライドに注目をする。ワールドカップを翌年に控えた二〇一三年、ブラジルでは政府に対して市民による抗議活動が起こった。当時のブラジル国内は、ワールドカップ開催を歓迎する市民がいる反面、政治の腐敗や貧困などの国内問題を棚上げして、ワールドカップや二〇一六年の夏期オリンピック・パラリンピック開催にむけて準備を進める政府に、不満をぶつける市民グループや一部有名政治家が中心となり、大規模なデモが展開されていた。しかし、ブラジル政府を糾弾する抗議活動は、単に政府を否定する活動ではないという。クーンによれば、二つの市民感情は、根本的にはブラジルの発展を願うがために発生した、ナショナル・プライドの結果なのであるという。事実、背反する市民感情によって、ブラジル国民が民衆レベルで対立することはなかった［Kühn 2014：168］。またクーンは、当時ブラジルで起こった「プライド」が、社会的アイデンティティ論で議論されてきた、集団的エンパワーメント（collective empowerment）［Drury & Reicher 2009：722-723］と共通する状況であることに着目し、「プライド」が肯定的感情により市民の団結を促進するだけでなく、所属する集団内部の問題にも積極的に働きかける、「エンパワーメント」としての要素を持っていることを明らかにしたのである。

以上の議論から、「プライド」における、肯定的感情による団結と、エンパワーメントの要素は、本書で取り上げる、先住ハワイ人社会のエスニック・プライドの姿を考察する上で、有効な議論であると考える。

なお、アフリカ系アメリカ人を中心としたマイノリティ諸民族の運動に関しては、一九九〇年代以降はレアーが提示した「レイス・プライド（race pride）」という言葉によって分析が行われてきたが［eg. Rhea 1997：69, Schein

2006:217］、本書では「レイス（人種）」という言葉が、現代アカデミズムにおいては民族的出自（もしくは、遺伝的形質）を指す用語であるとする立場［太田 2013:21］を採用し、より民族的集団としての文化・社会的動態を表象するのに適した「エスニック（ethnic：民族）」という言葉に置き換え、以下では「エスニック・プライド（ethnic pride）」概念として議論を進めてみたい。

第三節　アメリカ本土におけるエスニック・プライド

1　エスニック・マイノリティにおけるエスニック・プライドの概要

つぎに、先住ハワイ人社会のエスニック・プライド形成のきっかけである、アメリカ本土でのエスニック・プライドの発生状況を確認しておきたい。

一九六〇年代以降のアメリカ本土においては、先住アメリカ人、アジア系アメリカ人、ラテン系アメリカ人、アフリカ系アメリカ人の諸民族集団が、それぞれのエスニック・プライドを政府に対してアピールする、エスニック・プライド運動を展開した。そのうち、特に全国的なエスニック・プライド運動を展開したのがアフリカ系アメリカ人と先住アメリカ人である。アジア系社会とラテン系社会に関しては、一時はまとまった運動が展開されたが、以降それぞれの内部で、エスニック・アイデンティティがさらに多様化する時代に入り、現代に繋がる画一的なエスニック・プライドの形成には至らなかった［Rhea 1997］。

ちなみに、アジア系エスニック・プライド運動は、一九六〇年代から一九七〇年代に全盛を迎えた。八〇年代以前のこの時期は、アメリカにおけるアジア系社会は、日系と中国系が多数を占め、パン－アジア的エスニック・プライド運動を組織しやすかった時期である。この時期は特に、大戦中に合計一二万人の日本人と日系アメリカ人が収容された、マンザナー強制収容所（Manzanar internment camp）の記憶を巡り、アメリカ政府に対して謝罪・補償要求、および強制収容所の集団的記憶の修正、加えてそれまで収容経験を、ひた隠しにしてきた元収容者の記憶の保存活動が行われた［Rhea 1997:56］。しかし、八〇年代以降は、ほかのアジア各国からの移民流入が増え、アジア系アイデンティティが分散化・多様化したこと、それに伴いアジア系アメリカ人の歴史共有の感覚が薄れたことで、パン－アジア系的感情が形成されにくい情況となった。

同様に、ラテン系社会も一九六〇年代には集団的記憶（collective memory）の変更を求める運動が起こったが、運動は主にメキシコ系アメリカ人によるもので、プエルトリコ系やキューバ系との、まとまった連携は見られなかった。これは当時のラテン系社会内部では、ラテン系であっても、例えばプエルトリコ系はアフリカ系のアイデンティティを有し、かつ民主党寄りの政治的立場をとり、一方キューバ系は共和党支持の傾向が強いなど、文化的・政治的な多様性に起因するものであった［Rhea 1997:69］。

社会学的見地から、アメリカ国内における諸民族のそれぞれの社会的・文化的運動の相関を分析したレアーは、エスニック・プライドを構築する過程で行われた運動を、「レイス・プライド運動」（race pride movement：以下エスニック・プライド）と呼び、これを「自治的性格を持つ諸団体による、国家による文化的承認を得ることを共通の目的とした、拡散的な運動」［Rhea 1997:4］であると定義した。ここでいう文化的承認を得る運動とは、アメリカ国家に対してマイノリティ団体が主張する、集団的記憶の修正、例えば戦争記念公園や博物館など、公共の場での「白人」に有利な歴史認識の修正などを求める運動であり、同時に、この運動の過程において、マイノリティは、あらたなアイデンティティ、つまりエスニック・プライドを形成するのである［Rhea 1997:4, 6］。

しかし、エスニック・プライド運動の先駆けであり、一九五〇年代から一九六〇年代にアフリカ系アメリカ人が中心となった公民権運動（civil right movement）とは異なり、エスニック・プライド運動は、米国本土では社会運動とはみなされなかった。エスニック・プライド運動が社会運動とみなされなかった理由に関して、レアーは次の二つを挙げている。一つは、エスニック・プライド運動では、アメリカ国内の多くのマイノリティが関わったことで、運動目的が多様化したことである。各マイノリティ集団がそれぞれの目的を掲げることで、総体として全国的な動きが明確化されなかったのである。もう一つは、エスニック・プライド運動においては、国家に対する要求よりも、集団的記憶を管轄する諸機関、具体的には戦争記念碑を管理する公園や博物館などへの働きかけが中心であったことである。公民権運動のように国家中枢を相手にした運動では、より強い団結力が必要であるが、エスニック・プライド運動では、目的が分散したため、運動自体が中心化されなかったという特徴が指摘される［Rhea 1997:4］。

2　エスニック・プライドの萌芽――アフリカ系アメリカ人

アメリカにおけるエスニック・プライドの形成において、重要な契機となったのがアフリカ系アメリカ人によるエスニック・プライド運動である。

マイノリティによるエスニック・プライド萌芽期のアメリカ本土の状況は、一九六四年に公民権法（Civil Right Law）が制定されたにもかかわらず、「有色人種」への差別が解消されないままであった。レアーによれば、公民権法は、法的権利は保障したものの表象など文化的行為への言及はなく、そもそも社会的差別を解消するための法律ではなかった［Rhea 1997:124］。このような状況下で、アメリカにおける黒人解放運動を牽引してきた学生非暴力調整委員会（Student Non-violent Coordinating Committee, SNCC スニック）などが、黒人の社会的承認をもとめて立ち上がる。やがて、一連の運動の中で「ブラック・パワー（black power）」という言葉が支持をあつめ、運動は黒人文化復興の要素が色濃くなる［Rhea 1997:102］。そして、「ブラック・パワー」は、文化を復興することで黒人の地位向上を目指すスローガンとなった。つまり、国家法の改定だけでは実現しなかったアフリカ系アメリカ人の社会的地位向上を、今度は黒人文化全体を復興することによって確立することが目的となったのである。

しかし、初期のブラック・パワー、あるいは黒人文化復興運動は、公民権運動のように中心化せず、二つの文化的立場を内包する運動でもあった。黒人文化復興運動の初期においては、アフリカ大陸との関係を重視するアフリカ中心主義（Afrocentrism）が、実業家でジャーナリストのマーカス・ガーベイ（Marcus Garvey）の先導のもと一定の支持をあつめた。古代エジプト文明を黒人の文明であるとするロジックを展開したアフリカ中心主義は、アメリカの多文化主義に関する議論の論客であるモレフィ・ケテ・アサンテ（Molefi Kete Asante）、活動家マルコム・X（Malcolm X）、SNCCの三代目主席議員ストークリー・カーマイケル（Stokely Carmichael）らにより拡大する。

一方、アフリカ中心主義が強調するアフリカへの文化回帰に異議を唱え、アメリカ人としての黒人アイデンティティを主張したのが、牧師のマーティン・ルーサー・キング・ジュニア（Martin Luther King. Jr.）や、歴史家ヘンリー・ルイス・ゲイツ・ジュニア（Henry Luis Gates, Jr.）らアメリカ主義（Americanism）の有識者である［Rhea 1997:122］。キングは「我々はアフリカとの関係が途絶えている。我々はアメリカ人だ」［Rhea 1997:109］と主張し、アメリカの中での黒人史を評価することの重要性を主張した。さらにゲイツは、アフリカ中心主義を「存在しなかった原風景を創造するということ」［Rhea 1997:109］であると批判した。そして六〇年代半ば以降、国内の学校や博物館／美術館、または知的生産に関わる機関を通して、キングに代表されるアメリカ主義の影響を受けたアメリカ黒人史が劇的に広がったのである。一方のアフリカ中心主義は、その歴史観にいささかのねつ造が認められたことと、加えて根本的な社会格差の是正に効果がなかったこともあり、やがて少数派となった。しかし、アメリカの黒人社会にある種のアイデンティティを供給し得たという点においては、アフリカ中心主義に一定の影響力を認めることができる［Rhea 1997:123］。

第四節　「プライド」前夜の先住アメリカ人社会

1　アメリカ政府による先住民政策

アフリカ系アメリカ人のプライド運動に影響を受けて、一九六〇年代には先住アメリカ人の間でもエスニック・プライド運動が誕生するわけだが、本節では先住ハワイ人の歴史背景を踏まえる作業として、まずアメリカ本土における先住民政策の歴史をまとめてみたい。

一五世紀に始まる西洋社会との接触以後、アメリカ本土の先住民社会は、植民地主義や強制移住さらには同化政策を経て、連邦政府との特定の政治関係下に置かれてきた［和智 1999:230, 鎌田 2009:54］。アメリカが領土を太平洋岸へと拡大した時代（一七八七年～一八七一年）は、先住民にとっては、白人による侵略と、保留地への強制移住の時代でもあった。一八三〇年には、「インディアン強制移住法（Indian Removal Act）」が成立、現在の中部オクラホマ州一帯の開拓に適さない荒野に作られた「インディアン・テリトリー」に、アメリカ南部地域に暮らしていた諸部族が、強制的に集められた［鎌田 2009:63］。この時代以降、先住アメリカ人は保留地内に押し込められ「政府保護監督下の被保護民」として位置づけられるようになったのである。また、この場合の「被保護民」とは、とりわけ、かつてスペイン・メキシコ統治下にあった西部地域の諸部族においては、スペイン植民地特有の最下層労働者よりもさらに下位の地位を意味していた［和智 1999:234］。

一九世紀末になると、保留地の個人所有化が始まり、同時に、先住民のアメリカへの同化を重視する時代を迎える（一八七一年～一九二八年）。この時代を象徴する先住民政策が「一般土地割当法（General Allotment Act）」、いわゆる「ドーズ法（Dawes Act）」である。一八八七年に制定されたドーズ法は、保留地の土地を分割し、農業用地として土地を個人に分配する政策であった。また、土地を受け取った先住民には、アメリカ市民権も付与された。しかし、分配された土地は、二五年間は政府の信託管理下におかれ、課税の対象からは除外されたものの、期間内は土地の貸し出しや売却は制限されていた。そして、信託期間が過ぎ課税対象となると、税金の支払いに窮した多くの先住民が、白人農家に安価で売り渡したという。これにより、先住民が所有していた多くの土地が、白人の手に渡った。先住アメリカ人社会で、長期にわたり調査を行ってきた鎌田は、土地の割り当てを目的としたドーズ法の結末を、「実際には、土地を持たない先住民をふやし、部族社会に壊滅的な影響をもたらした」[鎌田 2009:79, 80]と評し、さらに脆弱化した部族の共同体においては同化政策が容易になったと結論付けている。

ドーズ法により土地の個人所有化が進められたこの時代は、子ども達への同化教育が広がった時代でもあった。先住民の子ども達の多くが、内務省管轄のインディアン局が設置した寄宿学校で共同生活を余儀なくされた。寄宿舎や、通学制の学校では、先住民としての生き方やアイデンティティを否定し、主流社会、すなわち白人社会に同化するための厳しい教育(3)が行われたが、しかし、その教育内容は、キリスト教の教えや、英語の読み書き、そして、男子は農夫、女子は家政婦になるための職業訓練であり、一般的な教養が教えられることはなかったという[鎌田 2009:83]。

二〇世紀半ばになると、ドーズ法で崩壊した多くの部族社会を再生することを謳った「インディアン再組織法(Indian Reorganization Act)」により、諸部族による自治政府の設立がアメリカ政府により奨励される。ルーズベルト政権下の、一九三四年に制定された再組織法では、ドーズ法で行われた土地の分割所有を廃し、先住民議会による自治によって、先住民社会および文化を再生することが柱として掲げられた[Tylor 1980:20]。また、この再組織法に関しては、先住民の伝統的政治システムを使い、当時の経済に合わせて先住民社会の経済発展を促そうとしたという点で、当時としては実験的な政策だったともいえる[Tylor 1980:32]。加えて、再組織法に尽力したインディアン局のジョン・コリアー（John Collier）にとって、再組織法は先住民の個人、そしてコミュニティの中に「プライド」を再生することでもあったのだ［Tylor 1980:30］。このようなリベラルな政策としての再組織法は、ルーズベルト政権下で行われ、当時支持をあつめていた経済政策「ニューディール」にちなみ、「インディアン・ニューディール」とも呼ばれた［鎌田 2009:90］。しかし、保留地内の環境が幾分改善されたものの、世界恐慌の余韻も影響したため、再生組織法は先住民社会の失業率の抜本的な解消には結びつかなかった。

第二次大戦後の一九五三年、アメリカ政府は、先住民を実質的に保留地から切り離し、都市化を進めるために「インディアン終結政策（Termination Policy）」を提案する。部族が終結政策の受け入れに合意をすると、政府が職業訓練やインフラの整備および近代化を実施する代わりに、部族の承認を取り消し、保留地を解体（個人所有化）することが義務付けられた。なお、アメリカ本土の承認部族（federally recognized tribes）は、二〇一八年現在で五七三部族ある。承認を得るには、連邦政府の調査により、部族の歴史や土地との関係性が証明される必要がある。しかし、承認申請が可能な先住民は、現行法により「アメリカ大陸内」の先住民に限定されており、ハワイ人のように大陸外の先住民が承認を得ることは極めて難しい。(4)

結局、終結政策によって解体された保留地内での職業訓練などは実行されず、先住民達は課税対象となった土地を白人に売り渡すことになる。そして、多くの先住民が都市部へと移住したのである。(5)都市部への移住の足掛かりとなったのが、終結政策の一環として行われた「インディアン転住政策（Urban Indian Relocation Program）」である［青柳 1999:21, 鎌田 2009:107］。転住政策では、保留地の貧困対策として、都市部での職業訓練や、就職斡旋を保障し、最終的には先住民が都市に永住することを目的とした。そして、多くの先住民がロサンゼルスやサンフランシスコ、ニューヨーク、ミネアポリス、シアトル、シカゴなどの大都市に移住を試みている。しかし、都市に移住した先住民の中には、差別や偏見に直面し、また突然の解雇も頻繁であった。結果、三分の一以上が、二〜三年以内に出身地に戻ったという［鎌田 2009:107-108］。他方、都市で「生き延びた」先住民達は、「都市インディアン」として新たなアイデンティティを形成し、一九六〇年代に起こるパン－インディアン運動の土台となるのである。

2　先住アメリカ人社会におけるエスニック・プライドの芽生え

アメリカ系アフリカ人が中心となった運動によって一九六四年に誕生した公民権法、そして翌年六五年に投票権法が制定されたことで、先住アメリカ人の選挙権も保障されるようになった。しかし、先住アメリカ人が多数派である郡は、アメリカ国内ではわずかであり、そのため、公民権法によって、特にアメリカ南部州でのアフリカ系アメリカ人社会が獲得したような政治的発言力は、先住アメリカ人社会にとっては依然として無縁であった［Rhea 1997:8］。

とはいえ、なぜかくも少数派であり、かついくつもの部族からなり分散的なアイデンティティを有する先住アメリカ人達が、集合的なエスニック・プライド運動を展開させ、ついには国家における先住民の記憶を改めることに成功したのであろうか。以下では、先住アメリカ人のエスニック・プライドの形成と、エスニック・プライド運動の特徴を整理してみたい。

アフリカ系アメリカ人のエスニック・プライド運動の原動力が、前述のブラック・パワーであったと考えると、先住アメリカ人におけるそれは、レッド・パワー（red power）と呼ぶことができる。レッド・パワーは、ブラック・パワーに促される形で、一九六〇年代後期に発生した。公民権運動が活発になり始めた当初、運動に積極的には参加しなかった先住アメリカ人であったが、テレビでアフリカ系アメリカ人の状況を知るようになり、とりわけて若い世代の先住アメリカ人達が、次第にエスニック・プライドを、自己の問題として関心を持つようになった［Rhea 1997:10］。このような発生の経緯から、レッド・パワーは、肯定的な民族アイデンティティの回復と承認を求める運動へと展開したのである。

先住アメリカ人知識人であり活動家でもあるヴァイン・デロリア（Vine Deloria）は、初期のレッド・パワーにおいては、都市の先住アメリカ人活動家が率先し、先住民としてのアイデンティティや先祖の遺産（heritage）を模索する傾向があったことを指摘する［Rhea 1997:10］。ここで重要なのは、ブラック・パワーの影響を受けて始まったレッド・パワーであったが、初期段階においては、具体的に何に依拠してエスニック・プライドを確立するか、手繰り状態にあったことである。先住アメリカ人をまとめる明確なシンボルが定まらない中、まもなくして都市の先住アメリカ人（以下、都市先住民とも）は、白人への抵抗の歴史を彼らのシンボルとして掲げるようになる。そのシンボルとなったのが、クレイジー・ホース（Crazy Horse）とジェロニモ（Geronimo）の二人の歴史上の戦士であった。歴史上の戦士の闘争心と結びつくことで、現代における先住アメリカ人のエスニック・プライドの構築に近づいたのである［Rhea 1997:10］。

また、都市先住民が自らのアイデンティティを確認できる場所、それが連邦政府が主権を保留している「インディアン保留地（Indian reservation）」であった。先述したが、先住アメリカ人の都市への流入は、第二次大戦後の一九五〇年代に行われるインディアン転住政策によって本格化した。しかし、都市部に流入した先住アメリカ人達は、当初は文化的活動から切り離される傾向にあった［青柳 1999:213, 225, 鎌田 2009:110］。

一九六〇年代から一九七〇年代にかけ、レッド・パワーが都市先住民の間に広がると、それまで伝統を否定されてきた都市先住民は、保留地に残る伝統に、強く傾倒するようになった。そして、都市と保留地の間の交流が以後重要性を増し、先住民の間に、アメリカという国家に対して抵抗することができる、という意識が芽生えたのである［Rhea 1997:11］。こうして、先住アメリカ人のエスニック・プライド運動は、都市先住民と保留地の先住民の共同的運動としてさらに拡大し、さらにアメリカ全土の大多数の部族の賛同を得てパン－部族運動（pan-tribal movement）へと展開したのである。しかし、都市先住民が保留地での影響力を増す一方で、保留地内ではアコモデイショニスト（accommodationist：白人社会に対して妥協的立場を示す人）の長老達から若者が離れ、長老達の権威低下を招いた。

アメリカ本土において、パンー部族運動を印象付ける出来事が一九六九年のアルカトラズ島の占拠である。カリフォルニア州のサンフランシスコ湾内に浮かぶアルカトラズ島は、軍事要塞や連邦刑務所が設置された島として知られる。しかし、一九六三年に当時設置されていた連邦刑務所が閉鎖されてからは、無人島となっていた。一九六九年一一月二〇日、先住アメリカ人学生を中心とした、先住民グループ総勢八九人（うち学生が七〇人）がアルカトラズ島を占拠し、同島の先住民への返還および、島内に先住民のための大学、文化センター、ならびに博物館の設置を求めるための居座りを開始した［Johnson 1996: 223, Rhea 1997:11, 鎌田 2009:114］。先住民グループによる島の占拠は、外部からの支援によって一九七一年六月一一日まで続けられた。

アルカトラズ島の占拠の根拠として「全部族インディアン」が主張したのが、一八六八年に先住アメリカ人諸部族と、アメリカ合衆国政府の間で締結されたフォート・ララミー条約（Treaty of Fort Laramie）である。フォート・ララミー条約では、アメリカ政府によって使用されていない土地に関しては、一八歳以上の先住アメリカ人の男性がこの権利を主張できると規定されているからだ［Johnson 1997:27］。しかし、アルカトラズ島の占拠活動は、政府による物資調達の妨害や、島への電力供給の停止により弱体化し、最終的には武力によって退去させられた。

アルカトラズ島占拠後の一九七二年、大統領選挙が行われたこの年に、今度は、アメリカ西海岸の三都市（シアトル、サンフランシスコ、ロサンゼルス）から、首都ワシントンD.C.を目指して自動車で編成されたキャラバン隊が出発した。「破られた条約の行列」（Trail of Broken Treaties）と呼ばれるこの抗議運動では、先住民団体である「アメリカインディアン運動（American Indian Movement, AIM）」が中心的な役割を果たした。ＡＩＭは、ミネソタ州最大の都市ミネアポリスの都市部の「ゲットー」で貧困生活を余儀なくされ、ときに軽犯罪で起訴され、しかし弁護士を雇うこともできず、刑務所に収監された先住アメリカ人らの集まりを母体として設立された団体である。

一九六〇年代当時、服役中だった先住民達が、刑務所内で見聞きする公民権運動やベトナム反戦運動の報道に感化され、所内で先住民に関する有志の勉強グループを立ち上げる［Banks 2005:60］。この勉強会の、そしてのちのＡＩＭの中心人物であるデニス・バンクス（Dennis Banks）は、勉強会を立ち上げた当時の、都市先住民を取り巻く環境を次のように記している。

（当時）インディアンのために福祉や衣類を提供する団体が一九あった。確かにそういうものは、我々にとって必要なものであった。けれども、ミネアポリスに住むインディアンにとって日常的だった警察の横暴、それから住宅差別や就職差別に対して声をあげるような運動は見られなかった。テレビで見るような、反戦やマイノリティに関する大きな集会でも、インディアン達が演説しているのを見たことがなかった［Banks 2005:60］。

ミネアポリスで始まったＡＩＭの活動はやがて全米に広がり、大統領選直前の一九七二年一〇月三日の「破られた条約の行列」の決行に至ったのである。西海岸を出発した「破られた条約の行列」は、各地にある三〇〇の保留地を巡りながら東へ進み［Wagner-Pacifici 2000:27］、大統領選五日前の一一月二日ワシントンD.C.に着いた時には参加者は四千人近くに達し、行列の長さは七キロに渡った(6)。

一九七三年、先住アメリカ人のエスニック・プライド確立にとって、もう一つの重要な抗議運動が起こる。それが、かつて「ウンデット・ニーの虐殺（Wounded Knee Massacre）」が起こった場所での「ウンデット・ニーの占拠（Wounded Knee Takeover）」である。

一八九〇年から一八九一年にかけての冬、サウスダコタ州パイン・リッジ保留地（Pine Ridge Reservation）で起こった「ウンデット・ニーの虐殺」は、終末思想を唱え先住アメリカ人による世界の再来を信じ、ゴースト・ダンス（Ghost Dace）を集団で踊るために集まっていた先住民諸部族に対して、アメリカ軍が武力を行使し大量の犠牲者を出した事件である［Rhea 1997:13］。白人側からの歴史解釈では、アメリカが先住民に勝利した戦いであるとされるのに対して、ＡＩＭは大量の先住民が虐殺された悲劇としての歴史解釈を求めた抗議活動を展開した。ウンデッド・ニーの占拠は、先住民がアメリカに対する集団的記憶の訂正を求める声が高まるきっかけとなったといえる［Rhea 1997:14］。一九七二年にニクソンが「二〇ヵ条」（註（6）を参照）の受け入れ拒否を明言したこと、そして当時のパイン・リッジ保留地の先住アメリカ人に対する激しい差別に憤りをあらわにしたＡＩＭは、保留地区内の小さな町ウンデッド・ニーにあるカトリック教会を武力占拠する［鎌田 2009:117］。占拠は最後は政府によって鎮圧されたものの、先住民が二ヵ月にわたってアメリカ政府と銃撃戦を続けたウンデッド・ニーの占拠を、スー族出身で活動家であり歴史家でもあるヴァイン・デロリア・ジュニア（Vine Deloria, Jr.）は、アメリカに抵抗することによって「先住アメリカ人自身が新たなプライドを持つようになった」［Deloria 1985:80, Rhea 1997:14］機会であり、また「ウンデッド・ニーの占拠は、（全世界の）先住民族が初めて西欧視点の歴史解釈に対して行った、持続的かつ現代的抵抗運動である」［Deloria 1985:80-81, Rhea 1997:14］（括弧内筆者）と位置づけている。

これら一連のエスニック・プライド、中でも先住アメリカ社会における運動のモデルは、先住ハワイ人の主権回復運動にも影響を与え、ハワイアン・ルネサンスの勃興に重要な役割を果たした、ハワイ州内での土地をめぐる先住ハワイ人の権利運動へとつながるのである［Trask 1989:126］。

第五節　先住ハワイ人のエスニック・プライドとその萌芽

一九七〇年代初頭に盛り上がりを見せるハワイにおけるエスニック・プライド運動の発端が、先住ハワイ人による土地権を求める抗議活動である。

以下では特に、カラマ・ヴァレー住宅での立ち退きに反対する運動と、カホオラヴェ島における土地回復運動の二つの事例に注目して、ハワイでエスニック・プライドが形成された初期段階をまとめてみたい。

1　カラマ・ヴァレー住宅での座り込み

一九六九年、当時観光開発が進んでいたオアフ島東南部の一画にあるカラマ・ヴァレー（Kalama Valley）での、住民に対する立ち退きに抗議するために、住民による座り込みがはじまった。カラマ・ヴァレー住宅はオアフ島の東南岸の、のちにハワイ・カイ（Hawai'i Kai）と呼ばれるようになる地域にあり、ハワイが一九五九年にアメリカ合衆国の州になって以降は、ゴルフコースの建設などリゾート開発が盛んに行われていた区画に隣接していた(7)。周囲が開発されていく中、カラマ・ヴァレー住宅では農業や養豚などを行う住民もおり、州に「昇格」する以前のハワイの風景が残されていた。しかし、カラマ・ヴァレー住宅のジェントリフィケーション（住宅地の高級化）およびショッピングセンターの建設が計画されると、それまで住んでいた住民達は移転を勧告される。この活動はハワイにおいて、初めて住民、とりわけ先住ハワイ人が「白人社会」に対して土地の権利を主張した運動として、のちの一九八〇年代に熱気を帯びる、先住ハワイ文化回復運動の先駆けといわれるようになる［Trask 1987:127, Witeck 1996:345, Osorio 2010:15］。

そもそもカラマ・ヴァレー地区は、ハワイ王国時代に整理され、アリイ（高位首長）系財団であるビショップ財団（Bishop Estate）が、先住ハワイ人用に運営管理を担う土地であった。ビショップ財団は、先住ハワイ人子女のための私立一貫校カメハメハ・スクールズの運営母体でもある。一九五〇年代になり、カメハメハ・スクールズの運営資金を捻出するために、ビショップがハワイ・カイの中心地区に続いて、カラマ・ヴァレー住宅でのジェントリフィケーションを強行する。開発に際して、ビショップ財団は、ニューヨーク出身の実業家ヘンリー・J・カイザー（Henry J. Kaiser）にハワイ・カイ一帯を長期で貸し出し、同地での開発計画を一任した［King & Roth 2007:61］。

ハワイ人のための土地運用が、基本理念であるはずのビショップ財団に対して、住民はカラマ・ヴァレーの開発がビジネス目的の開発であると糾弾するも、ビショップ側は学校の管理運営のためという姿勢を一貫し、開発を強行する。また当時、政府が任命するビショップ財団役員のほとんどが宣教師の子孫である白人系で、先住ハワイ人役員が少数であったことも、先住ハワイ人コミュニティの反発の要因であった［Trask 1987:128, 131］。

このカラマ・ヴァレーの抗議活動は、一九五九年にハワイが州になって以降、さらに広がったハワイ人内部の格差も浮き彫りにした。一九六〇年代のハワイでは観光開発が進み、土地を持っている企業や団体が価格をつり上げたことで、一九七〇年代にはハワイに住む人のおよそ八〇％が、価格の上がった住宅に手が届かない状況にあった。ハワイにおける物価上昇は、先住ハワイ人にも大きな影響をあたえた。当時、二五歳以上の先住ハワイ人で、高校（義務教育課程）を終了したのは全体の五〇％。また、先住ハワイ人の経済状況は、ほかのエスニック・グループのそれを下回る状況であった［Trask 1987:127-128］。一九六〇年代カラマ・ヴァレーの住民の多くは、「カントリー（地方地域）」や、ほかの新興開発地域から「追い出され」移住してきた、行き場のない養豚や農業を営む住民であった［Trask 1987:142］。カラマ・ヴァレーには一九六〇年代当時、一五〇世帯が住んでおり、うち六七世帯が農業を営み、先住ハワイ人以外にもポルトガル系や日系の家族も少なくはなかった［Trask 1987:128, Okihiro 2001:28］。

カラマ・ヴァレー住民が座り込みを開始した当時のハワイ社会では、一九六〇年代以降ハワイ大学で反ベトナム戦争、反アメリカ帝国主義の機運が高まり、大学でエスニック・スタディーズのコースが設置されるなど、マイノリティの自主権（self-determination）を尊重する風潮が根付き始めていた。また、一九六八年のマーティン・ルーサー・キングの暗殺後には、学生運動が活発化し、アメリカからのハワイの分離独立を求める世論の下地も生まれ始めていた［Trask 1987:131, Witeck 1996:345］。一九七〇年には、学生団体がカラマ・ヴァレー住民に協力する意思を表明し、コークア・カラマ・コミティ（Kōkua Kalama Committee カラマ支援委員会：KKC、kōkua：助ける／手伝うの意）を結成した［Trask 1987:133］。皮肉にも、KKCメンバーにはカメハメハ・スクールズの卒業生も多くいた［King &Roth 2007:64］。

団体の結成から間もなく、KKCはハワイ州における先住ハワイ人貧困層を対象に活動範囲を拡大し、名称をKKCから、ハワイ州全土を包括するコークア・ハワイ（Kōkua Hawaiʻi）に変更した。さらにハワイアン・ホームステッド住民が主体となった運動団体ザ・ハワイアン（The Hawaiian）が合流したことで、抗議活動はさらに拡大する［Trask 1987:143］。一九七一年には、コークア・ハワイの代表者二名がワシントンD.C.で開かれたブラック・パンサー党の総会に出席、ブラック・パンサーの当時の幹部らと面会をしている［Trask 1987:145］。この時の交流ののち、コークア・ハワイは黒いベレー帽を着用し、「ブラウン・パワー（Brown Power）」というスローガンを使用するなど、ブラック・パンサーとの連帯を表明するようになる。コークア・ハワイのブラック・パンサーへの接近は、やがてメンバーの一部をさらに急進化および武装化させることになる［Trask 1987:145-146, King & Roth 2007:64］。

カラマ・ヴァレー住宅をめぐる抗議活動は、結局はカラマ・ヴァレーの住民の大半が早々に撤退したこと、そして座り込みの強制撤去と活動者の逮捕により失敗に終わる。また、ビショップ側が法律の専門家を多く雇ったのに対して、抗議運動団体側は法律の専門的知識が不十分であったという指摘もある［King & Roth 2007:62］。とはいえ、コークア・ハワイが主導した運動は、先住ハワイ人達が土地権を主張するきっかけを作り、その後の先住ハワイ人エスニック・プライド運動にとって重要な基礎を築いたといえる［Osorio 2014:141］。

2 カホオラヴェ島の「返還」運動

カラマ・ヴァレーでの抗議活動を通してコークア・ハワイが主張した、アメリカによる、いわゆる「文化帝国主義」［Trask 1987: 131, 132, 146］への反発は、ハワイ全体で住民、とりわけ先住ハワイ人の視点に立った土地権を求める個別的な活動を触発した。一九七六年一二月、九名の先住ハワイ人がハワイ諸島の一つカホオラヴェ島に上陸した。

大戦期以降、長い間アメリカ軍の管轄下に置かれ、「無人島」であったカホオラヴェ島では、特に一九六〇年代以降、長引くベトナム戦争の影響で、爆撃訓練が頻繁に行われるようになり、すぐ隣のマウイ島住民の間には不安の色が濃くなりつつあった。島には神殿や居住地跡など、先住ハワイ人の貴重な遺構がのこされていたものの、関係者以外の立ち入りは禁止されていた。

一九七六年に、爆撃の中止と先住ハワイ人の権利を主張するための、シンボル的行動として行われたカホオラヴェ島上陸は、ＡＬＯＨＡ（Aboriginal Landowners of Hawaiian Ancestry：ハワイ人の血を引く先住民土地所有者達）という、モロカイ島で活動を続けてきた団体によって企画がなされた。一九七二年にモロカイ島で誕生したＡＬＯＨＡは、ハワイ王国を転覆させたクーデターの違法性を主張し、先住ハワイ人への莫大な補償を要求するなどの活動を展開していた［Osorio 2014:142］。ちなみに、カホオラヴェ島への上陸計画について、当時のＡＬＯＨＡマウイ地区代表チャーリー・マックスウェル（Charlie Maxwell）は、ウンデット・ニーの占拠から発想を得たことを明言している［Orosio 2014:143］。

以降、ALOHAメンバーや有志らによってカホオラヴェ島への上陸が繰り返される中で、カカホオラヴェ島の返還を求める団体として、プロテクト・カホオラヴェ・オハナ（Protect Kahoʻolawe ʻOhana：カホオラヴェを守る家族、以下PKO）が形成されていった。また、団体形成期には、アロハ・アーイナ（Aloha ʻĀina：大地を愛する）というハワイ語のスローガンがPKOの基本理念として採用され、活動の方針が固められた［Osorio 2014:146］。アロハ・アーイナという言葉は、PKOのメンバーであったエメット・アルリ（Emmet Aluli）とジョージ・ヘルム（George Helm）らが、自身らの行動、つまりカホオラヴェ島に上陸したことの意義を、説得力をもってどのように説明するか思案しているときに浮かんだ言葉であるという。アルリはその時を次のように振り返っている。

「俺はジョージに、何かモットーみたいな、皆に俺達のしたことを説明できるものが必要だ、っていったんだ。そのとき、俺がカホオラヴェ島について調べたことといえば、オバさんのイルムガルド[8]が作曲した、わりと知られた一曲ぐらいだったたんだ。……繰り返しの部分は『Ke aloha kūpaʻa o ka ʻāina（ケ・アロハ・クーパア・オ・カ・アーイナ）：大地の力強い愛』っていう歌詞で、ジョージにそのフレーズにするべきだって話したんだ。そうしたらジョージは、『長すぎ、長すぎだ。短くaloha ʻāina（アロハ・アーイナ）にしたほうが良い』ってな。」［Osorio 2014:146］。

加えて、アロハ・アーイナという理念は、一九世紀から二〇世紀の変わり目に発行されていた新聞『ケ・アロハ・アーイナ』（Ke Aloha ʻĀina）を彷彿とさせる言葉でもあった。『ケ・アロハ・アーイナ』では、白人エリート主義批判、ハワイ文化の復興、ハワイ語の詩など、先住ハワイ人の立場にたった記事を多く掲載したことから、PKOでもアロハ・アーイナという理念は、単なる土地権を要求する概念ではなく、先住ハワイ人社会全体の復興を象徴する概念として用いられるようになった。このアロハ・アーイナをPKOの中心理念に据えたことで、ALOHAやのちに誕生する独立機関Office of Hawaiian Affairs（ハワイ人問題事務局：OHAオハ）といったほかの団体がハワイ人への金銭による補償要求を重視したのに対して、PKOでは主として州内の土地の運営方法について解決を求めるスタンスが定着するのである［Osorio 2014：146］。先住ハワイ人と土地とのつながりを明確にしたアロハ・アーイナという概念は、さきざき「マーラマ・アーイナ」（mālama ʻāina：土地を守る）や、「アフプアア」（ahupuaʻa：自然の循環を利用した伝統的な集落区画）などの言葉が人々の間に広がるきっかけをつくり、ハワイのエスニック・プライド運動、そして伝統文化教育においても「アーイナ（土地）」が重要な役割を果たすことになるのである。

カホオラヴェ島の運動の特徴として挙げられるもう一つが、年配者を運動に取り込んでいったことである［McGregor 2006：252-253］。伝統文化の復興に、当初は難色を示した「アメリカ世代」あるいは敬虔なクリスチャンの年配者も、ALOHAやPKOのメンバーが各所に赴いて、説明をくりかえしたことで、やがては活動のアドバイザー的存在として参加するようになったのである。ジョナサン・オソリオ（Jonathan Osorio）によれば、このことで、運動には理性的な雰囲気が生まれ、カラマ・ヴァレー住宅のように急進的な展開を避けることができたのである［Osorio 2014：146］。またPKOは、カナダ先住民のハイダ族とも連携し、カナダ政府に対して、環太平洋合同演習に参加しないように申し入れをしている［Osorio 2014：138］。

その一方で、共和党政権下であった当時のアメリカ連邦政府は、当初カホオラヴェ島がベトナム戦争や国防のために重要な役割を果たしているとし、愛国心によって周辺住民の理解を得ようと試みた。また連邦政府は、爆撃によって荒廃した土地を修復するのは不可能であるし、同島での爆撃訓練を継続する意向を示していた

[Osorio2014:140]。しかし、PKOなどの地道な草の根運動が功を奏して、一九八一年に島全体が考古学的に重要な地区として国立公園化されたことで、軍事演習は撤退したのである。

先住ハワイ人による土地の主権回復をもとめる諸運動は、その後一九七〇年代になると、伝統舞踏であるフラやハワイ語、あるいはサーフィンや伝統航海などの伝統文化復古運動の基盤となる。そして、一九七〇年代以降にハワイで活発になる伝統文化の取り組みは、総じて「ハワイアン・ルネサンス（あるいは第二期ハワイアン・ルネサンス）」（第九章で詳述）と呼ばれるようになるのである［Trask 1987:126, Rayson 2004: 247, Smith 2006:56, Diamond 2008: 47, Tengan 2008: 54］。

第六節　ハワイにおける先住民研究史

つづいて本節では、ハワイの先住民研究における現在までの俯瞰的な水脈をまとめておきたい。

1　クック来島からハワイ王国期まで

ハワイにおける具体的な社会・文化的記述は、イギリス海軍を率いて太平洋を航海した「キャプテン・クック」ことジェームズ・クック（James Cook）が、一七七八年一月一八日にハワイに上陸したときに始まる。西洋文化との接触が始まった当初のハワイの様子は、渡来者による航海や冒険、あるいは宣教の記録という形で残されている。中にはねつ造がみられる資料や、客観性に欠けるものも少なからずあるが［Valeri 1985:xxiii］、しかし、クックの宣教師として、航海に同行したウィリアム・エリス（William Ellis）が報告書として記録した『*Journal of a Tour Around Hawaii: The Largest of the Sandwich Islands*』［Ellis 1825］では、所々にキリスト教宣教師としての見解が散見されるものの、当時のハワイ社会の様子を、客観的に記した貴重な資料であるといえる。ハワイに到達したとき、エリスはすでにタヒチ語を理解することができたため、ハワイ語の習得に時間がかからず、このことが二ヵ月という短期滞在であっても、ハワイ語での集中的な資料収集を可能にし、彼は先住ハワイ人達からも慕われたという［Valeri 1985:xxiii］。エリスと同じくクックの船団に加わっていた画家ジョン・ウェバー（John Weber）は、一七七八年頃のハワイの日常や風習を精密に描写し、これらは当時を知る貴重な民俗資料となっている。この航海ではクック自身も航海日誌を残しており、日誌の内容は後年になってJ・C・ビーグルホール（J. C. Beaglehole）の編集によって『*The Journals of Captain James Cook vol.1-vol.3*』［Beaglehole 1955-1967］として出版された。

一九世紀初頭には、フランス人商人のカミーユ・ドゥ・ロックフェイユ（Camille de Roquefeuil）が『*Voyage Around the World 1816-1819*』の中で、一八一九年頃のカメハメハ一世が世を去る直前のハワイの政治的状況を記述している［Roquefeuil 1823］。この時代、フランスは太平洋進出を目指しハワイを頻繁に訪れていた［Valeri 1985:xxx］。しかし、カメハメハ一世の死後に王位を継承したカメハメハ二世代になってカプ制度（kapu：禁忌、タブー、聖域、神聖性）が廃止されると、それまでの伝統的な習俗の衰退に伴い、冒険者の記述も減少する。その後は、宣教師やオランダ、プロシアの航海船らがハワイを訪れ、遺跡などについての記録を残している［Valeri 1985:xxii］。

一八三〇年代になると、先住ハワイ人によるハワイ文化に関する記録が登場し始める。この頃には、ハワイ人社会に西洋式の教育が浸透し、英語とハワイ語両方の識字率が飛躍的に向上していた。ハワイ語でハワイの歴史を記した先駆者が、デイヴィッド・マロ（David Malo）である。一八三一年、当時王都がおかれていたマウイ島ラハイナ（Lahaina）に、首長階級の男子のために開かれた寄宿制学校ラハイナルナ神学校（Lahainalua Seminary）が開校した。三一歳だったマロはこの学校に入学し、アメリカ人宣教師ウィリアム・リチャーズ（William Richards）、同じくアメリカ人宣教師シェルドン・ディブル（Sheldon Dibble）のもと学問の基礎を学んだ。とりわけハワイ人学生へのハワイ史教育に力を注いだディブルは、マロらハワイ人学生に年配の住民への聞き取り調査を奨励し、また学生も自身の記憶をたどり、一八三八年には、ハワイ語によるハワイ文化に関する本『*Ka Moolelo Hawaii*』（英題History of Hawaii：ハワイの歴史）（ハワイ語タイトルは原題のまま）を出版した［Valeri 1985:xxiv］。とりわけ、カメハメハ一世の時代を直接知っていたマロは『*Ka Moolelo Hawaii*』において、その内容に大きな貢献を果たした。なお、マロは一八三五年に卒業後も、教員としてラハイナルナ神学校にとどまりハワイ史の編纂にあたった。マロは、後年一八五八年に前出の内容に加筆をくわえ『*Moolelo Hawaii*』（英題Hawaiian Antiquities：古きハワイ）を出版し、一八九八年にはハワイ研究者でもあるN・B・エマーソン（N. B. Emerson）による英訳が出版されている。ただ留意すべきは、マロの記述には、ときおり敬虔なキリスト教徒としてのマロの姿を垣間みることができる点である。例えば、男女の共食を禁じるかつての慣習について、「結果として、男女間の互いへの愛情が薄れ、男性はほかの女性と、女性はほかの男性と関係を持つきっかけになり得たのである」［Malo1858（1898）:51］と、西洋的な共食の重要性や男女関係における倫理観に言及している。しかし、事実に関しては詳細に述べられているマロの記述は、伝統的な社会制度や親族体系、歴史、日常の慣習など幅広い事柄に及び、近代以前のハワイを知る貴重な民族誌であることに間違いはない。

ラハイナルナ神学校はほかにも、マロの二学年後輩で、マロの業績に大きな影響を受けたサミュエル・マナイアーカラニ・カマカウ（Samuel Mana-iā-ka-lani Kamakau）がいる。S・M・カマカウの場合、マロとは異なり、カメハメハ一世代を直接知らない世代ではあったものの、カメハメハ一世をよく知る世代、特にS・M・カマカウ自身の祖父クイケアライカウオカラニ（Kui-ke-ala-i-kau-o-kalani）から、直接過去の話を聞くことができた最後の世代であった。しかし、ハワイ語で書かれたS・M・カマカウの記述のほとんどは、英訳されることがなかったために、ハワイ語を理解できない人々に、長い間読まれることはなかった。英訳が出版された現在、S・M・カマカウが残した『*Ka Po'e Kahiko: The People of Old*』や『*Ruling Chiefs of Hawai'i*』に代表される歴史資料は、マロの資料と並び、伝統的なハワイの暮らしを知る、正確かつ信頼性のある資料であるといえよう［Valeri 1985:xxv］。

カメハメハ二世の幼馴染みであり、側近でもあったジョン・パパ・イーイー（John Papa 'I'i）もハワイ語新聞への執筆を通して、カメハメハ一世そしてカメハメハ二世の時代についての詳細な情報を提供した人物である。マロやS・M・カマカウにくらべて、王家の内情に詳しかったイーイーは、史実に当時の人々の心情を加えたことで、記述に深みを与えたといえる。母方の系譜を通してカメハメハ一世の孫でもあったカペリノ（Kapelino）もまた、伝統的ハワイ社会における首長階級の暮らしについて、記述を残した人物である［Valeri 1985:xxv］。カペリノの場合には、とりわけハワイ社会の伝統的宗教観念について、詳細に描かれている。しかし、カトリック信者であったカペリノの記述は、ハワイ創世神話と聖書の天地創造をつなぎ合わせるなど、キリスト教の影響を受けた記述であることも考慮されるべき点である［Valeri 1985:xxvi］。

もう一人、伝統社会の記録にとって重要な人物がケロウ・カマカウ（Kelou Kamakau）の語りである。K・カマカウは、マロよりも二〇歳ほど年長であったと考えられており、つまり本節で言及する先住ハワイ人歴史家のうちで、一番古い時代を知る人物ということになる。ちなみに、それぞれの出生年はK・カマカウが一七七三年頃、マロが一七九五年、イーイーが一八〇〇年、S・M・カマカウが一八一五年である。ハワイ島コナの下級首長であったK・カマカウが、一八二三年に前出の宣教師ウィリアム・エリス（William Ellis）と出会ったとき、K・カマカウは五〇歳くらいであった［Ellis 1824:68］。出会ってすぐ、エリスに習い英語とハワイ語の読み書きを勉強し始めたK・カマカウを、エリスは「彼の周りにいる誰よりも知的で向学心がある」［Ellis 1824:64, Valeri 1985:xxvii］と評している。エリスはK・カマカウの語りを採取し、伝統的な儀礼についてマロよりも詳細な記録を残した。当時、これらの先住ハワイ人による資料が多く記された背景には、伝統的文化から西洋文化への過渡期にあって、西洋人あるいは先住ハワイ人自らの手で、消えつつあるハワイ文化を残そうとする動機があったからだと考えることができる。一九世半ば以降になると、先住ハワイ人による伝統文化の記述は減り、ウィリアム・ドゥウィット・アレキサンダー（William DeWitt Alexander）ら、一部の歴史家によるカメハメハ王朝の歴史の編纂や、伝統文化に関しては既存の資料の整理が中心となった。

2　アメリカ時代——伝統文化の掘り起こし

一八九三年のハワイ王国滅亡を経て、二〇世紀前半になると、都市における先住ハワイ人の社会・文化についての記述が登場する。その背景には、当時の都市における先住ハワイ人の生活環境悪化が社会問題となっていたことが挙げられる。ニュージーランド出身の心理学者そして人類学者でもあったアーネスト・ビーグルホール（Ernest Beaglehole）は、都市化する先住ハワイ人社会の社会文化的諸相に関して調査を行い、『*Some Modern Hawaiians*』で当時のハワイ人の様子を記録している［Beaglehole 1937］。

またラルフ・シンプソン・クイケンドール（Ralph Simpson Kuykendall）は、クックの上陸からハワイ王国の転覆までの歴史を三巻にわたる『*The Hawaiian Kingdom*』［Kuykendall 1965-1967］にまとめている。

一九七〇年代になりハワイ文化の復興が活発化するハワイアン・ルネサンス前夜、伝統文化の危機的状況下でハワイ文化の保存に尽力したのが、先住ハワイ人の血を受け継ぐメリー・カヴェナ・プクイ（Mary Kawena Pukui）である。母方の祖父母に養取（ハーナイ）され育てられたプクイは、当時消えつつあったハワイ語で育てられ、また、宮廷でフラを踊っていた祖母、そして祈祷師であった祖父から、伝統的な知識を多く学び書き記した［Pukui 1933, 1949］。彼女のハワイ語や伝統知識に関する記述は、一九六〇年代後半から始まるハワイアン・ルネサンスの礎となったのである。

プクイと同時代、ハワイアン・ルネサンスの前夜には、ハワイ大学人類学部教授のアラン・ハワード（Alan Howard）らのチームが、オアフ島ワイアナエ地区のナーナークリ（Nānākuli）で先住ハワイ人コミュニティを調査している［e.g. Howard 1968］（第八章）。ハワードらアカデミズムが示した、現代における先住文化に新たな価値を見出す姿勢もまた、ハワイ文化を再評価するハワイアン・ルネサンスの追い風となった。

ハワイアン・ルネサンスが広がった、一九七〇年から一九九〇年代にかけてのハワイ研究では、前出の歴史資料から、伝統的なハワイ社会の構造や思想を再構築しようとする動きが活発になる。その動きを牽引したのが、当時シカゴ大学教授であったヴァレリオ・ヴァレリー（Valerio Valeri）、同じくシカゴ大学教授であったマーシャル・サーリンズ（Marshall Sahlins）ら構造主義的歴史人類学の手法をとる研究者達である。殊にヴァレリーは、近代化以前のハワイに関する諸資料を丹念に分析し、西洋化以前のハワイ社会において基本原理であった禁忌制度（カプ）における象徴的要素を分析し、その仕組みを明らかにした［Valeri 1985］（第三章）。また、当時ハワイ大学で人類学の教鞭をとっていたジョスリン・リネキン（Jocelyn Linnekin）は、フィールド・ワークによって、現代的な先住ハワイ人コミュニティに息づく、伝統的概念を明らかにする一方で［Linnekin 1985］、禁忌制度における女性の役割を考察し、伝統的ハワイ社会では女性が多様な意味を持っていたことを明らかにした［Linnekin 1990］（第三章）。加えて、ハワイ出身で現在カリフォルニア大学バークレー校教授のパトリック・ヴィントン・カーチ（Patrick Vinton Kirch）も、ヴァレリーやサーリンズの手法を取り入れて、考古学の見地から近代以前のハワイ史およびポリネシア史の再構築を試みている［e.g. Kirch 1982］。

リネキン同様、ハワイの地方地域でのフィールド・ワークから、伝統的な親族関係あるいは拡大家族の概念について調査をした、現ハワイ大学教授のデヴィアナ・ポーマイカイ・マックレガー（Davianna Pōmaika'i McGregor）

は、都市部では衰退傾向にある伝統的な親族関係が、地方の先住ハワイ人コミュニティにおいて、実生活のレベルで機能していることを明らかにした［McGregor 1989］（第八章）。

ハワイ社会がハワイアン・ルネサンスを享受する一方で、「白人（現代ハワイ語ではハオレ haole）」研究者がハワイ研究を牽引したこの時代には、先住民研究における「白人」研究者の立場を巡って、オセアニア研究全体に影響を与える重要な論争も巻き起こっている。一九九一年、当時ハワイ大の教員であった先住ハワイ人研究者のハウナニ・K・トラスク（Haunani K. Trask）は、人類学者であり言語学者でもあったオーストラリア国立大学教授ロジャー・キージング(9)（Roger Keesing）が、ハワイ大学マーノア校の太平洋諸島研究所（Center for Pacific Islands Studies : CPIS シーピス）が発行する学術誌『*The Contemporary Pacific*』の創刊号で示した学問的主張［Keesing 1989］に反論し、ハワイ大学の同僚であったジョスリン・リネキンも巻き込んで激しい批判を展開する［e.g. Trask 1991］。キージングが示す、太平洋地域において、先住民がアイデンティティの拠りどころとする過去の歴史が、先住民がアイデンティティを構築する過程で「創造」された歴史であるとする主張［Keesing 1989］に対して、トラスクはキージングの立場を、白人至上主義的歴史観であると糾弾したのである［Trask 1991:159］。

これに対し、当初は沈黙を貫いていたキージングは、『*The Contemporary Pacific*』三号にトラスクへの応答記事を掲載する。彼は、ハワイアン・ルネサンス当時にハワイでも台頭していた、先住民によるロマン主義的歴史観への違和感をあらわにし、「先住ハワイ人やマオリ、カナックが、生贄の風習や、首長による圧制、血なまぐさい戦闘、父権制（という歴史：筆者加筆）を消去し、そのうえでポジティブなプライドとアイデンティティを展開することが、本当に必要なのであろうか。（中略）我々は本当に、西洋化以前の太平洋地域が、心と体の癒しと、環境への慈しみ、大地への愛、そして平等主義の楽園であったと想像すべきなのであろうか」［Keesing 1991:169］と自身の立場を改めて明確にした。

意図せずしてとばっちりを受ける形になったのが、先住ハワイ人コミュニティで長年に渡ってフィールド・ワークを行っていたリネキンである。リネキンは『*The Contemporary Pacific*』三号にて、自身が数年に渡りトラスクから受け続けている批判は、事実に反するものであり、またトラスクによる批判は、リネキンが先住ハワイ人でないことをその動機とした、いわれなき批判であると訴え、先住ハワイ人を「血」により本質主義的に定義しようとするトラスクの姿勢に対峙した［Linnekin 1991:172］。さらにリネキンは、キージングの主張にも言及し「思うに、彼（キージング）は伝統の創造という議論を、誤って解釈している」［Linnekin 1991:172］と述べ、先住民社会における歴史の真正に人類学者が介入することの危うさを、あらためて喚起したのである。その後、この件に関する表立った議論は行われないまま、一九九三年にキージングがカナダ人類学会のレセプション中に急死したことにより、トラスクとの論争は終止符を打つことになる。

トラスクとキージング、そしてリネキンの論争を振り返ってみると、この論争が、一九七〇年代にハワイアン・ルネサンスが始まって以降も、アカデミズムの中で自身の歴史を語ることのできない、そして自身の集団的記憶を語ることのできない、先住ハワイ人のフラストレーションが、噴出した結果であると考えることができないだろうか。確かにトラスクの主張は、いささか感情的で独自のロジックに依拠している感が否めない。しかし、一九九〇年代以降に登場する、後続の先住ハワイ人研究者らによるハワイ研究の進展を考えるとき、「キージング－トラスク論争」は、時代の過渡期に現れてしかるべき学術的立場の衝突であったといえるだろう。

3　ネイティブの視点によるハワイ研究の時代——歴史の修正へ

こうして、研究における発言の主体が先住ハワイ人へと移行したハワイ研究、とりわけ先住ハワイ研究では、トラスク以降、先住ハワイ人当事者側からの視点を重視した議論が多くを占めるようになる。

リリカラー・カメエレイヒヴァ（Lilikalā Kameʻeleihiwa）は、サーリンズやクイケンドールらによる歴史観を、西洋視点の歴史解釈であると批判したうえで［Kameʻeleihiwa 1992:7, 68］、土地に関するハワイの歴史を、先住ハワイ人の視点で再構築することを試みた。例えば、旧来のハワイ史では、ときに先住ハワイ人が土地を分割し、そして土地を失ったのは彼ら、特に土地を管理していた首長達の「無知」に起因するものであるという語りがみられたが［Kameʻeleihiwa 1992:138］、カメエレイヒヴァは土地分割を、土地は神のものであり、土地を使って私利私欲を肥やすことは道徳に反するという、伝統的観念の結果でもあると、先住ハワイ人の思考をもって再定義した。ノエノエ・K・シルヴァ（Noenoe K. Silva）も、西洋的歴史観の修正を試みている［Silva 2004］。シルヴァもまた、先住ハワイ人が土地を失った要因の一つとして、土地を管理していた首長が、自衛のために白檀と銃を交換し、これが土地の荒廃につながってしまったと指摘し、旧来の「西洋人にいわれるがまま土地を失った」という先住ハワイ人のイメージの再定義を試みている。ハワイ王国期における、西洋法の影響を考察した、先住ハワイ人研究者ジョナサン・オソリオ（Jonathan Osorio）は、結果的には主権を失った先住ハワイ人であるが、西洋法に対抗しようとした姿を描くことで、ハワイ人国家における先住民アイデンティティのありようを提示した［Osorio 2002］。またJ・ケーハウラニ・カウアヌイ（J. Kēhaulani Kauanui）は、西洋法と伝統的概念の間の葛藤について、先住ハワイ人を法的に規定する制度「血の割合（blood quantum）」が可決されるまでの行程を分析し、「血の割合が五〇％以上」という先住ハワイ人の規定が、アメリカ政府の主張を大きく反映したものであることを明らかにした。合わせて、カウアヌイはアメリカ経由である「血」という概念が、従来は「関係性」もその要素であった伝統的親族関係に変革をもたらし、「血」の意識が現代の先住ハワイ人社会に強く根付いている現状に注目している［Kaiulani 2008］。特にカウアヌイによる「血」をめぐる議論は、本書の中核であるハワイアン・ホームステッドの現代性の考察において、貴重な議論を提供するものである（第五章）。

歴史における、先住ハワイ人の集団的記憶の再編が注目されるもう一方で、二〇〇〇年代を過ぎると、現代の先住ハワイ社会が抱える社会的経済問題に取り組む過程に、焦点をあてる研究が登場するようになる。カリ・ファーマンテス（Kali Fermantez）は、ハワイ州内でもっとも多くの先住ハワイ人が住む、オアフ島ワイアナエ地区でフィールド・ワークを実施し、教育環境における子どもの貧困などが深刻である状況を明らかにした［Fermantez 2007］（第六章）。また、心理学の見地からはクラブル・カマナオポノ（Crabble Kamanaʻopono）が、先住ハワイ人におけるエスニック・アイデンティティの構築に関する実験的調査の報告を行っている［Kamanaʻopono 2002］。

タイ・カーヴィカ・テンガン（Ty Kāwika Tengan）は、伝統的な価値観の中で、先住ハワイ人男性のエスニック・アイデンティティが再構築される状況に注目し、伝統文化を媒体とした、男性性の再生の過程を明らかにした［e.g. Tengan 2002, 2003, 2008, 2015］。先住ハワイ社会における、男性性に注目したテンガンの議論を踏まえ、本書第九章「男性とフラ」では、ワイアナエ地区の伝統文化と男性性に関する考察を試みる。また、伝統文化によって先住ハワイ人社会の再生の現状を、都市部のハワイ語学校の活動に焦点を当てて描いたノエラニ・グッドイヤー＝カオープア（Noelani Goodyear-Kaʻōpua）は、活動を通して伝統文化においても、白人文化が作用する状況に注目し、セトラー・コロニアリズムの影響を明らかにした［Goodyear-Kaʻōpua 2013］。

以上、本節では、いずれも先住ハワイ人としてのエスニック・アイデンティティを持つ研究者を中心に、ネイティブによるハワイ研究史をたどってきたが、先住ハワイ人ではない研究者による研究が注目されなかったわけではない。以下では、ネイティブ研究者が主流となる二〇〇〇年代以降、ハワイ研究にとって有益な議論を提供してきた、非先住ハワイ人研究者による研究について言及しておきたい。

ハワイアン・ルネサンス以降、土地における先住民の主権をめぐる運動が活発になると、アメリカによる土地の「支配」に関して、法的妥当性の検証を求める声が高まる。ハワイ大学教授であり弁護士でもあった、ジョン・

ヴァン・ダイク（John Van Dyke）は、かつてのハワイ王国の王領が分割された、法的経緯を詳細にまとめ、先住ハワイ人による主権が、かつての王領に付与されるべきであるとの主張を展開した［Van Dyke 2007］（第四章）。ニューヨーク大学教授のサリー・エングル・メリー（Sally Engle Merry）は、法人類学の視点から、現代の先住ハワイ社会における家族、ジェンダー、コミュニティが、西洋法によって伝統的な体系が変容した結果であるとし、ハワイにおける法と文化および社会の相関関係を強調する［Merry 2000］（第七章）。先住ハワイ人社会にみる、家族の形の変容とアメリカ的養子縁組制度の関連については、人類学者ジュディス・シャクター（Judith Shachter）がハワイの養子縁組について研究を行ってきた［Shachter（Modell）1995, 2013］（第七章）。また、アメリカ本土出身で、ハワイ大学教授であり伝統的音楽家でもあるプアケア・ノーゴルマイヤー（Puakea Nogelmeier）は、ハワイ語研究およびハワイ史の第一人者として知られる。ノーゴルマイヤーは、ハワイ語で書かれた文書全般を分析することで、ハワイ語そして先住ハワイ人の生活史のアーカイブ化を進めている。

ひるがえって、日本では、先住ハワイ人の動向に関して、とりわけハワイアン・ルネサンス以降の伝統文化復興の文脈に包括される議論が、多くなされてきたといえるだろう。人類学者である後藤明は、考古学的アプローチを用い、先住ハワイ社会の伝統的システムを解明してきた［e.g. 後藤 1997, 2002］。また、言語学のアプローチからは、松原好次がハワイ語の再生をめぐる状況をハワイ語学校「イマージョン・スクール」でのフィールド・ワークを通して明らかにしてきた。言語学が専門分野である塩谷亨もまた、ポリネシア系諸言語、そしてその一派であるハワイ語の現代的状況を、フラ教室におけるハワイ語実践を通してまとめている［e.g. 塩谷 2002, 2004］。

井上昭洋も、ハワイアン・ルネサンス以降に活発になった先住ハワイ人の主権回復運動への調査をはじめ、先住ハワイ人社会におけるキリスト教の需要の過程を分析し、先住ハワイ人アイデンティティの現代性に対するキリスト教的影響を、一つの見解として示している［井上 2014］。

教育学の知見から古橋政子は、ハワイの伝統文化と地域社会の活性化との関わりをフィールド・ワークを通して描き、伝統的な食文化が地域の社会経済問題に果たす効果を明らかにしている［e.g. 古橋 2000, 2006］。なお、古橋の議論は、本書の舞台であるワイアナエ地区でのフィールド・ワークを基にしているという点で、特に本書第Ⅳ部に関して重要な先行資料を提供するものである。ハワイ社会の地域活性に焦点を当てた研究としては、社会学が専門である山中速人の研究も重要な議論を提供している。ハワイでケースワーカーとして働いた経験を軸に、山中は観光という「表舞台」に隠されたハワイ社会の貧困問題そして先住ハワイ社会の現状にまなざしを向け、問題解決のための地域活動を記録してきた［山中 1992, 1993］。

第七節　本書の構成

次章以下の本書の構成は以下の通りである。まず序論部（第一章、第二章）では、本書の基軸である「エスニック・プライド」の概念と「血」の概念について学術的背景を整理した。第一章では、まず現代ハワイ社会の「血」をめぐる状況にも注目する。アメリカを経由して先住ハワイ社会に導入された「系譜において血を重視する」考え方は、伝統的なハワイ社会の形を変えるきっかけとなった。そもそも、血縁よりも関係性を重視すること（例えば、養育関係で規定されるオヤコ関係など）で親族体系が成り立っていたハワイ社会であったが、「血」を重視する親族観の導入により、先住ハワイ人の親族システムは、制度上、新たな形に作り変えられることになる。

また、第一章では、先住ハワイ人社会における「エスニック・プライド」に関して、六〇年代の公民権運動後にアメリカ本土で広がった「エスニック・プライド運動」に注目し、「エスニック・プライド」と先住ハワイ社会との関係を探った。アメリカ国内の民族的マイノリティが、国家による文化的承認を得ることを目的に展開したエスニック・プライド運動は、七〇年代には、ハワイにおいて、先住ハワイ人による主権回復、および伝統復古の運動として拡散した。第一章では、エスニック・プライドの芽生えを機に、先住ハワイ人社会において、それまで否定的感情を土台としていた伝統文化が、肯定的感情を伴い想起され得る概念に置き換わる過程を整理することを試みた。

第二章では、現代のハワイ社会と、本書の調査地であるオアフ島西岸にあるワイアナエ地区について、当該地域の社会経済的概要を示す。

続く第Ⅱ部（第三章、第四章）では、伝統社会における社会システムについて概観する。第三章「伝統社会――神話とカプ」では伝統的なハワイ社会において、構造の基幹となった二つの思想体系について詳述する。伝統的な思想体系の一つが神話である。ハワイにおける神話は、現代では先住ハワイ人をめぐるエスニック・アイデンティティをめぐる語りの基盤としての役割を果たし、先住性の復興との関連性を見いだすことができる。本書では、まず創世神話を概説したうえで、ハワイ社会において神話が担う役割を確認する。

もう一つの重要思想体系がカプ（kapu）と呼ばれる禁忌システムである。カプは特に近代化およびキリスト教化以前のハワイでは、社会の広範にわたって行為の指針となったシステムである。カプに関しては、ヴァレリオ・ヴァレリー（Valerio Valeri）やジョスリン・リネキン（Jocelyn Linnekin）、マーシャル・サーリンズ（Marshall Shalins）ら歴史人類学研究者らによって、その構造および機能に関する研究が盛んに行われてきた。第三章では、人類学における先行研究を踏まえて、伝統社会においてカプが果たした役割を、カプが廃止された以後の社会との関連にも注目し記述する。

第四章では、初めに、西洋的土地概念が移入される前の先住ハワイ人の土地管理法について記述する。そのうえで、土地所有における主体の変遷について、近代化／西洋化が進んだハワイ王国期の歴代君主の動向と対照させてまとめてみたい。

第Ⅲ部（第五章、第六章、第七章）からは、筆者が行ってきたフィールド・ワークをもとに、先住ハワイ人社会の現代的諸相について記述をしていく。

第五章は、ハワイ州内に点在する先住ハワイ人専用の住宅区であるハワイアン・ホームステッド（Hawaiian Homestead）を中心に、住宅内部社会における先住ハワイ概念の現代的動静について記述をする。ハワイアン・ホームステッドの住居に関しては、「血の割合（blood quantum）」と呼ばれる、入居を希望する先住ハワイ人の血の割合に関する規定が設けられている。入居希望者は五〇%以上の先住ハワイ人の血を有していることが求められ、この規定はハワイアン・ホームステッドの開発が決まった一九二〇年から続く。この西洋由来の「血の割合」という概念は、伝統的な親族概念にも影響を与えていると考えられ、第四章では、「血の割合」と先住ハワイ社会の親族概念との相関を検討する。

第六章は、ハワイにおいて先住ハワイ人社会が抱える社会経済的問題を、住民の語りを通して明らかにすることを目的としている。特に、本書が中心的に扱うハワイアン・ホームステッドとその周辺を含むワイアナエ地区では、経済的・歴史的諸要因に起因するとされる経済格差が深刻である。当該地区における社会経済的現状の把握は、本書全体を理解するための背景として重要なインプットであり、現代の先住ハワイ人社会をめぐる諸問題の中核を押さえることであると考える。

第七章では、前章での議論を踏まえながら、一方で伝統的な親族概念が、アメリカ的親族概念に影響を与え得る情況について記述をする。伝統的親族概念では一般的であったハワイの養取慣行であるが、一時はアメリカ的親族体系が制度として移入されたことにより、養取慣行が伝統的な価値観と切り離されて行われるようになった。しかし、近年、先住ハワイ人が多く住むハワイアン・ホームステッドおよびその周辺では、伝統的親族概念と結びつけた養取慣行が見受けられる。第五章では、伝統的な養取の動機を、事例をもとに考察する。

第Ⅳ部（第八章、第九章、第一〇章、第一一章）では、先住ハワイ人社会の、集団における肯定的感情としてのプライドの諸相を、社会的および文化的側面に注目し、記述することを試みる。第八章では、先住ハワイ人社会の内部にある偏差についての語りで多用される概念である、「タウン」と「カントリー」という対概念に着目し、先住ハワイ人社会内部の多元性を明らかにする。第九章では、現代のフラにおける男性の参加について考察を行う。近代化以前は男性的要素を備えていた伝統舞踊フラであるが、近代になりその担い手は男性から女性へと変化した。しかし、フラは一九七〇年代に始まるハワイの伝統文化復興運動いわゆる「ハワイアン・ルネサンス」で枢軸としての役割を果たすとともに、フラにおける男性性の再生が試みられるようになる。近年ではフラに関わる先住ハワイ人男性も増えつつあるが、一方で「カントリー」などにはフラを「女性的」とみる意見が根強い地域もある。そうした、フラにまつわる地域の偏差を踏まえたうえで、第九章ではフラの現在に注目する。

つづく第一〇章では、ワイアナエ地区でのイルカ見学ツアーの事例をもとに、観光における伝統文化について考察を行う。章の中心となるのは、イルカ見学ツアーを行うハリーの語りであり、ワイアナエ地区で育った彼の半生から、伝統文化と観光そしてワイアナエ地区の相互関係を分析する。

第一一章は、同じくワイアナエ地区で、ともに農園を通した地域活動を行う二つの団体とその関係者の語りから、地区の活性と伝統文化との相互関係を考察する。地域に根深い子どもの貧困など、社会経済格差に動機づけられる諸問題への解決策として、一九七〇年代から一九八〇年代にかけて行われるようになった農園活動では、活動の中に伝統的価値観を取り入れながら、子ども達や若者の生活再建を続けてきた。また、農園の活動理念は、多様な民族背景をもつ住民が集まるワイアナエ地区をまとめる役割も持つなど、「先住ハワイ」という枠組みを超えた「場」としての機能を明確にする。

以上の議論をもって、終章ではワイアナエ地区でみられる諸文化・社会活動を、「プライド」という概念で総括し、現代的な先住ハワイ社会の姿を示してみたい。

第八節　用語と表記

西洋社会との接触以前からハワイに住んでいるポリネシア系民族を祖とする住民を、本書では先住ハワイ人あるいはハワイ人と表記する。民族としてのハワイ人を示す呼称には、ほかにカーナカ（kānaka）やカーナカ・オーイヴィ（kānaka ʻōiwi）、カーナカ・マオリ（kānaka maoli）も用いられているが、日常的には先住ハワイ人（Indigenous Hawaiian, Native Hawaiian）やハワイ人（Hawaiian）のほうが一般的である状況を鑑みて、本書では先住ハワイ人、ハワイ人という呼称を使用する。また、ハワイ出身者を表すカマアーイナ（kamaʻāina）は、伝統的に民族の枠組みを超えてひろく用いられ得る語［Sahlins 1985:28］であるので本書では使用しない。

加えて、ハワイ語を正確に発音する傾向が高まる現代先住ハワイ社会の状況を踏まえるならば、Hawaiʻi は「ハワイイ」もしくは「ハヴァイイ」と日本語表記すべきであるが、本書においては日本語圏で一般的に使用される「ハワイ」の表記を採用する。したがって Native Hawaiian などの和訳も「先住ハワイ人」あるいは「ハワイ人」などと表記する。

なお、本書で登場するインフォーマントの氏名は、基本的に仮名を使用するが、第一〇章と第一一章で言及する、カアラ農場の代表エリック・イノス（Eric Enos）とマカハ農場のジジ・コックイオ（Gigi Cocquio）については、両人ともメディアでも取り上げられ、またコックイオに関しては、本書で彼の著書を参照していることから、二人の承諾を得て本名で記載する。

第九節　ハワイ語表記

本書で使用するハワイ語の現地語表記についてはハワイ語アルファベットであるピーアーパー（pīʻāpā）を使用する。ピーアーパーは、英語アルファベットに、ハワイ語の発音を正確に記すために長母音記号「ˉ」（kahakō カハコー、あるいは mekona メコナ）と、声門破裂音記号である「ʻ」（ʻokina オキナ：左シングル引用符）を加えた表記法である。

現代ハワイ語の母音はA（ā アー）、E（ē エー）、I（ī イー）、O（ō オー）、U（ū ウー）の五音。子音はH（he ヘ）、K（ke ケ）、L（la ラ）、M（mu ム）、N（nu ヌ）、P（pe ペ）、W（we ウェ）の七音である。ハワイで行われるハワイ語の学習では、この一二音にオキナ「ʻ」を加えて、一三音として学習する。発音は、いくつかの例外があるものの、基本的にはローマ字表記に準ずる。Wは、Aの後ではワ行［w］あるいはヴァ行［v］のどちらの発音も可能である。つまりHawaiʻiの場合「ハワイイ」と「ハヴァイイ」の両方の発音が可能ということになる。ただしWは、EとIの後ろではヴァ行［v］にもなり、冒頭に来る場合と、OとUの後ろではワ行［w］の発音になる。前者の場合では、iwiは「イヴィ」（骨、殻）なり、後者ではʻowali「オワリ」（シダの仲間、ʻōali オーアリとも）となる［Hopkins 1992:1-2］。

ちなみに、声門破裂音（IPA表記はʔ）であるオキナが挿入された場合、直後の母音が声門破裂音となる。声門破裂音は、声門を一度閉じたあとに、母音の発声と同時に声門を開放することで発せられる破裂音のことである。ハワイ語では、例えばuku（ウク：支払い、賞金）とʻuku（ウク：ノミ、小さい）のように、声門破裂音の有無によって意味が弁別される。また、長母音（IPA表記はː）であるカハコーも同様に、makai（マカイ：海側）と、

mākai（マーカイ：針）のように弁別機能をもつ。一九七〇年代のハワイアン・ルネサンス以前のハワイでは、ハワイ語の英語風発音が一般的であり[10]、またハワイ語の表記に関して、オキナやカハコーが通常は表記されなかったが、現在はハワイ語の意味を正確に伝達すること、また上述したようにハワイ語の単語や地名を正確に発音することを重視し、ハワイ語アルファベットでの表記を徹底する傾向にある。

加えて、本書ではハワイ語の個人名をハワイ語アルファベットで表記する際に、例えばHi'iakaikapoliopele（ヒイアカイカポリオペレ）をHi'iaka-i-ka-poli-o-peleと表記するように、適宜ハイフンを挿入している。これは、長い綴りが一般的であるハワイ語の名前を読みやすくするためと、ヒイアカ・イ・カ・ポリ・オ・ペレ（Hi'iaka-i-ka-poli-o-pele：ペレの脇の下のヒイアカ）のように、ハワイ語の個人名の多くが叙述的名前であることから、個人名における叙述的な要素を示唆するためである。なお、現代ハワイ語の個人名を記載する際に、通常ハイフンは用いられないことを付け加えておきたい。

註

（1）アウマクアはサメ（マノー manō）、ウミガメ（ホヌ honu）、タカラガイ（レホ leho）、石（ポーハク pōhaku）などの自然界に存在する生物や物であり、家系によっては五〇以上のアウマクアを持っていたという。高位首長の家系では、アウマクアを正確に継承するためにチャントによって系譜が伝えられた。

（2）筆者が長期調査中、親族間でハーナイされた子どもや、生みの親の経済的な理由で祖父母にハーナイされた先住ハワイ人に多く出会った。また、同じような状況は特にサモア系住民の間でも頻繁であったように見受けられる。

ハワイでは、養護施設から養子をとるなどの家庭が多く、ハーナイの習慣が続いているという声が多く聞かれる。

（3）中には拉致同然で寄宿舎に連れてこられたり、伝統的な男子の長髪を切られ、現地語の名前から「インディアン二五番」といった名前に改名させられたり、または、先住民の言葉を話すと、「悪魔の言葉を吐く口」と叱られて、口を食器用洗剤で洗われ、すすがせてもらえなかったという事例も報告されている［鎌田 2009:84-86］。

（4）the Code of Federal Regulations

（5）一旦は取り消された部族の承認を、再認定する手続きをとる部族もあった。

（6）ところが、連邦内務省が管轄するインディアン管理局（Bureau of Indian Affairs : BIM）はＡＩＭ側の代表との面会を拒否し、当時大統領であったリチャード・ニクソン（Richard Nixon）もＡＩＭとの面会には応じなかった。ＡＩＭはインディアン管理局の本部を六日間にわたり占拠し［Laugesen 2007:700］、黒人運動団体やキリスト教系団体が食料を差し入れるなど、この占拠を後援した。また、マスメディアも、先住アメリカ人による一連の抗議運動を好意的に報道したことから、非難の矛先はアメリカ政府に向けられたのである［Smith 2012 : 171-172］。結果的には、連邦政府側がＡＩＭの要求「二〇ヵ条の声明書（Twenty-Point Position Paper）」（各部族との条約締結、先住アメリカ人の文化的・社会的権利の保護など）を考慮すること、および占拠に関わった先住アメリカ人を起訴しないことを約束し、大統領選の投票当日である一一月七日、インディアン管理局の占拠は一応の終息を迎える［Laugesen 2007:701］。しかし、再選を果たし翌年一月に再任したニクソンは、先住アメリカ人がすでにアメリカ市民であることを理由に、ＡＩＭが求めた「二〇ヵ条」を受け入れない方針を明確にする。このことから、その後さらに抗議運動が過熱したのである［Rhea 1997:12、Laugesen 2007:701］。

（7）現在、カラマ・ヴァレーは中産階級以上が多く住む住宅地ハワイ・カイ（Hawaiʻi Kai）地区の一画を成す。

（8）イルムガルド・アルリ（Irmgard Aluli）。多くのハワイ語の歌を残した作曲家として知られる。

（9）キージングは一九九〇年にカナダのマックギル大学に移動。

（10）例えば、Honolulu（ハワイ語発音はホノルル）は「ハナルル」、Waiʻanae（ハワイ語発音はワイアナエ）は「ワイナイ」、などである。

第二章　調査地概要

第一節　ハワイ社会の概要

1　西洋化以前の社会

考古学的資料によると、ハワイはオーストロネシア語族系のポリネシア系住民によって最初の移住がなされ、一七七八年にクック率いる一団が到来するまで、外部からの影響がほとんどなかったと考えられる、稀有な地域である［後藤 2013］。ハワイ諸島に人類が到達したのは、三世紀から九世紀頃で、最初の移民は東部ポリネシア、現在の仏領ポリネシアからカヌーや双胴船でハワイ諸島にやってきたと考えられる。

ポリネシアのほかの地域社会がそうであったように、ハワイでも首長がそれぞれの島や、ハワイ語でアフプアア（ahupua'a）と呼ばれる、地形を利用した区域を統治する、首長制が取られていた［山田 2013］。また、ポリネシアの中でもハワイの社会階層制度は、カプと呼ばれる禁忌制度を土台として、特に複雑に発展したといわれる。

伝統的な社会においては、首長階層であるアリイ（ali'i）を頂点に、アリイが統治する各アフプアアを管理するコノヒキ（konohiki）階層、カフナ（kahuna）と呼ばれる宗教儀礼に関わる知識階層や、特殊な技能をもつ技能者階層が続き、その下にマカアーイナナ（maka'āinana）と呼ばれる平民層、最下層にカウアー（kauā）などと呼ばれる、戦争捕虜や犯罪者とその子孫からなる階層によって、社会が形成されていた。厳格な階層社会であったハワイでは、階級を異にする両親から生まれた子どもは、生まれた時点で両親のどちらかの階級が選択され、それは一生変わることがなかった。例えば、アリイ階層出身の母と、マカアーイナナの父の間に生まれた子どもが、生まれた時点でアリイ階級の子、つまり首長にふさわしい子として認知された場合には、生涯首長階層として扱われた。このようなハワイにおける双系的かつ階層上昇志向は、西洋化する以前のハワイ社会の特徴であったと考えられる[Apple 1980: 15-14, Linnekin 1985:62, Sahlins 1985:20]。

2　地理

ハワイ州は、南東に連なる主要八島からなるハワイ諸島と、その北西に延びる主要五島からなる、北西ハワイ諸島によって構成される。浸食がすすみ、居住が困難な北西ハワイ諸島の島々は、東からニホア島（Nihoa Island）、ネッカー島（Necker Island）、レイサン島（Laysan Island）、リシアンスキー島（Lisianski Island）の無人五島と環礁などで構成される。北西ハワイ諸島は、ハワイ州ホノルル郡の行政管轄下に置かれ、一九〇二年以降は国の鳥獣保護区に指定され、各島への上陸は合衆国魚類野生生物局（United States Fish and Wildlife Service）によって厳しく制限されている[野口 2013:16]。なお、西端にちかいミッドウェー環礁は、アメリカ合衆国の海外領土である合衆国領有小離島とされ、ハワイ州には属さない、アメリカ政府が直轄する領域である。

北西ハワイ諸島一帯では、かつて人が耕作を行ったとみられる跡や、ペトログリフなど、文化活動が行われていた形跡が残っているが、一八世紀に西洋人が到達した頃にはこの地域はすでに無人であった。また、ミッドウェー環礁一帯は、第二次大戦期の一九四二年に、日本軍とアメリカ軍が領有を巡り争ったミッドウェー海戦の舞台となったり、ベトナム戦争期の一九六九年には、ベトナム共和国の当時の大統領グエン・バン・チューと、米国大統領ニクソンとの会談が行われたりと、軍事において重要な舞台を担ってきた。しかし、冷戦後の一九九六年に環礁一帯の軍事施設は閉鎖され、以降は魚類野生生物局によりミッドウェー環礁国立自然保護区として管理されるようになった。なお、同地域は一時はエコツーリズムの拠点となったこともあったが、二〇〇二年に観光会社が撤退してからは無人状態が続いている。

一方、ハワイ諸島の主要八島は、東からハワイ島（Hawaiʻi Island、ビッグ・アイランドとも）、マウイ島（Maui）、カホオラヴェ島（Kahoʻolawe Island）、ラーナイ島（Lānaʻi Island）、モロカイ島（Molokaʻi Island）、オアフ島（Oʻahu Island）、カウアイ島（Kauaʻi Island）、ニイハウ島（Niʻihau Island）が連なる。最も人口が集中するのが、現在の州都のホノルルが置かれているオアフ島であり、ハワイの政治、経済、そして観光の中心として開発が行われてきた。州の東南端に位置するハワイ島は、ハワイでは一般的に用いられる「ビッグ・アイランド」という名前の通り、州で最大の面積を有する島である。ハワイ島には太平洋の最高峰マウナ・ケア（Mauna Kea、標高四二〇五メートル）があり、頂上付近には多くの天文台が置かれている。ほかにも、マウナ・ロア（Mauna Loa）やキーラウエア（Kilauea）の二つの活火山があることから、自然科学の研究において重要なデータが得られる環境であるといえる。

天文観測にとって好条件がそろうマウナ・ケアの登頂部およびその周辺には、天文学管区が設けられ、ハワイ大学管轄下で各国の天体望遠鏡が集まるマウナ・ケア天文台群がある。天文台群には、一二の研究機関があり、合計で一三基の望遠鏡が稼働している。なお、この天文台管区は、一九六六年制定の国家歴史保護法（National Historic Preservation Act of 1966）により、アメリカ合衆国の国家歴史登録財として保護されている。特に二〇一五年以降、マウナ・ケア山頂の天文台群では、日本も参加する新たな巨大天文台（通称 Thirty Meter Telescope: ＴＭＴティーエムティー）の建設プロジェクトをめぐって、建設が聖地を汚す行為であるとする先住ハワイ人グループらによって、大規模な建設阻止運動が注目を集めた。

また現在は無人のカホオラヴェ島は、島全体が乾燥した土地のために定住が難しいとされ、かつては全島がアメリカ軍の射撃演習場として使用されたこともあった。カホオラヴェ島は、一九七〇年代に活発になるハワイアン・ルネサンスにおいて、先住ハワイ人が土地の先住権を主張した運動の拠点となったこともあり、無人ではあるものの、現在でも先住ハワイ人の土地回復運動のシンボルとして重要な存在である。

3 多民族社会

ハワイ諸島全体の人口は二〇一五年の米国国勢調査では一四三万一六〇三人。そのうち九五万三二〇七人が首都ホノルルのあるオアフ島の住民であると申告している［Census 2015, 2015 State of Hawaii Data Book］。

また、ハワイ社会の特色ともいえる多民族的状況であるが、二〇一〇年に連邦政府によって行われた国勢調査の資料によると、ハワイ州の住民（二〇一〇年時当時は一三六万三〇一人）のうち、単一の民族性のみを選択した人は、アジア系で五二万五〇七八人、白人系三三万六五九九人、黒人／アフリカ系アメリカ人二万一四二四人、先住ハワイ系および太平洋諸島系は一三万五四二二人、先住アメリカ系（本土系）が四一六四人、そのほかの民族で一万六九八五人であった（表1）。

しかしながら、国勢調査によるこのような民族意識別統計が、現代ハワイ社会の多民族的状況を正確に反映しているとはいいがたい。なぜならば、ハワイの住民、とりわけローカルとよばれるような、数世代にわたってハワイで生活してきた住民の中には、国勢調査で想定される項目よりも多様な民族背景を有している人が多いからである。例えば、筆者のインフォーマントであるセリーナ（女性、現地調査当時二〇代）は、普段は最も血の割合が高い先住ハワイ系を自身の「中心エスニック・アイデンティティ」として使用しているが（セリーナの場合はハワイ人の「血の割合」は五〇％以上）、彼女の旧姓は中国系移民の姓がハワイ語化した姓であり[1]、そのほかに彼女自身が家族から

	一民族	一民族および複数民族
白人系	336,599	564,323
黒人系／アフリカ系アメリカ系	21,424	38,820
先住アメリカ系・先住アラスカ系	4,164	33,470
アジア系	525,078	780,968
フィリピン系	197,497	342,095
日系	185,502	312,292
中国系（台湾系を除く）	54,955	199,751
朝鮮半島系	24,203	48,699
ベトナム系	9,779	13,266
インド系	2,201	4,737
タイ系	2,006	3,701
沖縄系	1,886	6,642
ラオス系	1,844	2,620
台湾系	898	1,161
カンボジア系	464	705
インドネシア系	399	990
ミャンマー系	199	281
スリランカ系	186	231
パキスタン系	174	303
ネパール系	125	146
モンゴル系	109	197
マレーシア系	86	297
モン族系	70	87
バングラデシュ系	60	74
ブータン系	7	13
太平洋諸島系	135,422	355,816
先住ハワイ系	80,337	289,970
サモア系	18,287	37,463
マーシャル諸島系	6,316	7,412
トンガ系	4,830	8,085
グアム系・チャモロ系	2,700	6,647
チューク諸島系	1,683	2,563
パラオ系	729	1,216
ポンペイ系	398	775
フィジー系	282	711
コスラエ系	245	484
タヒチ系	225	2,513
その他	16,985	34,199

表1　ハワイ州　主な民族別人口（二〇一〇年国勢調査）
[2015 State of Hawaii Data Book]

聞いた話では、サモア系、タヒチ系、イギリス系の血を受け継いでいる。

また、別のインフォーマントのジア（男性、二〇代）は、普段は先住ハワイ系（「血の割合」は、本人曰く「おそらく二五％程度」）であると名乗ることが多いものの、父方（サモア系）親族と集まる際は、サモア語のフレーズを使用し、また腕や上半身にサモア風の刺青を入れるなど、サモア系アイデンティティを強調する様子も見受けられる。ジアは、先住ハワイ系・サモア系以外に、白人系と中国系の出自も有しているのだが、これら非ポリネシア系の出自を積極的に主張しようとはしない。彼の母親によれば、ジアは先住ハワイ系そしてサモア系であることに格別なプライドをもっているため、白人系や中国系の出自を伏せようとする傾向があるのだという。このように、複数の民族出自を持つにもかかわらず、個人の中心民族性の意識が、その時々の環境によって恣意的に選択され得る例は、ハワイ社会ではめずらしいことではない。また、先住ハワイ文化が見直されるようになった近年では、たとえ先住ハワイ人の血の割合がわずかであっても、人口調査において先住ハワイ系の出自を選択する住民も増えている。

状況的かつ恣意的な先住ハワイ人のエスニック・アイデンティティを、人口統計によって正確に把握することは容易ではないことに留意しつつ、ハワイ州の民族構成を確認してみる。二〇一〇年の調査では、ハワイ州ではおよそ二九万人、アメリカ全体ではおよそ五三万人が先住ハワイ系を最も優先する民族性として申告している［Census 2010］。もう一つ、近年になり先住ハワイ人人口が増える契機が、二〇〇〇年以降の国勢調査で民族性（ethnicity）を複数自己申告（三種類まで）できるようになったことである。アメリカ全体では、先住ハワイ人であると申告する国民のうち、三六％が二民族、二六％が三民族を、三三％が先住ハワイ人のみを選択している。また、先住ハワイ人は出産率が他民族よりも比較的高く、非嫡出子の件数もほかの民族よりも多い。このことは、ハワイの多民族社会において先住ハワイ系の住民が増える傾向にあることを示唆している［Goo 2015］。先住ハワイ系の子女のための私的教育機関であるカメハメハ・スクールズが行った調査では、二〇四五年にはハワイ州の先住ハワイ系の人口は五〇万人に達し、二〇六〇年には六七万五千人になるとの予測もある［Kamehameha Schools 2012］。
ちなみに、現代のハワイ社会におけるハワイ人以外の主要民族の歴史背景は、まず、主にプランテーション時代に労働者としてやって来た、ヨーロッパ系アメリカ人、中国系、ポルトガル系、日系、ヒスパニック系、フィリピン系のグループと、主にプランテーション期以降にハワイにやって来た沖縄系、朝鮮半島系、黒人系、トンガ系、サモア系、タイ系、ベトナム系、ミクロネシア系などのグループに大別することができる［McDermont & Andrade 2011］。本章では、紙幅の関係上、ここに挙げたすべての民族の概要について述べることはできないが、以下ではそれらのうち、プランテーション期以降に移民として入って来た民族のいくつかについて、ハワイ社会における特徴を述べておきたい。

上記主要民族のうち、ハワイでは日系と沖縄系が区別される状況がある。移民としてやって来た時期の違いや、双方における文化および言語の違いから、入植当初異なるコミュニティを形成したため、両者はハワイ社会の中で別民族とされる傾向が今でも根強い。日系住民がジャパニーズと呼ばれるのに対して、沖縄系住民はオキナワンという自称および他称が用いられることが一般的である［四條 2013］。また、沖縄系の特徴として同郷組織の発達がある。在ハワイ県人会や村人会のほかに、ハワイ社会の中でも一世の沖縄での出身地に基づく同郷組織「郷友会」の活動も盛んである(2)［e.g. 中西 2008、四條 2008, 2013（d）新垣 2011, Hara 2011］。

また、近年ハワイで人口が増加し、コミュニティのプレゼンスが高まっているのが、ミクロネシア系住民である。太平洋においてミクロネシア地方というとき、それはパラオ共和国、グアム、北マリアナ諸島自治連邦区、ミクロネシア連邦、マーシャル諸島共和国、ナウル共和国、およびキリバス共和国を指す。しかし、ハワイ社会において「ミクロネシア系（Micronesian）」というとき、それは主にチューク人（ミクロネシア連邦）やマーシャル人を指すことが一般的である［Palafox et al. 2011:295］。一九四六年から始まったマーシャル諸島での核融合実験は、一九五八年までの一二年間の間に合計六七回行われ、現地社会に大きな影響を及ぼした。実験が停止して六〇年以上たった現在でも、実験当時に周辺で暮らしていた住民に関して特定の癌の発生率が高いなど、核実験の影響は消えてはいない［Palafox et al. 2011:300］。ミクロネシア連邦およびマーシャル諸島共和国は、アメリカとの自由連合盟約（Compact Of Free Association, ＣＯＦＡ）に基づく連合関係にあり、住民の移住に際し、経済的バックグラウンドの審査、またビザおよびグリーンカードの取得が不要である。両地域からの移民は、一九八〇年代以降増加傾向にあり、一九九七年には二五％弱、二〇〇三年には三六％の増加であった。両地域からの移民にみるプッシュ要因としては、現地経済の低迷による失業率の上昇がある。また、移住先でのより高いレベルの教育、高度医療の需要、あるいは世界の先端を見てみたいという好奇心も移住の動機である［Palafox et al. 2011:302］。また、ハワイにおけるミクロネシア系移民の特徴として、とりわけ入国時に審査がないミクロネシア連邦、マーシャル諸島共和国の移民は、より幅広い社会経済層から構成される傾向にある。このことで、ハワイ社会でミクロネシア系住民と他民族との間に軋轢を生むことが、最近になってしばしば見受けられるようになった。

第二節　ワイアナエ地区概要

1　現在のワイアナエ地区

次に、筆者の調査地、ハワイ州オアフ島西岸に位置するワイアナエ地区（Wai'anae District）について見てみたい（図1）。ワイアナエ地区は、オアフ島全島を管轄するホノルル郡に属する地区である(3)。地区は南側から、ナーナークリ（Nānākuli）、マーイリ（Mā'ili）、ワイアナエ（Wai'anae）、マーカハ（Mākaha）、マーカハ・ヴァレー（MākahaValley）の五小区(4)に分かれる。ワイアナエ地区の総人口は、二〇一五年のハワイ州の推計では五万三三三

図１　ホノルル郡内の各小区
［Department of Business, Economic Development & Tourism 2015］

四人であり、そのうち一万九〇〇〇人余りの先住ハワイ人が地区に暮らしている［DBEDT 2015］。地区には「五〇％以上のハワイ人の血の割合」の保有者が借地権を与えられる、先住ハワイ人専用の住宅区「ハワイアン・ホームステッド」が四ヵ所あり、中でもナーナークリには、州内でも最も世帯数の多いナーナークリ・ハワイアン・ホームステッドがある。現在のハワイ州の先住ハワイ人人口が二九万人強であるから、州のハワイ人のおよそ六％が、ワイアナエ地区に暮らすハワイ人だということになる。

しかし、「ハワイ人の土地」と呼ばれる一方で、ワイアナエ地区は、ハワイ社会がそうであるように、多民族多文化的特徴も持つ。地区には二四のキリスト教系教会のほかにも、サモア系キリスト教会(Samoan Church) が一つ、日系と沖縄系住民が中心の本願寺派寺院が一つある。地区の先住ハワイ系住民のほとんどが、ハワイ系以外にも、フィリピン系、ポルトガル系、日系、沖縄系、中国系、朝鮮半島系、サモア系、ヨーロッパ系、プエルトリコ系など、複数の民族的背景を持っており、先住ハワイ文化以外にも、盆踊りや、サモアン・ダンス、タヒチアン・ダンスなどが、住民に親しまれている。

住民の仕事に関して、住民の多くが、毎朝ワイアナエ地区から、地区外あるいはホノルル市街に通勤する。ホノルルの中心からワイアナエ地区までの距離は五〇キロメートルほど。ハイウェイを通れば車で三〇分から四〇分程度の距離だが、交通渋滞が深刻化する近年は、ラッシュ時には、ホノルル市街まで片道一時間以上を要することも珍しくなくなった。現在ホノルル市は、交通事情の悪化を受けて、市街にあるアラモアナから、ワイアナエ地区の南側にあるカポレイまでのモノレールを、二〇二〇年の完成を目途に建設中である。モノレール開発計画に、「カントリー」と呼ばれ、これまで開発が進んでこなかった、オアフ島西岸地域の経済活性化を期待する声は少なくない。ワイアナエ地区の個人平均年収は、およそ一万八〇〇〇ドル（約一八〇万円）と、州の平均二万九〇〇〇ドル（約二九〇万円）を下回る。また、地区の貧困率は二三・七%で、州平均一〇・六%を上回る［Census 2015］。近年、ワイアナエ地区の近隣にリゾート・ホテル群が建設され、ワイアナエ地区内でも、中間層–中間富裕層をターゲットにした新興住宅地が整備されるなど、景観改善の努力が進んではいるものの、地区沿岸部の雑木林には、いまだにホームレス・キャンプを作る人々が絶えず、地区の格差は広がっている。

2　ワイアナエ地区のこれまで

ワイアナエ山脈を源流とする数本の小川を持つワイアナエ地区は、クックがハワイに上陸したときには、すでに一〇〇〇人から三〇〇〇人余りが居住し［Cody 2002:24］、水源に近い集落では自給自足に事欠かない生活を送っていたと考えられている。地区内にある現在の五小区は、伝統的なハワイ社会における政治経済的区画アフプアア（ahupua'a）に由来している。アフプアアは、山から海にかけてのびる扇状地の自然環境を利用し、集落内で狩猟採集や、田畑の耕作、魚の養殖などを行う「自然循環型」の伝統的なシステムである。

　オアフ島の中でも降水量が少なく、特に乾季には山や丘の色も枯草色になるワイアナエ地区であるが、ここは古来より沿岸部に良質な漁場を備えていたといわれる。ワイアナエという名前の由来も、かつては地域でボラが良く獲れたことから、ワイ（wai ＝ 水）、アナエ（'anae ＝ ボラ）という名がつけられたと伝えられている［Watson 2008:8］。

　しかし、西洋文化との接触後わずか半世紀のあいだに、ハワイ全体の先住ハワイ人の人口は、外来の伝染病などにより最大で約八割も減少したと考えられている。後述するカメハメハ三世の行った土地改革以降、入植者達によって私有地化された土地は、牧場やサトウキビ・プランテーションとして開発され、それに伴い海外から労働者が移り住む。一時は減少していたワイアナエ地区の人口は、先住ハワイ人以外の労働者の増加により九〇〇人にまで増え、ホノルルに次ぐハワイ第二の人口の街となった。王制廃止から二年後の一八九五年にはホノルル市街とワイアナエ地区を結ぶ「サトウキビ鉄道」が開業し、この地におけるサトウキビ産業は黄金期を迎えることになる。その後は、先住ハワイ人に加え、フィリピン、日本、中国、ポルトガルからのプランテーション労働者がさらに流入し、一九一〇年にはワイアナエを中心に人口一八四六人の街となった［Gallimore and Howard 1968, Pukui and Hardy 1972, Coby 2002］。

　一九三〇年代になると、軍備増強のため米軍によってワイアナエ地区の土地の買い上げが行われる。一九四〇年代には、地区の北部マーカハ渓谷にある土地の大部分が軍の所有となり、同地域は現在に至るまで米軍の射撃練習地として一般の立ち入りが禁止されている。ほかにも、軍関係者の保養施設などがワイアナエ地区沿岸に置かれ、大戦中の四〇年代この地に駐屯する軍関係者はワイアナエ地区の住民の約七倍の二万人に上った［四條 2010］。大戦後、一九四六年には、ワイアナエのサトウキビ・プランテーションが閉鎖し、跡地を中国系実業家のチン・ホー

(Chinn Ho) が買い取った［Fermantez 2007:92］。

大戦中には軍の訓練施設として、また大戦後は帰還兵の保養地として利用されたワイアナエ地区は、一九六〇年代に入ると地区北部にある街マーカハがサーフィン・スポットとして注目されるようになり、今度は観光客が訪れるようになった。

一九七〇年代には人口がおよそ二万四千人に達するが、人口の増加に比例するように軽犯罪が増加し地区の治安状況が悪化し始めた。さらに、かつてのプランテーションで水を大量に使用したことと住宅地の増加により、地区内にあった貴重な水源のほとんどが姿を消し農業用水が十分に確保できない状況であったため、この時代には農業離れも進んだという。また、当時、とりわけ若年層による軽犯罪は頻繁に発生し、観光客に対する窃盗や強盗が恒常化したことから、以後「野蛮な土地（Rough Place）」や「ワイルド・ワイド・ウエスト（Wild Wide West）」と呼ばれるようになる［Fermantez 2007: 99, Watson 2008:4］。その後、オアフ島北岸のノースショアが新たなサーフィン・スポットとして注目を浴びるようになって以降は、ワイアナエ地区からは観光客の足が一層遠のくようになってしまった。現在では、沿岸でのイルカ見学ツアーや、地区北部マーカハ・ヴァレーにあるゴルフコースがこの地域での数少ない観光産業である。地区内に産業は少なく、住民の多くはホノルル市街や近郊の街まで車やバスで通勤する。

また、二〇〇〇年頃からは、もともと雨の少ない地区であることなどの理由から、シャワーやトイレが設置されている海岸のビーチ・パークに集まるホームレスが急増し、治安の悪化が懸念される状況が続く。

3　ワイアナエ地区のハワイアン・ホームステッド

ワイアナエ地区内には、ナーナークリ・ハワイアンホームステッド（Nānākuli Hawaiian Homestead）、プリン

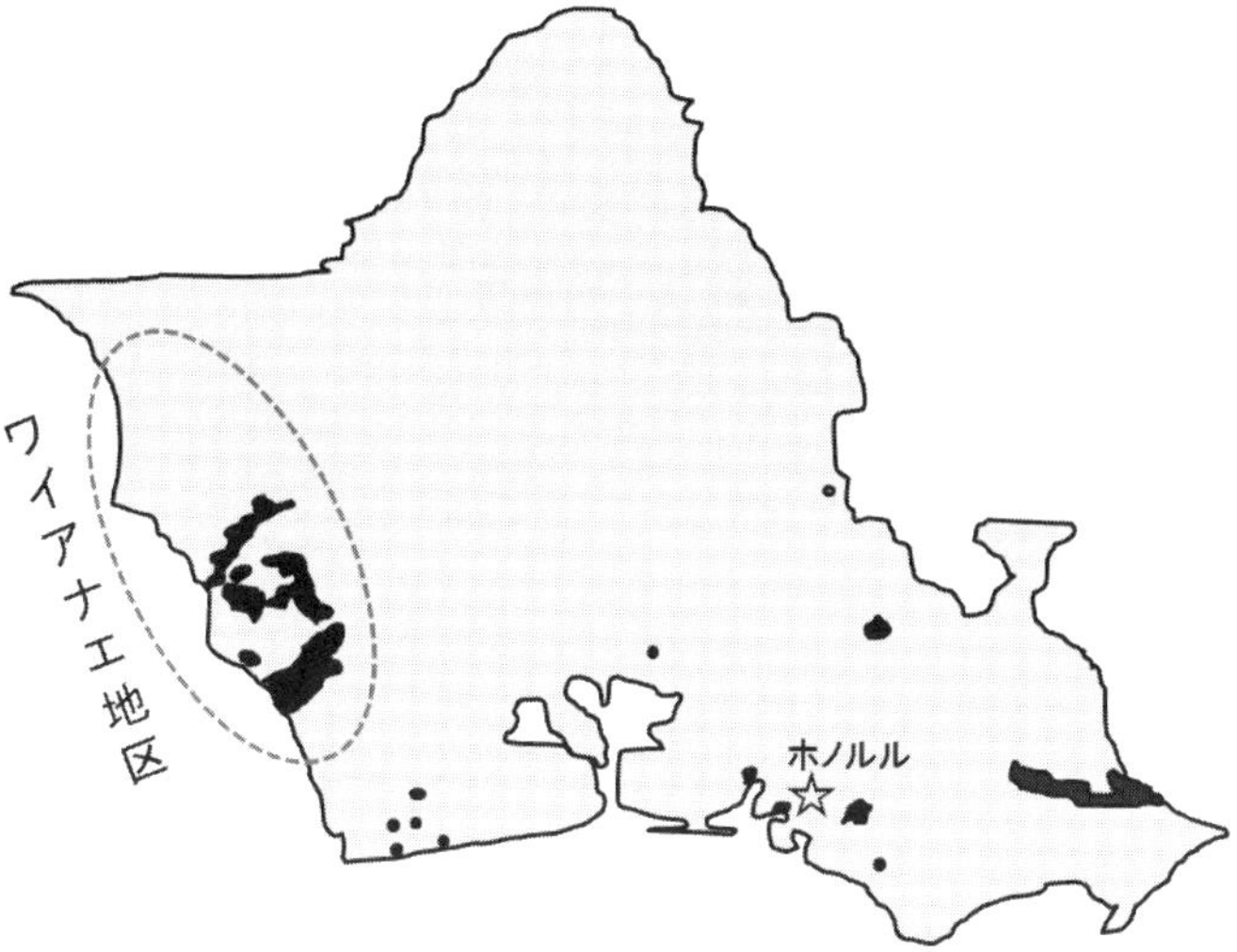

図２　オアフ島のハワイアンホームステッド（黒塗り箇所）

セス・カハヌ住宅（Prindess Kahanu Estate）、ルアルアレイ・ハワイアンホームステッド（Lualualei Hawaiian Homestead）、ワイアナエ・ハワイアンホームステッド（Waiʻanae Hawaiian Homestad）の、合計四ヵ所のハワイアン・ホームステッドがある（図２）。それぞれのホームステッド内の人口は公表されていないが、住居区画数はナーナークリが州内最大規模の一〇四九区画、二〇年ほど前に開発されたプリンセス・カハヌは二七〇区画、ルアルアレイは一四九区画、ワイアナエが四二二区画である。一区画は原則一世帯であるから、ワイアナエ地区全体世帯数のうち一八九〇世帯がホームステッド内にあることになる。ハワイ州全体の住居用ハワイアン・ホームステッドの合計区画数は八三四二区画であるから、ワイアナエにはホームステッドの約二三％が集中していることになる。そのうち四二二八区画がオアフ島のホームステッドであり、その四分の一がナーナークリ・ハワイアンホームステッドにある［DHHL 2013:43］（表２）。また、ハワイアン・ホームステッドの世帯平均人数が四・二人であることを考慮すれば［DHHL 2008:5］、ワイアナエ地区のハワイアン・

	区画数
オアフ島	4,228
ワイアナエ地区	1,890
ナーナークリ	1,049
プリンセス・カハヌ	270
ルアルアレイ	149
ワイアナエ	422
マウイ島	1,278
ハワイ島	1,714
カウアイ島	697
モロカイ島	396
ラナイ島	29
ハワイ州合計	8,342

表2　ハワイ州における主な地域のハワイアン・ホームステッドの住居用区画数［Department of Hawaiian Home Lands (DHHL) 2014］

ホームステッド四ヵ所の合計住民数は、おおよそ七五六〇人であると推測することができ、ワイアナエ地区住民の一四％がホームステッドの住民であると考えることができる。ワイアナエ地区がハワイの中で「先住ハワイ人の地（the land of Native Hawaiians）」と言及されるのは、ナーナークリ・ホームステッドをはじめ、地区内にハワイアン・ホームステッドの区画が多くあるためであるといえるだろう。

第三節　現代の産業

1　観光

ハワイ社会における観光業の動向を踏まえることは、先住ハワイ人、ひいてはワイアナエ地区における住民の生活全般、そしてグローバルな動向の中での先住ハワイ人社会を理解する上で、重要な作業であるといえる。二〇一五年にハワイを訪れた年間観光客数はのべ八六四万九三五七人（二〇一四年は八三〇万八一一四人）であり、観光客による州内の消費は一兆四九四〇億ドルであった［DBEDT 2015］。同年に日本を訪れた外国人観光客数がのべ一三四一万三四六七人［日本政府観光局（JNTO）

2014］であるから、ハワイの人口が日本の約一〇〇分の一と考えるとハワイの観光客の多さを実感できる。

また、二〇一四年の日本からハワイへの訪問客数はのべ一五一万一六九九人であり、これは全体数八三〇万八一一四人のおよそ一八％にあたる。日本からの訪問客数のうち、二六万三五二一人が新婚旅行者であった。日本からの訪問客のうち、五八・五％が以前にもハワイを訪れたことがある「リピーター」であり、総数の七四・六％がパッケージ・ツアーを利用している。ちなみに、一日あたりの平均支出は、初めてハワイを訪れた人の方がやや多めで三〇二ドル（三万二〇〇円）。ほかの地域からの訪問客も、初回の平均支出が「リピーター」よりも多い傾向にある。ハワイにとって日本からの訪問・観光の需要は小さくはない。

ちなみに、二〇一四年の日本経済は、同年四月に行われた一七年ぶりの消費税の増税（五％から八％へ）の影響で、国内の景気が低迷傾向を示した時期であった。為替市場では前年二〇一三年よりも円安傾向が続いたことで、ハワイを訪れる日本からの観光客の滞在時消費額も三・二％減少した。なお、二〇一四年の日本からの観光客の一日あたりの支出額は平均二七三・四ドル（一ドル一〇〇円換算で、二万七三四〇円）、旅行全体での支出額は一五八五・四ドル（一五万八五四〇円）であった。

また日本からの観光客の平均滞在日数は、二〇一四年は五・八日で、二〇一三年の五・九四日から二・八％減少した。ハワイを訪れる訪問客全体の平均滞在日数は九・一一日であり、アメリカ本土からの観光客が九・九五日、カナダが一二・九二日、ヨーロッパが一三・一五日、ラテンアメリカが一一・六四日であった。これらの地域と比較すると、日本からの観光客はハワイの滞在が短期傾向であることが分かる。短期傾向ではあるものの、一日あたりの支出額は比較的多いというのが日本からの訪問者の特徴である。

二〇一四年は、増税による日本経済低迷の影響下で、一人あたりの旅行中の支出が減少したものの、上記の訪問者数からも見て取れるように、ハワイの観光産業全体に与える影響は大きいものではなかった。

そのほか、日本人観光客の一日の平均支出額は地域別で第二位であった。この支出額は、アメリカ西岸とカナダ、およびヨーロッパからの訪問客の約四倍に相当する。また、地域別訪問客数では、日本はアメリカ本土からの訪問客数五〇二万一四七一人に次ぐ第二位であった。二〇一三年のデータでは、前年二〇一三年の日本からの訪問客数が、二〇一四年よりも〇・四％多い一五一万八五一七人であったが、ハワイ州産業経済開発観光局（Department of Business, Economic Development & Tourism：DEBEDT ディーベット）はこの数値を「前年度と僅差」とし、この時期の日本経済低迷によるハワイの観光産業への打撃は最小限にとどまったとみている。

ハワイを訪れる日本からの訪問客の男女比は女性が五九・三％、男性が四〇・七％である。年齢層では、二五歳から四〇歳までの層が三九・九％を占め、続いて四一歳から五九歳が二四・一％、そして六〇歳以上が一七・七％であった。日本からの観光客が最も多い時期は八月であり、次に三月と九月に訪問客が増加するのが近年の傾向である。

ハワイを訪れる目的についてみてみると、二〇一四年の訪問客数八三〇万人のうち、家族旅行が一九五万三一〇六人で、これは訪問目的の中では最も多く全体の二三・九％である。一家族の平均人数は三・八三人。家族旅行者のうち七〇％が以前にもハワイを訪れたことがある訪問客である。次に多いのが、知人や親類の訪問で六七万八六九五人で、全体の八・三％。次いで、新婚旅行目的が六二万九四二三人で、全体の七・七％である。新婚旅行だけでみると、日本からの観光客はそのうちの四一・九％でもっとも多い。新婚旅行の次に多いのが会議および研修（Meeting）、招待旅行（Incentive）、学術会議（Conference ／ Convention）などの「ビジネス・イベンツ（Business Events）」（総称しＭＩＣとも呼ばれる）を目的とした訪問で、四五万七〇一六人、全体の五・六％である。うちアメリカ本土からの訪問が六五・二％で、日本からの訪問は一六・一％であった。ＭＩＣに続く目的が、ハワイで結婚式を挙げることを目的とした訪問客で一一万九〇一四人、全体訪問客数の一・五％であった。

筆者が現地調査を行っている時も、住民から日本の景気について質問をうけることがしばしばあった。また、地元のニュース番組や新聞でも日本の経済動向に関する報道は度々見かける話題である。ワイアナエ地区に住むナプアナ（女性、四〇代、看護師）は、日本のＧＤＰが三五年ぶりに下落傾向を記録したという二〇〇八年末の報道を知り、当時、筆者に真剣な表情で、日本の景気について意見を求めてきたことがあった。彼女にとって日本の景気は、ハワイの景気、特に観光産業を大きく左右する要因であるのだという。ワイアナエ地区では、ナプアナのほかにも、観光産業に直接関わりのない仕事に就いている住民でも、日頃から日本経済の状況に関心を寄せる人は少なくない。

実際に二〇〇八年から二〇〇九年にかけてのハワイ経済は、二〇〇八年九月に始まった世界的金融危機「リーマン・ショック」と、先述の日本の景気低迷の打撃を受けて低迷が続いた時期であった。ＤＥＢＥＤＴの表現を借りればこの期間は「挑戦の年（challenging years）」であった［DEBEDT 2008, 2009］。ＤＥＢＥＤＴの発表では、二〇〇八年の訪問客総数は六八二万二九一一人、二〇〇九年は六五一万七〇五四人であった。リーマン・ショック前年の二〇〇七年は訪問客総数が七六二万七八一九人であったから、およそ一一％から一五％の客数が減少したことになる。この訪問客数の減少により、ハワイ州では、税収の減少、大量の一時解雇や人員削減、自主廃業、倒産、自宅差し押さえの件数が増加した。さらに、地域社会サービスや、医療および教育に関する事業が、廃止あるいは縮小するなどの影響がでた［Taum 2010 : 31］。

当時のハワイ経済低迷による日常生活への影響、特にワイアナエ地区の住民への影響は、ワイアナエ地区で下宿をしていた筆者の目にも明らかであった。二〇〇八年の八月に同地区でのフィールド・ワークを開始した頃にくらべると、朝の路線バスの混み具合が増したのである。ワイアナエ地区の住民の多くが、通勤・通学のために早朝にホノルル市街方面に向かう。二〇〇九年になると、通勤通学がピークになる午前六時台で、以前は比較的座れることが多かった路線バスが、立ち客で混みあうようになった。時には、満員になりそれ以上の客を乗せることができず、停車予定のバス停を通過するバスさえあった。住民達の話では、ガソリン代の値上がりもあり、車通勤からバス通勤に切り替えた人が増えたのだという。すでに述べたように、ワイアナエ地区からホノルル市街までの距離は約三〇マイル（約五〇キロ）で、高速が空いている時間帯であれば三〇分程度である。しかし、二〇分から三〇分間隔で走る路線バスを利用した場合、途中停車や他路線を走るバスとの待ち合わせもあり、ワイアナエからホノルルの中心地まで最低でも一時間半ほどかかる。バスが予定通りに来なかった場合や道路が渋滞した場合には、それ以上の時間がかかることも少なくない。それでも、多く人が節約のためにバスを利用するようになり、ワイアナエ－ホノルル間を走るバスは、ラッシュアワーの時間帯になると、通勤や通学、通院、買い物などの客で混みあった。ちなみに、当時のバス運賃は、大人が一律二・二五ドル（約二二五円）、月間パスが五〇ドル（五〇〇〇円）、年間パスが五五〇ドル（五万五〇〇〇円）であった(6)。

二〇〇八年から二〇〇九年にかけては、ちょうどワイアナエ地区でホームレスの増加が深刻になりつつあった時期でもある。これは二〇〇八年のリーマン・ショック以降、ハワイ全体の失業率が増加したことが主な要因であると考えられる。ワイアナエ地区沿岸のビーチ・パークや港、またその付近の木の茂みなどには、テントで生活をする人達がさらに増え、地域の住民との間により深刻な摩擦を生んでいた。景気の減速によるワイアナエ地区の「環境悪化」により、結果、観光客の足はさらにワイアナエ地区から遠のいた。しかし、二〇一一年八月にはワイアナエ地区の南側と隣接するコオリナ（Koʻolina）のリゾート・ホテル郡に、ディズニーが経営するホテルがオープンし、続いて同年一一月には同リゾート郡でＡＰＥＣの会議が開催されたことで、ワイアナエ地区ではホームレス・キャンプの一掃など「環境改善」が行われたこともあり、近年では車でワイアナエ地区のビーチを訪れる観光客も珍しくなくなった。

さらに、ワイアナエ地区から車で一〇分ほどのカポレイ地区（Kapolei District）では、ホノルル市街の混雑を緩和するために、州政府機関の一部をカポレイに移転するなどの副都心化計画が進められている。カポレイには、ほかにも、ハワイ大学西オアフ校の新校舎が二〇一二年に完成し、周辺には留学生も含めた学生の人口が増えつつある。また二〇一六年一〇月には大型ショッピングモールがオープンし、オアフ島西部を訪れる観光客のさらなる増加が見込まれている。なお、カポレイ地区には、ホノルル市中心部からモノレールが開通する予定である。サトウキビ産業が衰退して以来、耕作放棄地が広がっていたオアフ島西部の開発は、これからますます進展することが予想されている。

2　そのほかの産業

ハワイ州における二〇一四年発表の業種別雇用状況をみてみると、最も雇用を生み出している業種が、行政関連の分野である。二〇一四年の統計データでは、ハワイ州で行政関連の職種に就く住民は一二万五六〇〇人であり、そのうちハワイ州の職員が七万二一三八人であった。また、米軍関係者は一万八一七三人である［Hawaii Data Book 2014］。行政関連職種の次に雇用が多い分野が、ホテル・飲食関連の職種である。ハワイ州の宿泊・飲食関係施設は合計で三五一三件、全体の雇用数は九万八三六四人であった。そのうち州内の宿泊施設は三〇〇件で雇用総数は三万八四二六人、飲食施設は三二〇九件で、雇用総数は五万九九三八人であった。農業関連職種に関して、州内には七〇〇〇件の農業施設があり、六五〇〇人が従事している。漁業関連では、三九三〇人が漁業免許によって漁業権を取得し、漁業を行っている。州で漁獲量が最も多い魚種がメバチマグロで年間一五七四万六四五九ポンド。次いでキハダマグロが三八六万五五九五ポンドである。なおメバチマグロとキハダマグロは、ともにハワイ語でアヒ（ahi）と呼ばれ、主にポケ（poke）などの生食用としてハワイでは人気の食材である。ポケとは、もともとは伝統的なハワイ料理で、生魚を粗塩と海藻、炒った木の実を砕いたものなどと和えた伝統料理である。現在では移民文化も取り込み、しょう油やごま油、玉ねぎと和えたポケや、魚卵とマヨネーズ、香辛料と和えたポケなど種類が豊富である。アヒに次ぐ漁獲量が、地元ではマヒマヒ（mahimahi）と呼ばれるシイラで、年間七〇七万五一九一ポンド。シイラは、ソテーやフライなどが好まれ、また比較的安価で手に入る食材であることから、ハワイの食文化では一般的な魚である［DEBEDT 2014］。

観光と並んで雇用者が多いのが医療関係機関である。二〇一四年に雇用者数が多かった上位二五の民間企業および法人のうち、七つが医療関係機関であった。うち、クイーンズ・ホスピタル（クイーンズ病院）の運営で知られるザ・クイーンズ・ヘルス・システム（The Queen's Health System）は、雇用者数が六九四二人と民間機関では一位であった。二位は、同じく医療機関であるハワイ・パシフィック・ヘルス（Hawaii Pacific Health）の六四八五人。三位が五六五九人のスターウッド・ホテル&リゾート（Starwood Hotels & Resorts Hawaii）。つづく四位がヒルトン・ホテルズ&リゾート　ハワイ（Hilton Hotels & Resorts Hawaii）で五四〇〇人であった。ちなみに、医療の現場で最も多い職種が、看護師である。ハワイには二〇一五年の時点で一万五五七四人の看護師が働いており、およそ九〇人に対して一人の看護師がいることになる［DBEDT Quarterly Statistical &Economic Report 2016.］。

註

（1）ハワイ語化した中国系の姓には、アヒナ（Ahina）、アカナ（Akana）、アワイ（Awai）、アキオナ（Akiona）、アカカ（Akaka）、アポ（Apo）、の他多数ある。

（2）郷友会（沖縄系は「きょうゆうかい」、奄美系は「ごうゆうかい」）は、日本国内でも沖縄や奄美の出身者が、主に都市部の移住先で、相互扶助を目的として形成した同郷組織である。日本では関東圏や関西圏で多く見られる郷友会であるが、国内の傾向として、一〇代や二〇代の出身者、または本土で生まれた「二世」以降の参加が少ない状況が挙げられる［四條 2008］。一方で、在ハワイの沖縄系郷友会は一〇代や二〇代の会員も積極的に参加し、伝統芸能（琉球舞踊、サンシン、エイサー）にも意欲的に取り組んでいる様子を見ることができる。現代のハワイにおける沖縄系郷友会は、相互扶助のほかに、近年高まりつつあるオキナワン・アイデンティティの受け皿としての役割も果たしているといえよう。

（3）ただ、ワイアナエ地区およびホームステッドの家庭では、親族や友人が長期／短期居候することも多く、住民実数はより流動的であると考える必要があろう。

（4）日本の「町」に相当。

（5）六五歳未満の個人で、個人年収が一万一三三四ドル（約一一三万三四〇〇円）未満。

（6）二〇〇九年に大人二・五〇ドル、月間パス六〇ドル、年間パス六〇〇ドルに値上げされた。

第II部　伝統的社会システム

第三章　伝統的社会——神話とカプ

はじめに

次に、本章では現代の先住ハワイ人社会と神話の関係を見てみたい。前述した一九七〇年代以降の先住ハワイ社会においては、神話がエスニック・プライドの土台として、重要な役割を担った。例えば、カラマ・ヴァレー住宅での抗議活動の中心的グループであったコークア・ハワイは、グループの旗に、伝統食ポイ（poi）を作る石杵《いしきね》をシンボルとしてあしらっている［Trask 1987: 146］。ポイは、蒸したタロ（taro: タロイモ、ハワイ語ではカロ kalo）をついて餅状にし、水でのばしたハワイの伝統的な主食である。また、ハワイの人類誕生の神話では、タロは人間の兄として語られる存在であり、ゆえに、人々はタロ、そしてタロが育つ大地を尊敬することを教えられるのである。

ちなみに、現在ではハワイを代表する文化として認知されるフラにおいても、神話の果たす役割は大きい。近代化以降のフラの形式は、現代フラ（auana アウアナ）と古典フラ（kahiko カヒコ）とに大別することができる。現代フラは、一八七四年から一八九三年までのハワイ王国ケアヴェアヘウル（Ke-awe-ahe-ulu）王朝期、一時的に伝統文化が再興した時代に生まれたフラの流れをくむスタイルである。この時期のフラの主な特徴は、ピアノなどの洋楽器のメロディーに、ハワイ語の歌詞をのせ、伝統的な振り付けにより踊られることである。歌詞も、恋愛や、自然の景色を歌にすることが多い。

一方の古典フラは、一九七〇年代以降になって、再び公の場で演じられるようになった伝統的なスタイルである。ハワイ社会が西洋化する以前は、主に祝い事や宗教儀礼で、神話の神々や、歴史上の王や首長に捧げるため、あるいは大地を褒めたたえるためにフラが踊られた。フラの歴史的背景に関しては、第九章で詳述するが、伝統的に、フラの担い手は、戦士としての訓練を受けた男性であったとされる。西洋化以前のフラでは、楽器は太鼓や、ヒョウタンで作られた打楽器などが用いられ、打楽器のリズムに合わせて、オリ（oli：詠唱、祝詞、チャント）が唱えられ、踊り手は笑顔を見せず、厳格な空気の中で捧げられた踊りが、今では古典フラと呼ばれるフラの原型である。古典フラのチャントでは、フラにまつわる神々に捧げるものが多く存在する。とりわけ、フラを創造したとされる女性神ヒイアカ（Hi'iaka）や、その姉であり火をつかさどる神であるペレ（Pele）に捧げるチャントは多い。そのほかにも、ハワイ神話の神々は、歴史の英雄、あるいは先住ハワイ人の精神性を表す象徴として、現代ハワイ社会に根付いている。

伝統的なフラの復興により、同時に伝統社会で重要であったカプ（kapu：禁忌、タブー、聖域、神聖性）といった規範も、改めて重視されるようになった。フラの師範は生徒に、単に踊りやハワイ語だけでなく、伝統的なしきたりや振る舞いも合わせて教える。特別な機会での踊りの前には、身を清めるため肉食をカプにすることや、時には、かつてはカプであった伝統的な神殿（heiau：ヘイアウ）の跡地に行き、神々や祖先に祈りをささげることもある。また、踊りに使う道具や衣装を作るために山に入る際は、飲み水を汚さぬように、山の水源では沐浴をしないなど、様々なカプがあることが教えられる。環境保全が持続可能な社会の命題となっているハワイでは、環境にまつわるカプを学びなおすことで、自然環境を再生しようとする試みもある。加えて、カラマ・ヴァレー住宅での座り込みをはじめ、近年のマウナ・ケアにおける天文台建設の抗議活動など、先住ハワイ人の土地を主張する運動では、カプという言葉が、ハワイ人の主権のシンボルとして掲げられる状況もある。本章では、神話とともに、カプという概念についても、その背景となる伝統的仕組みを整理し、現代におけるプライドの手がかりとしてみたい。

第一節　神話世界

本節では、まずハワイの神話世界を概観する。ここで紹介する『クムリポ（Kumulipo）』（kumulipo: 創世、起源）は、ハワイの創世神話である。王族らの系譜を伝える、門外不出の伝承であった『クムリポ』は、ハワイ王国末期には、王族の立場を確固たるものにするため、積極的に公開された。以下で、『クムリポ』をはじめ、ハワイの神話世界を知るうえで、重要ないくつかの伝承を見てみたい。

1　ハワイ世界の創生

Kumulipo　『クムリポ』

Ka Wa Ekahi　第一幕

O ke au i kahuli wela ka honua,　大地が熱くなり
O ke au i ka huli lole ka lani,　天が回りはじめ

O ke au i kukaʻiaka ka la,
E hoʻomalamalama i ka malama,
O ke au o Makaliʻi ka po,
O ka walewale hoʻokumu honua ia,
O ke kumu o ka lipo, i lipo ai,
O ke kumu o ka Po, i po ai,
O ka lipolipo, o ka lipolipo,
O ka lipo o ka la, o ka lipo o ka po,
Po wale ho-ʻi,
Hanau ka po,

太陽が暗くなり
月が輝きはじめ
夜空にスバルがのぼるとき[1]
大地の源であるドロドロがあらわれる
それは闇をつくりだす闇の源
それは夜をつくりだす夜の源
深い闇、ただただ深い闇
太陽の闇、夜の闇
それが夜
こうして夜が生まれた

これは『クムリポ』の第一幕一番のフレーズである。『クムリポ』は、カメハメハ一世の直系血筋が途絶えた後にハワイ王国の王位を継承した、第七代国王デイヴィッド・カラーカウア（David Kalākaua）と、その妹で次期王位に就くリリウオカラニ（Liliʻuokalani）の、神話から始まる系譜を伝えるメレ（mele 現代ハワイ語では「歌 song」の意）であり[2]、カラーカウアの時代になって初めて世間一般の知るところとなった。伝統的なハワイの首長階級の家系では、カラーカウア家の『クムリポ』のように、系譜をオリ（oli：詠唱、祝詞、チャント）に託して口承してきた。このような系譜はカプ（kapu：禁忌、タブー、聖域、神聖性）とされ、特別な機会以外には、親族以外に知られることは許されず、一族に仕えるカフナ（kahuna 神官、シャーマン）達によって伝えられてきた［Craig 2004:150］。

『クムリポ』第一幕二番は次のように続く。

二番

Hanau Kumulipo i ka po, he kane
Hanau Poʻele i ka po, he wahine
Hanau ka ʻUku-koʻakoʻa, hanau kana, he ʻAkoʻakoʻa, puka
Hanau ke Koʻe-enuheʻeli hoʻopuʻu honua
Hanau kana, he Koʻe, puka

夜の中に生まれたのはクムリポ、男である
夜の中に生まれたのはポエレ、女である
珊瑚のポリプが生まれ、そして珊瑚礁が現れた
地虫が生まれ、地面を耕した
そして、その子どものミミズが現れた

Hanau ka Peʻa, ka Peʻapeʻa kana keiki puka
Hanau ka Weli, he Weliweli kana keiki, puka
Hanau ka ʻIna, ka ʻIna
Hanau kana, he Halula, puka
Hanau ka Hawaʻe, o ka Wana-ku kana keiki, puka

ヒトデが生まれ、子ども達が現れた
ナマコが生まれ、子ども達を生んだ
そしてウニ、ウニが生まれた
その子ども、トゲの短いウニが現れた
シラヒゲウニが生まれ、その子どもの長いとげのウニが現れた

Hanau ka Ha'uke'uke, o ka 'Uhalula kana keiki, puka
Hanau ka Pi'oe, o ka Pipi kana keiki, puka
Hanau ka Papaua, o ka 'Olepe kana keiki, puka
Hanau ka Nahawele, o ka Unauna kana keiki, puka
Hanau ka Makaiauli, o ka 'Opihi kana keiki, puka

ジンガサウニが生まれ、その子どもの細いとげのウニが現れた
フジツボが生まれ、その子どものアコヤガイが現れた
大きな二枚貝が生まれ、その子どもの二枚貝が現れた
ムラサキガイが生まれ、その子どものヤドカリが現れた
カサガイが生まれ、子どもの小さなカサガイが現れた

Hanau ka Leho, o ka Puleholeho kana keiki, puka
Hanau ka Naka, o ke Kupekala kana keiki, puka
Hanau ka Makaloa, o ka Pupuʻawa kana keiki, puka
Hanau ka ʻOle, o kaʻOleʻole kana keiki, puka
Hanau ka Pipipi, o ke Kupeʻe kana keiki, puka
Hanau ka Wi, o ke Kiki kana keiki, puka

タカラガイが生まれ、子どもの小さなタカラガイが現れた
「ナカ」と呼ばれる貝が生まれ、子どものキクザルガイが現れた[3]
イガレイシが生まれ、その子どものプウアヴァと呼ばれるイガレイシが現れた
ホラ貝が生まれ、子どものホラ貝達が生まれた
「ピピピ」と呼ばれる貝が生まれ、その子ども「クペエ」が生まれた[4]
「ウィ」と呼ばれる貝が生まれ、子どもの「キーキー」と呼ばれる貝が現れた[5]

Hanau kane ia Waiʻololi, o ka wahine ia Waiʻolola
Hanau ka Ekaha noho i kai
Kiaʻi ia e ka Ekahakaha noho i uka
He po uheʻe i ka wawa
He nuku, he wai ka ʻai a ka laʻau

O ke Akua ke komo, ʻaʻo e komo kanaka

狭い水の男が生まれ、広い水の女が生まれた
珊瑚苔が海で生まれた
山に生える鳥の巣となるシダに守られている
宵は滑るようにすり抜けてやってくる
その出口を通り、水は木々の糧となる
神が現れる、しかし人はまだである

（日本語訳）四條真也
（参照ハワイ語）Kalakaua Text in Beckwith 1981:187-188
（参照英訳）Liliʻuolkalani in Beckwith 1897（1981), Kanahele 1993:61, Kyselka1993:173, Silva 2004:99, Tengan 2008:1

以降、第一幕では海藻類の誕生などが歌われる。

一六幕二一〇二行からなるこの壮大な神話では、この後、第七幕までは夜「ポー pō」が続き、様々な植物や生物の誕生、首長階層、戦士、平民が誕生する。そして、第八幕から昼「アオ ao」の時代が始まり、以降の幕では、ハワイのほかの神話でも重要な神々であるカーネ（Kāne）とカナロア（Kanaloa）が誕生したり、女神ライライ（Laʻilaʻi）、最初の男ワーケア（Wākea）やタロ（タロイモ、ハワイ語ではkalo カロ）の誕生などが歌われ、一六幕

のエンディングでは、マウイ島の有力首長となるピイラニ（Pi'ilani）が生まれ、そしてその子孫からイー（'Ī）が生まれ、最終行二一〇二行目にてイー（'Ī）の孫カラニヌイアママオ（Kalani-nui-a-mamao：『クムリポ』では別名のロノイカマカヒキ Lono-i-ka-makahiki と呼ばれる）が誕生する［Lili'uokalani in Beckwith 1897（1981）, 後藤 2004］。

系譜を伝えるこのメレは、メレの中でもアリイの系譜を伝えるメレ・コイホヌア（mele ko'ihonua）形式(6)に分類することができ、ハワイ王国第七代国王カラーカウアの祖先の一人で高位首長であったカラニヌイアママオ（Kalani-nui-a-mamao）あるいはカイイママオ（Ka'ī'i-mamao とも）の誕生（一七〇〇年頃）の祝詞として作られたとされる［Craig 2004:150］。ハワイの歌メレの分類に関して、マーサ・ベックウィズ（Martha Beckwith）は、『クムリポ』は特定の人物を称えるメレであるメレ・イノア（mele inoa）であるとしているが［Beckwith 1951:36, Valeri 1985:4］、『クムリポ』における門外不出のカプ（禁忌）の要素を鑑みれば、系譜のメレであるメレ・コイホヌアに分類するのが適当であろう。カラニヌイアママオの死（年月日不明）の際にも詠唱されたという『クムリポ』は、その後カラーカウアが王位に就くまで公になることはなかった。ちなみに、リリウオカラニによれば、クック二度目のハワイ来訪の一七七八年一二月～一七七九年一月、高位神官のプオウ（Puou）なる人物によって、クックのために『クムリポ』が詠唱されたというが、その明確な証拠は残されていない［Beckwith 1951:181］。

カラーカウア王が『クムリポ』の公開に踏み切ったその背景には、『クムリポ』によって、つまり自身と神話世界との系譜的つながりを示すことによって、カメハメハの直系ではない自身が王位を継ぐ正統性を、強固なものにしようとしたからであると考えられる。ゆえに、『クムリポ』はカラーカウアの系譜の記録をその旨としながらも、同時にハワイの創世神話として言及されるのである［Craig 2004:150］。

カラーカウアの次に王位に就いた妹のリリウオカラニは、王国滅亡から四年後の一八九七年に自身が英訳を手がけた『クムリポ』を出版する。当時のハワイは、一八九六年に公立高校でハワイ語の使用が禁止されるなど、アメリカ化が強力に推し進められた時代であった。リリウオカラニの英訳『クムリポ』の出版は、こうしたさなかの出来事［後藤 2004:22-24］であったことも踏まえておく必要があるだろう。

2　ハワイの神々

秘伝の系譜の中でハワイのコスモロジーを語り継ぐ『クムリポ』は、その基本的な要素をそのほかのハワイ神話、そしてポリネシア神話にみることができる。

『クムリポ』に登場するカーネ（Kāne）、カナロア（Kanaloa）は、ハワイ神話において重要な二神であり、これに、クー（Kū）とロノ（Lono）をくわえ、ハワイ神話における四大神を成す。彼ら四神は、ポリネシア神話に登場する、タネ（Tane）、タンガリア（Tangaria）、トゥ（Tu あるいはトゥー Tū）、ロンゴ（Rongo）がそれぞれの原型とされる［Krass 1993:112］。以下では、ハワイ神話の四神の概略［Krass 1993:112, Valeri 1985:15-17, Kirch 2012:203］を示しておきたい。

カーネは、ハワイ語で男（kāne カーネ）を意味する語でもある。万物の創造に関わり、またハワイ社会のアリイ（aliʻi：首長階層）とマカアーイナナ（makaʻāinana：平民階層）の祖と考えられ、四神の中でも中心的な神である。ゆえにカーネは、日光、淡水、森など自然界に関わる神とされる。また、カーネは栽培植物をハワイにもたらしたことから、主食であったポイ（タロイモのペースト）とも関連付けられる［Handy and Pukui 1972:34］。

カナロアは、大抵の場合カーネと一対で語られ、世界の創造においてカーネとともに重要な神である。また、この二神は、世界を成す東西南北の「地軸」をつかさどる神々でもある。東の地軸はカーネ、西の地軸はカナロアが、南の地軸はカナロアが、そして、北の地軸はカーネが治めた。また、北を向くとき、右手には東があり、左手には西がある。このことから、カーネは「右」を象徴し、カナロアは「左」を象徴する。そして、カーネは、陽の出るところに彼の命の水をとどめており、よって彼は「光」と「始まり」の象徴でもあるのだ。一方のカナロアは、「左」や日没、月没、暗闇、「終わり」と関連付けられることで、死を象徴する。カナロアは、しばしイカ（mūheʻe：ムーへエ）の姿で描かれる。また、カーネとカナロアは一緒に居ることで、湧き水を見つけ出すことができるとされる［Fornander 1916-1920, 4:82］。

クーは、男性的な力を象徴し、戦闘をつかさどる神として知られる。かつて首長達は、盤石な武力のために、クーを崇め奉ったという。また、森をつかさどる神でもあったクーは、一部の職種の職人達に崇められた神でもある。例えば、クーの異形であるクーアーラナヴァオ（Kūʻālanawao）はカヌー作りの神であり、クーフルフルマヌ（Kū-huluhulu-manu）は鳥を捕る狩人や、羽根細工の職人の神である。また、オーヒア（ʻōhiʻa）の木に咲くレフア（lehua、またはレイフア leihua とも）と呼ばれる赤い花と、赤い羽毛を持つハチドリのイイヴィ（ʻiʻiwi、和名ベニハワイミツスイ）も、クーの象徴とされる。赤は、首長達にとって神聖な色である。中でも、イイヴィの羽毛をふんだんにあしらったケープや兜は、高位首長にとって重要な装飾品であった。さらに、軍神クーを称えることは、地域を支配する王達にとって重要な意味を持っていた。クーに捧げられたヘイアウ（heiau：神殿）はルアキニ・ヘイアウ（luakini heiau ルアキニ型ヘイアウ）とよばれ、いくつかの形式に分類されるヘイアウの中でも、人間や動物の生け贄を捧げるヘイアウとされた［Malo 1903:79,210, McGregor 2007:53］。また、クーの持つ男性的な要素は、伝統文化における男性性の再導入の説明に用いられる。クーと伝統文化における男性性の関係については、第九章で述べることとする。

ロノは、雲（特に黒い雨雲）、空、雨、海、農耕、そして豊穣をつかさどる神である。ロノには、五〇以上の異形があり、ロノイカマカヒキ（Lono-i-ka-makahiki）としてマカヒキ（makahiki：雨季の「休閑期」、詳しくは後述）の季節において崇められる神などが知られる。またロノは、川や水流の神でもあり、灌漑をつかさどるカーネと並べられることがある。水田でも耕作されるタロ（タロイモ）は、カーネの神聖な作物ともされるのである。

3　火山の女性神ペレ

四大神とならんで、ハワイに暮らす人々によく知られる神が、女性神ペレ（Pele）である。神話では、ハワイ島の活火山に暮らす火をつかさどる神族は、ペレによって総括され、溶岩の流れもペレの支配下にある［Beckwith 1940:167-168］。ハワイの人々の間では、火山活動に関する神々もまた、一族の守り神アウマクア（'aumakua）として祭られてきた。

なお神話世界では、ペレにはもともと、次にあげる三人のキョウダイがいたとされる。モホの呼び名で知られる男性神カモホアリイ（Kamohoali'i）は、ペレの兄弟で、カフナ（神官）である。ヒイアカの呼び名で知られる女性神ヒイアカイカポリオペレ（Hi'iaka-i-ka-poli-o-pele）は、ペレの妹である。彼女は卵の形で生まれ、どのバージョンでも、ペレに可愛がられたことが共通して語られる。また、ヒイアカはフラをつかさどる神の一人でもあり、現代でもヒイアカに捧げられるフラ（特に古典フラ）は多い。もう一人が、カマカウアの呼び名で知られるケオアヒカマカウア（Keo-ahi-kamakaua）で、彼は「背虫」の神であったとされる。ペレのキョウダイにはこのほかにも、少なくとも五人の男性神、八人の女性神がくわえられることもある［Ellis & Kakaua & Westervelt in Beckwith 1940:167］。男性神キョウダイ達は雷雨や火山活動を象徴し、女性神のキョウダイ達は、雲を象徴するとされる。

ペレにまつわる神話は数多くあり、その誕生やハワイにやってきたエピソードには様々なバリエーションが存在する。以下はベックウィズが示したペレに関する諸伝説を、四種類に大別し、それぞれの概略を示したものである［Beckwith 1940:169-171］。なおハワイ語名の表記は原文のままとする。

大移動に関する伝説①

ペレは、七人の男キョウダイと、六人の女キョウダイのうちの一人である。母は、ハウメア（Haumea）であり、父はモエモエ（Moemoe = モエモエアアウリイ Moemoe-a-aulii）であった。家族はみな伝説の中の偉人である。ペレは容姿端麗で、背筋が崖のようにまっすぐで、月のように丸い胸を持っていた。旅を好んだペレは、卵の形で生まれた妹のヒイアカを脇の下に挟み、旅にでた。ゆえに、ヒイアカイカポリオペレ（Hiʻiaka-i-ka-poli-o-pele：ペレの脇の下のヒイアカ）と呼ばれるのである。

ペレは、キョウダイのカモホアリイを訪ねる。モホは、ペレに彼らの男キョウダイである「つむじ風」（プアヒウヒウ Puahiuhiu）のカヌーを与え、そして、「潮」（ケアウラヴェ Keaulawe／ケアウミキ Keaumiki）と「流れ」（ケアウカ Keauka）の二人を漕ぎ手にした。カモホアリイは、ほかの家族とともに（筆者注：ペレらの）後を追うことを約束した。

ペレは、ポラポラ[7]（Polapola）や、「カーネが島々を隠している」というクアイヘラニ（Kuai-he-lani）、それから神々が住んでいるという島々（Moku-mana-mana モクマナマナ）を巡り、ニイハウ島にやって来た。ニイハウ島は、女性首長「火を投げる者」（カオアヒ Kaoahi）の治める島で、ペレは寛大なもてなしを受けた。次に、ペレはカウアイ島を訪れ、美しい女性の姿でフラの祭りに現れた。そして、カウアイの若い首長であるロヒアウ（Lohiau）に恋をし、彼を夫としようとした。（列島を）南東に下る途中、ペレは通り過ぎる島々で、愛する者を受け入れる家となる穴を掘った。そしてハワイ島にきたところで、ようやく水脈にぶつからずに穴を掘ることができた。彼女の情熱的な性格にとって水は邪魔だったのである。

追放に関する伝説②

ペレは、カネホアラニ（Kane-hoa-lani）とクアイヘラニのハウメア（Haumea）の間に生まれた。ペレは、火の神ロノマクア（Lono-makua）といつも一緒で、大火をおこしたので（または、アウケレヌイアイク［Aukele-nui-a-iku］の話の中では、ペレは女キョウダイの夫と情事を重ねる）、姉で海の女神と呼ばれるナマカオカハイ（Na-maka-o-kaha'i）はペレを追いやった。

ペレは、脇に妹を抱えて、男キョウダイ達を伴って、ホヌアイアケア（Honua-i-a-kea）というカヌーに乗り旅にでた。ともに旅に出た男キョウダイは、カモホアリイ（Ka-moho-ali'i）、カネミロハイ（Kane-milo-hai）、カネアプア（Kane-apua）とほかの男キョウダイである。一行は、北西にある砂州を経由して、ハワイ人達が住む地に着いた。カネミロハイは、見張り（outguard）として一つの島に残り、カネアプアも同様にほかの島に残った。しかし、ペレは一番下の弟のカネアプアを哀れに思い、彼を迎えに行った。

ほかのバージョンでは、姉であるペレが率いる一行の過酷な旅を歌い、とうとう姉妹二人がカヒキヌイ（Kahiki-nui）で対峙し、ペレの体は引き裂かれ、破片が積み重なって、カウイキ（Kauiki）という場所の近くに、カイヴィオペレ（Ka-iwi-o-pele「ペレの骨」）と呼ばれる丘を作った。そして、ペレの魂はハワイ島にむけて飛び立ち、ハワイに終の棲家を得るのである。

洪水に関する伝説③

ペレは、「雲に近い」南西の方角にあるカパクエラ（Kapakuela）に生まれた。両親はカネハオラニ（Kane-hao-lani）とカヒナイリ（Ka-hina-li'i）である。男キョウダイは、カモホアリイとカフイラオカラニ（Kahuila-o-ka-lani）である。ペレの夫のワヒエロア（Wahieloa、またはワヒアロア Wahialoa）との間に、ラカ（Laka）という娘と、メネフネ（Menehune）という息子がいた。ペレクムホヌア（Pele-kumu-honua）がペレの夫を誘惑して連れ出し、ペレは夫を探して旅に出た。ペレとともに海がやって来た。海はペレの頭から、カナロア（カホオラヴェ島）に降り注いだ。今までにない洪水に、ペレの男キョウダイ達はチャントを唱えた。

「海だ！　海だ！
海よあふれろ、
カナロア（カホオラヴェ島）の上にあふれ出ろ、
海面よ丘までせりあがれ……」

海は「三度」（このチャントによって）陸にあふれだし、やがてひいた。これら一連の洪水は、「カヒナリイの海」と呼ばれる。

特殊な誕生に関する伝説④

ペレの父親は、人を喰らうクヴァハイロ（Ku-waha-ilo）であった。彼は、天界から遠く離れた場所に住んでいた。ペレの母ハウメアは、パリ（Pali：崖）の一族に属していた。娘が二人生まれ、ナマカオカハイ（Na-maka-o-kaha'i）はハウメアの胸から、そしてペレも母の胸から生まれた。男キョウダイも生まれた。カモホアリイは母の頭のてっぺんから、カネヘキリ（Kane-hekili：雷）は母の口から、カウイラヌイ（Kau-ila-nui：稲妻）は母の目から生まれた。そのほかの子ども達（四人〜四〇人の姉妹）は、ハウメアの体の様々な場所から生まれた。ヒイアカ（Hi'iaka）が卵のかたちで生まれ、(8) ペレに可愛がられた。

このほかにも、ペレはカヒキ（Kahiki：ハワイ神話における祖先の国）からやって来たというバージョンや、父の命によってヒイアカを連れて旅に出た、という話も伝わる［後藤 2002:169］。また、ハワイ島の活火山に暮らす火をつかさどる神族は、ペレによって総括され、溶岩の流れもペレの意思を反映するとされるともいわれる［Beckwith 1940:167-168］。ハワイの人々の間では、火山活動に関する神々が、一族の守り神アウマクア（ʻaumakua）として祭られてきた。こうした風土にあって、ペレは、前出の四大男性神に比べれば下級の神であるのにもかかわらず、現代にいたっても人々に親しまれる神であり、神話だけのみならず、都市伝説にも登場する。

中でも、現代のハワイでよく知られる言い伝えが「パリ道路（Pali road）」を豚肉をもって通るな」というものである。パリ道路（または六一号線／パリ・ハイウェイ）は、ホノルル市街からコオラウ山脈を越えて、オアフ島の東側（Windward）に続く道である。伝説では、この道を東側（カマプアアの土地とされる地域）から西側に向かって通過するとき、もし豚肉を車に積んでいると、車が壊れ、豚肉を降ろすまで車が動かないというのである。あるいは、赤い服を着て白い犬を連れた女性が現れ、豚肉を差し出さなければならないという。この赤い服の女性がペレであるという。この都市伝説のもとにあるのが、ペレとその夫である半神半人（kupua クプア）のカマプアア（Kamapuaʻa）にまつわる神話である。以下はその話の摘要である。(9)

カマプアアは、母と母の義理の兄弟との間に生まれた「私生児」であった。カマプアアの継父は、彼を「ブタの顔」と名付け、彼に対して非情であった。カマプアアは成長し、容姿端麗で、文武にすぐれた青年になった。しかし、継父の態度は変わることがなかった。怒りと憎悪にかられ、青年は自らの顔に刺青を施し、イノシシの面をかぶり、巨大なイノシシに姿を変えた。そして、継父の土地で起こした蛮行により、島外へ追放された。

ハワイに着くと、彼は、美しいペレという女性のうわさを聞き、ハワイ島に赴き彼女に結婚を申し込んだ。その醜い容姿ゆえ、ペレは当初カマプアアを遠ざけた。しかし、やがて彼の求婚に屈し、彼を受け入れた。ペレに受け入れられたカマプアアは、内面も穏やかになり、さらにその姿もかつての端正な姿に戻った。ところが、夫の変貌に困惑したペレは、ハワイ島の熱い溶岩に覆われた地域に引きこもってしまった。カマプアアは、ハワイ島の水と緑が豊かな地域に住み、その後も時にペレとの間に激しい喧嘩／戦いを繰り広げた。

こうして、島を二分したペレとカマプアアの伝説が、現代のオアフ島では、ブタを持って山を越える際に、ブタ＝カマプアアをペレの土地に持ち込むことを彷彿とさせるため、かような都市伝説を生んだと考えられる。

4　男性神マーウイ――トリックスター

四大神やペレと並び、ハワイでよく知られる男性神[10]がマーウイ（Māui）である。[11]マーウイは、ポリネシアの広範囲にわたって語られる神であり、ハワイでは神話世界の秩序を引っかきまわすトリックスター、または「英雄」として語られてきた。ハワイで良く知られるマーウイの伝説は、天を持ち上げる、火を手に入れる、島々を釣り上げる、太陽を捕まえる、というものである［Beckwith 1970, Westervelt forwarded by Day 1987］。現代ハワイ社会で、死後もなお伝説的な人気を誇るミュージシャンであるイズラエル・〝イズ〟・カマカヴィヴォオレ（Israel "IZ" Kamakawiwo'ole）（一九五九年～一九九七年）も、マーウイを英雄として称える歌『ハワイアン・スーパーマン[12]（Hawaiian Sup'pa Man）』を作り、彼の代表作となっている。また、二〇一六年の秋には、ポリネシア神話世界を舞台とするディズニー映画『モアナ（*Moana*）』がアメリカで公開され、主人公の少女モアナと共に旅をする「友人」として、半神半人のマーウイが描かれている。

マーウイに関する伝説の中には、ハワイの各地域で土着化しているものもあり、例えばマウイ島西部のカハクロア（Kahakuloa）や同じく東部のカウイキ（Ka'uiki）、ハワイ島ヒロの西側にあるワイルク川（Wailuku river）にある洞穴、オアフ島ワイアナエ（Wai'anae）、カウアイ島のワイルア（Wailua）などが、マーウイとの関連が深い場所とされている［Beckwith 1970:226］。現代に語り継がれるマーウイに関する伝説の中には、西洋化の手を逃れ、各地で語り継がれてきたものが少なくない。マーウイは、ほかの神々が中心の伝説の中に登場することが多く、ハワイ諸島南部にはマーウイに関する伝説が豊富に残されている［Beckwith 1970:226］。

ハワイのほかの神々と同様、マーウイの神話には数々のバリエーションが伝承されており、ここでそのいくつかをあげてみたい。なお人名および地名のハワイ語つづりは原文のままとする。

マーウイの誕生――ワイアナエ地区バージョン

マーウイアカラナ（Maui-akalana）の父はアカラナ（Akalana）、母はヒナカヴェア（Hina-kawea）、二人の兄弟はマーウイムア（Maui-mua）とマーウイイキイキ（Maui-ikiiki）である。マーウイ（筆者注：マーウイアカラナのこと）と母ヒナは、オアフ島のワイアナエの南側の洞穴に住み、母はそこでカパ(13)（kapa：樹皮をたたいて作る布）を作っていた。マナイアカラニ（Manaiakalani）という名のついた釣り針や、マーウイが太陽を捉えた罠、そしてマーウイが鉈《なた》を作った場所は現在でも残っている。マーウイの父はカヒキ（Kahiki：神話上の先祖の土地）に行き、その子孫はニュージーランドにまで及ぶ南の島々に広がった［S. M. Kamakau 1869, c.i. Beckwith 1970:232］。

天を持ち上げるマーウイ――マウイ島東部バージョン

空が大地を押しつぶしていた。「マーウイとされる男」が女に向かって「彼女のヒョウタンからの水」（婉曲的表現）を差し出せば、空を持ち上げるといった。彼女は応じ、その男はカウイキ（Kauiki：マウイ島にある地区）に立ち、空を持ち上げた。今日、雲はハレアカラ山よりも低く流れるが、カウイキには近づかない［Westervelt 1987:8-9, Beckwith 1970:230］。（括弧内筆者注）

島を釣り上げるマーウイ――ワイアナエ地区バージョン

マーウイの母マウイクプア（Maui-kupua）とマーウイの兄弟達はワイアナエ地区のウレハヴァ(14)（Ulehawa）に住んでいて、マーウイと母はカネアナ（Kane-ana）と呼ばれる洞穴に居た。マーウイはハワイの島々をつなげたいと考えていた。母は、マーウイをカアラエヌイアヒナ（Ka-alae-nui-a-hina）のもとにやり、そこでマーウイは、ウレハヴァ沖のポナハケオネ（Ponaha-ke-one）という漁場でウニホカヒ(15)（Uniho-kahi）を釣らねばならないと教えられた。マーウイと兄弟達は、マナイアカラニ（Manai-a-ka-lani）という釣り針をもって、漁場に漕ぎ出した。マーウイは兄弟達に、途中で海面に浮いている手桶を拾う旨をつたえ、マーウイがカヌーに拾い上げた。漁場に着いたとき、その手桶は美しい女に姿を変えた。女はマーウイの釣り針を持ち、女はマーウイと魚の歯の数について言い争いながら、ウニホカヒ（Uniho-kahi）という魚に口を開けるよう命じた。魚がいわれた通りにすると、女はしっかりと釣り針を引っかけた。兄弟達が漕いだ。マーウイは、兄弟に後ろを振り向かないようにいったが、彼らは従わなかったので、釣り針が緩んでしまった。そして、島々は再びバラバラになってしまったのである［Beckwith 1970:233］。

太陽を捕まえるマーウイ――マウイ島西部バージョン

太陽がことの外速く動くので、女神ヒナ（Hina）は木の幹から作る布を乾かすのに苦難していた。マーウイはワイロヒ（Wailohi）から太陽を見張り、どこから上がってくるのかを突き止めた。マーウイは、ワイヘエ（Waihee）のペエロコ（Peeloko、あるいはパエロコ Paeloko）でとれる、強じんなヤシの縄を身にまとった。太陽は大人しくなり、マーウイは彼の努力をあざけったモエモエ（Moemoe）を罰した。モエモエは逃れ、ラハイナ（Lahaina）の北部を統治するようになった。ラハイナでは今でも、道路わきにモエモエが姿を変えた細長い岩をみることができる［local informant in Beckwith 1970:231］。

マーウイの神話には、ほかにも様々なバリエーションがあり、登場人物や舞台も様々である。しかし共通するのは、現在のハワイの環境を創造するにあたり、マーウイがその強じんな力と行動力をもってして、大きく貢献したという語りである。そのことが、人々がマーウイの存在をより身近に感じ、数ある神々の神話の中でも、マーウイが好まれる要因なのであろう。

第二節　近代化以前のハワイ社会——カプ制度

次に、西洋化が本格的に始まる以前のハワイ社会において、政治的にそして宗教的にも重要な役割［Kuykendall 1965（1938）:8］を果たしていたカプ（kapu：禁忌、タブー、聖域、神聖性）について、その基本的なシステムを踏まえておきたい。

ハワイ社会が西洋化、キリスト教化する中で、カプ制度は公には廃止されたものの、現代のハワイ社会では、カプという言葉が、土地におけるハワイ人の主権を誇示する言葉として使われることがある。二〇一五年に着工が予定されていた、マウナ・ケアでの大型天文台建築計画では、マウナ・ケアが聖地、つまりカプであることを根拠に、先住ハワイ人や伝統的な祈祷師（kahuna カフナ）や、フラ関係者らが抗議活動を行い、建設反対運動が全米に拡散した。とりわけ、現代においては、フラや自然環境との関わりの中で、意識されることが多いカプであるが、そもそもカプとは、ハワイ社会全体を統治するための、政治的システムであったと考えることができる。以下では、カプにおける伝統的構造を確認しておきたい。

ハワイ語辞書によれば、カプ（kapu）とは「（近代化）以前のハワイにみられた宗教体系である。カプは、平民が首長や神官（kahuna カフナ）に忠順であるよう統治するための、多数の制約や法度であった。さらに、カプの範囲は首長達自身にも及び得た」（括弧内筆者）［Andrew 1922（1865）:267］とある。また、カプは、ポリネシアのほかの地域では、タプ（tapu）やタブ（tabu）とも呼ばれ、社会を統治するための重要な概念である。

構築主義的歴史人類学のアプローチから、ハワイの社会組織を分析したヴァレリオ・ヴァレリー（Valerio Valeri）は、カプとは、ノア（noa：カプのない状態）との相互関係において成り立つ概念であるとしている［Valeri 1985:90-95, Shore 1989:144］。ヴァレリーによれば、カプ概念はその基本的な構造において、インド社会のカーストにみられるような「浄／不浄」の二項対立概念と共通するとしつつも、特にカプ制度に関してはカプ／ノア（noa：非カプ）の相互的な関係が特徴であると主張する［Valeri 1985:89-90:361, Dumont 1980:49］。カースト制度では、「浄」は「不浄」によって侵されることを避け、その作用は「不浄」側からの単一方向であるのに対して［Dumont 1980:49］、カプ概念では、ノア（noa：非カプ）がカプを侵し得る一方、カプもノアを変質させる効力をもっているのである。

ノアがカプを侵し得る行為とは、一例をあげれば、平民（ノア noa の状態にある者）が、高位首長（カプ kapu の状態にある者）の影にふれることである［Malo 1898:82］。このような行為は、カプを侵す行為であるとみなされ、平民は死罪に処せられた。このカプ／ノアの関係は、ヴァレリーが指摘するように、カースト制度において「浄」

が「不浄」によって汚される構図と重複する。逆に、カプがノアに作用する場合を、ヴァレリーはサミュエル・カマカウの記述にある、神官カフナの家系に生まれた男子の事例を用いて、以下のように説明している［Valeri 1985:94］。

（カフナになるための素養を身に付けた青年は、修行のために）こうして、神々にささげられ、制約のもとにおかれたことを意味する「ホオカプイア」[16]（ho'okapu'ia）の状態になる。彼がとる食事、彼の食器、彼が飲む水を入れるヒョウタン、彼の衣服（mea'a'hu メア・アフ）、彼のふんどし（mea hume エア・フメ）、彼の敷物、彼の住まう住居はラア（la'a）の状態におかれ、神聖化された。彼の体はラアとされ、女性によって汚されることが禁じられた。彼の髪はラアとされ、切ることも手入れすることも禁じられた。であるからして、髪はのびてもつれた状態（a wilika'eka ア・ウィリカエカ）になった。そして、髭は長く垂れさがった（a kau i kokiki ア・カウ・イ・コキキ）［S. M. Kamakau 1964:27, Valeri 1985:94］。

その後、修行における最後の儀式を終えた青年は、すべての罪を洗い流す儀式を行い、神とカプから解放されて、ノア（noa：カプのない状態）となり、ほかの人々と交わることを許される［S. M. Kamakau 1964:27］。

ここでは、ノアである青年が、カプに取り込まれることで（つまりカプを「浸す」ことで）、ラア（la'a 神聖化）の状態に置かれていることがみて取れる。しかし、ラア（la'a）の状態には「神聖化」と同時に、「のろわれた」や「汚れた／汚された」という意味もある。確かに、前述の青年の事例では、青年は「神聖化」されており、カプの状態でもあることが分かる。しかし一方で、平民が首長に対するカプを侵すと、同じラア（la'a）であっても神格化されるのではなく、死罪となる。この両義的な差異をヴァレリーは、前者においてはカプへの接触が適切

（proper）に行われ、後者は不適切（improper）に行われた結果であるとしている。そして、このことはカプが神々アクア（akua：複数形は nā akua）との関わりにおいて立ち現れる関係性であるといえる［Valeri 1985:94］。このように、カプは、ノア（カプのない状態）に影響を受けるだけのみならず、ノアに影響をあたえることから、両者は相対的関係にあるということができる［Valeri 1985:90-95］。つまり、ハワイのカプ概念において、カプの対立概念ノア（noa）は一定の脆弱性（vulnerability）をもち、それはインド社会のカースト制における「不浄」のように非脆弱性（invulnerability）を内包する概念とは異なるものである。以上で示したノアの脆弱性は、カプ概念の構造において、カースト制度との相違を改めて明確にするといえるのではないか。また、カプ概念では、カプである王や首長は常にノアである民衆からの尊敬を得ることで、そのカプ（＝権力）を維持していることも忘れてはいけない［Valeri 1985:92］。かつてハワイでは、私利私欲に目がくらんだ王ならびに首長は、民衆によって追放され得る存在であった。カプ／ノアの関係性には、このような互換的な相互関係が根底にあるといえる。

しかし、カプとノアの二項対立概念は、単に伝統的な社会階層の中のみで説明され得るものではない。上記のようなカプとノアの上下関係のほかに、カプ同士の並列関係においてもその関係性をみることができる。カプの効力はノアに対して生じるものの、カプ同士ではその効力は無効となる。つまり、カプ同士の場合は双方がノアの状態になるのである。例えば、高いカプを付与された首長が居るとする。彼／彼女のカプに対して、下位の者はそのカプに応じた行動をとらなければならないが、その首長と同位のカプを持つ首長クラスの場合はカプ・ウォヒ（kapu wohi：カプを免除される者）となる。この時、それぞれの首長はノアの状態、つまりカプがない状態となる。ノアには、このようなカプを中和する並列的な要素も含まれているといえる［Valeri 1985:94］。

1　高位首長階層におけるカプ

ハワイにおいてカプが特に発達したのが、社会階層においてであった。伝統的な社会階層については、次章で述べるが、近代化以前のハワイでは、大きく分けて、頂点に王モーイー（mōʻī）や首長アリイ（aliʻi）が属する首長階層、次いで神官など専門技能職人カフナ（kahuna）からなる階層、その下に平民であるマカアーイナナ（makaʻāinana）が、そして最下層に捕虜や奴隷カウアー（kauā、あるいはカウワー kauwā）からなる奴隷層により社会が成り立っていた［Kamakau 1961:8-9, Apple & Apple 1980:14-16, 山田 2013:49］。これらの階層は厳格なカプによって住み分けられ、カプが先住ハワイ人達の行動規範を支配していたといっても過言ではない。本節の冒頭でカプの事例をいくつか挙げたが、ここからはより具体的なカプの状況をみてみたい。

まず、王や首長クラスにとって重要であったのが系譜に関わるカプである。特に王や高位首長アリイ・ヌイ(17)（aliʻi nui：ヌイは「大きい」の意）は、子孫により高位のカプを与えるべく、あるいは高位のカプを維持するために、婚姻関係を重視した。王や首長の最初の結婚(18)は、自分よりも低い系譜の出身の女性、特に平民層の女性（wahine noa：「ノアの女性」の意）を娶ってはならない決まりであった［Malo 1898:80］。また、高位階層の子弟の結婚には、個々人の出自を裏付ける系譜の語りが重要な役割を果たし、神々や過去の偉大な首長達との系譜的つながりを証明することが必要とされた。本章冒頭で引用した『クムリポ』も、こうした系譜の必需性によって脈々と伝えられてきたのである。なお、第一婦人との間に子どもを授かった後、第二婦人以降は、出身階層は問われることなく、その間に生まれた子どもはカイカイナ(19)（kaikaina：「年下のキョウダイ」の意）と呼ばれ、兄／姉である高位首長の側近となり、政治の補佐に従事した［Malo 1898:81］。

こうした首長階層における婚姻の中でも、最上の系譜、つまり最高位のカプ（禁忌、タブー、神聖性）を生み出す婚姻が、ピオ（piʻo：原義は「背筋の曲がった」の意）と呼ばれた全血キョウダイ間の婚姻である。ピオでは、両親を同じくするキョウダイが婚姻することで、生まれた子どもはニーアウ・ピオ（nīʻaupiʻo）と呼ばれ最高位のカプを与えられる［Malo 1898:80, S. Kamakau 1964:4, Pukui 1979:86］。またニーアウ・ピオは神（akua アクア）とされ、最高位のカプであるカプ・モエ（kapu moe：モエは「伏せる、寝る」の意）が付与された。カプ・モエの首長と同席する時には、このカプと同位、あるいはカプの低い人物は、この首長の顔をみてはならず、常にひれ伏していなければならなかった[20]。これを破った者は死罪となり、灰になるまで焼かれたり、絞首あるいは石打によって処せられた［Malo 1898:84］。ゆえに、カプ・モエの人物、つまり「神」の外出は、基本的に夜間であったという。カプ・モエを持つ人物が、やむを得なく昼間に出歩いたり、旅に出なければならない時は、旗を持った先導が「E moe o!（エ・モエ・オ！：ひれ伏しておれ！）」や「Kapu! Moe!（カプ！ モエ！：カプである！ ひれ伏せ！）」と号令を叫びながら進んだという［Alexander 1891:26, Malo 1898:83］。また、カプ・モエの人物の所持品である、沐浴用の水や衣服、マロ（malo：ふんどし）が通る際にも、民衆は同様にひれ伏さなければならなかった［Alexander 1891:27, Malo 1898:82-83］。ただし、カプ・モエを免除された立場であるカプ・ウォヒ（kapu wohi）の首長と、彼の従者であるカーヒリ（kāhili：先端に羽根をあしらった長棒）の持ち手は、カプ・モエである人物に遭遇しても、ひれ伏す義務はなく、またレイ（lei：首飾り）を外す必要もなかった。ちなみに、カプ・ウォヒの多くは、カプ・モエの人物の親族であったという［Malo 1898:83］。

この最高位のカプであるカプ・モエを付与されていた人物の一人が、カメハメハ一世の妻で、自身もナハ婚[21]と呼ばれる近親婚によって生まれたニーアウ・ピオでもあったケオープーオラニ（Keōpūolani）である［Kamakau 1961：263, Van Dyke 2008:360］。彼女が受け継いだカプ[22]は、夫よりもさらに高位であったので、カメハメハ一世はカプ・ウォヒ（kapu wohi：カプを免除された高位首長）であったにもかかわらず、妻ケオープーオラニの前ではマロ（malo：ふんどし）を外さなければならなかったという［Kamakau 1961:208, 224］。

首長階層の婚姻で、ピオ婚で生まれた子どもと同等のカプを得ることができる婚姻が、ホイ（hoi：「返す」の意）である。この婚姻関係は、オジ－メイ、ないしオバ－オイの間で成立し、それぞれ父方／母方両方の系譜において可能であった。生まれた子どもはニーアウ・ピオ（nīʻaupiʻo）で、カプ・モエ（ひれ伏すカプ）を付与された［S. M. Kamakau 1964:4］。

最高位の婚姻であるピオやホイに準じて、首長階層で重要視された婚姻形態が、片親が同じ半血キョウダイとの婚姻ナハ（naha）である［Malo 1898:81, S. M. Kamakau 1964:4-5］。ナハは、異父キョウダイとの婚姻、もしくは異母キョウダイの婚姻の場合の両方があった。ナハで生まれた子どもは、上記ピオと同じくニーアウ・ピオ（nīʻaupiʻo）ではあるが、与えられるカプは、基本的にはカプ・モエよりも低いカプ・ノホ（kapu noho：ノホは「座る」の意）であることが一般的であった。カプ・ノホが付与された首長と同席する場合、同席者は常に座った状態でなければならない。これを犯した場合には、やはり死罪が適用された［Malo 1898:80, Valeri 1985:407］。

婚姻形態以外にも、カプは先住ハワイ人の日常生活の様々な場面において、影響を及ぼしていた。カプ・モエ（kapu moe：「伏せるカプ」）、カプ・ノホ（kapu noho「座るカプ」）以外にも、前述したように、カプを持つ高位首長ならびにその人物の所持品の影に触れること、または、メレ（mele：歌、詠唱）の中でカプの首長の名が登場したときに立ったままでいること［Alexander 1891:27］、首長の屋敷に無断で立ち入ること、首長の屋敷の塀を超えること、首長の屋敷の境界を無意識に犯すこと（たとえ堺である溝が草に隠れていたり、目印の石などが分かりづらくとも）、カプ首長のケープやマロを身に付けること、等々は死罪とされた［Malo 1898:82］。ただし、カプを犯した場合でも、プウホヌア（puʻuhonua）と呼ばれる「アジール／聖域／避難所」にたどり着けば、死罪を逃れることができた［Kamakau 1964:17-18］。オアフ島の場合、プウホヌアは全島にちらばっており、中にはアフプアア（ahupuaʻa：扇状形の集落）と同じ規模のものもあった[23]［Kamakau 1964:18］。

ところで、特に衣類など接触のカプについては、メラネシア地域やポリネシア地域で広くみられる超自然的な「霊力」マナ（mana）の要素を含んでいることも、言及しておくべきであろう。マナ概念における人類学的考察の下地を作った人類学者のロバート・ヘンリー・コドリントン（Robert Henry Codrington）によれば、マナは不可視でありかつ流動性／感染性を帯びた概念であり［Codrington 1891:191, Valeri 1985:95］、神や高位首長にやどるとされる。また、ハワイでは儀式などによって、神をかたどった偶像にもマナがやどると考えられていた［Malo 1898:117］。マナの本質についてヴァレリーは、マナが「効力」や「成功」「権威」「生命」といった肯定的要素を含むと同時に、「死」にまつわる否定的要素も兼ね備えているとし（特にカフナによる呪術において［Kamakau 1961:179, 151, Kamakau 1964:130, 135, Fornander 1916-1920：6, 397, 463, 407, Valeri 1985:101］）、マナ概念にそなわる両義性に注目する［Valeri 1985:101］。そして、このマナの両義性は、ハワイの神々とその「神聖性」が内包する「生／死」の両義性と重複し、ゆえに、カプと同様、マナ概念は神と人との互換的な関係性の中で立ち現れるものであると述べる［Valeri 1985:104-105］。

2　男女におけるカプ

政治体系の中で際立ったカプは、高位首長のみならず一般の先住ハワイ人の生活にも強い影響を及ぼしていた。それが異性間におけるカプである。伝統社会では男女の生活空間はカプによって概念的かつ物理的に仕切られ、男性はムア（mua：または hale mua ハレ・ムア）と呼ばれる男性用の食事用家屋で食事をとり［Tengan 2008:35］、女性はハレ・アイナ（hale ʻaina）と呼ばれる家屋で食事をとった［Malo 1989:51］。この共食を禁ずるカプはアイ・カプ（ʻai kapu）と呼ばれ、カプ制度を象徴する慣習であった［Valeri 1985:128］。しかし、ほかのポリネシア地域の多くでそうであったように、当時調理など屋外の仕事は、少なくともマウイ島とハワイ島以外では、男性の役割であった[24][Kamakau 1961:238-239, Linnekin 1990:15]。また、食事の準備にあたっては、食材の中には女性が食べることが禁じられたカプの食材が多くあり、そのため調理の際は、男性用と女性用それぞれ違うイム（imu：穴を掘り焼き石で蒸し焼きにする調理方法）で調理する必要があった。

食事を準備する際、男性はまず女性のイムを準備し女性用の食材を仕込む、そして男性用のイムに男性の食材を仕込む。調理が終わった頃を見計らい、男性は女性のイムを開けて食材を取り出し、蒸しあがったタロをついてポイ（poi：タロイモのペースト）を作り、ヒョウタンの容器に入れる。それが終わると、男性用のイムに行き、同じ作業をくりかえす[Malo 1989:51]。また、男女は、一つの食材を切り分けて共有してはならず、魚や鳥は、それぞれ男女用に一匹／一羽ずつ用意された[Vancouver 1798, 3:53, Townsend 1921（1888）:15, Linnekin 1990:15]。

老若問わずすべての女性が食べることを禁じられていた食材の代表例が、豚、大半の種類のバナナ、ココナッツ、ロウニンアジ（ulua ウルア）やクームー（kūmū：ヒメジ科の魚）やハコフグ（pahu パフ）などの特定の魚、サメ[25]（mano マノ）、アオウミガメ（honu ホヌ）、タイマイ（ʻea エア：または honuʻea ホヌエアとも）、クジラ[26]、イルカ（naiʻa ナイアまたは nuʻao ヌアオ）、マンタ（hahalua hīmanu ハハルア ヒーヒーマヌ）や特定の種類のエイである[Malo 1989:51, Valeri 1985:116-117]。これらの食材は、貴重であるものが多く、主に神々に捧げる食材であり、女性にとってカプとされていた。また、カプであった食材は、平民層の男性でさえ日常的に口にできる物ではなかったという[Linnekin 1990:15]、当時の女性、および平民層の男性の主な食事は、タロやポイ（タロのペースト）と魚であった[Campbell 1967:135, Ellis 1782:167, Macrae 1922:15, Samwell 1967:1163,1184]。ちなみに、犬は女性が食べることを許された食材であった[Campbell 1967:135, Vancouver 1798: 3:53, Freycinet 1978:73]。

居住空間のカプについては、女性は男性の食事用家屋ムア（mua）への立ち入りは禁じられていたが、男性は女性の食事家屋ハレ・アイナ（hale aiʻna）への立ち入りは許されていた。しかし、一九世紀前半に数回にわたり太平洋地域をロシア船を率いて航海したドイツ人オットー・フォン・コッツェブー（Otto von Kotzebue）によれば「節度ある男性はハレ・アイナには入らなかった」という［Kotzebue 1951:29, Linnekin 1990:15］。ほかにも平民層の生活空間となる家屋には、男女の寝所ハレ・モエ（hale moe）と、女性が屋内労働をするハレ・クク（hale kuku）、月経中の女性がこもるハレ・ペア（hale pe'a）があった［Valeri 1985:124, Linnekin 1990:15］。また倉庫としてハレ・ホーアフ（hale ho'āhu：またはハレ・パパア hale papa'a）があった［Kamehiro 2009:61］。

男女子どもが一緒に過ごした寝所ハレ・モエは、同時にハレ・ノア（hale noa：カプのない家）でもあったが、ハレ・モエ内部での食事は禁止されていた［Malo 1951:29, Linnekin 1990:15］。ハレ・ククは、女性がカパ（樹皮布）や手編みのゴザ、男性のマロ（ふんどし）を製作する場所であった。ここで作られるカパなどは、家族で使用する以外にも、土地を管理するコノヒキ（konohiki）や知人への贈答あるいは債務として用いられた［Malo 1898:53］。

男女の生活空間はカプによって厳密に区別されていたが、例外もあり、例えば、高位の女性首長に仕える男性従者は、女性首長と共食するアイ・ノア（'ai kapu）が許されていた。また、高位首長の死後数日間は服喪期間となり、こうしたコミュニタス的状況下では、共食や異性交遊、女性がカプの食材を食べることなどが許容された［Linnekin 1990:70］。マロの記述によると、男子が乳離れし、男性用住居のハレ・ムアに入ることを祝う儀式では、神をかたどった偶像に向かって儀式を執り行う父が「アイ・ノア（共食）」を宣言すると、会衆が共食をすることができた［Malo 1895:122］。

このように、カプ制度は男性優位の原理によって成り立ち、特に高位の男性首長に有利に働く概念であることが分かる［Valeri 1985:128, Linnekin 1990:14,70］。しかしリネキンは、男性優位の原理という側面には同意するものの、カプ制度下の女性を「不浄」や「非神聖」「非運」と解釈することには異議を唱える［Linnekin 1990:14］。

リネキンは、カプ制度において逸脱する女性の事例が多々あったことを指摘し、カプ概念における女性は必ずしも上述したような「不浄」などが本質にあるわけではないと主張する［Linnekin 1985, 1990］。彼女によれば、月経期間中には女性がとりわけ「不浄」［Kamakau 1961:3;1964:64, Malo 1951:29, Valeri 1985:114］とされる一方で、先住ハワイ人達の間では、月経中の女性は妊娠しやすいと信じられていたという［Linnekin 1985:17］。その事例を、カメハメハの主要な先祖の一人であるウミ（ʻUmi）の誕生の逸話にみることができる［Remy 1853:18, Kamakau 1961(1842-1876):3, Linnekin 1990:17］。以下では、ジュールス・レミ（Jules Remy）とカマカウの、ウミに関する二つの記述をみてみたい。

カマカウによる記述

（月経が始まって）三日から五日が経ち、血の流れが収まり始めた頃、女性は水で体を清めた。それにより穢れは取り除かれ、女性は夫とともに寝屋に入ることができるのである。リホア（Lihoa：ウミの父）がとある女性と出会ったのも、女性が体を清めているその時であった。彼女は若く体も均整がとれていて、頭から足の裏まで美しい女性であった。

この平民の娘を一目みて、リホアは衝動にかられ、自身の持つ首長のカプを秘密にして自由の身になることを考えた。彼は、その女性に対する衝動を抑えられず、自らのカプを破った。女性は彼の首長のいでたちを見て驚き、自身の死を覚悟した。リホアは、彼女に彼の思いを伝え、女性は受け入れた。その思いが遂げられた時、二人はやがて子が生まれることを悟った［Kamakau 1961:3］。

レミによる記述

リホア（Lihoa）はハワイ島を支配していた。ハマクア（Hamakua）へ向かうある旅の途中、彼はアカヒカメアイノア（A-kahi-ka-mea-inoa：ハイフンは筆者）という女性に出会った。彼女はリホアをもてなした。そして彼女への気づかいから、リホアは自身を（ただの）位の高い首長であると偽った。

アカヒカメアイノアは月経中であったので、王のマロ（ふんどし）は、経血で汚れた。リホアは彼女に「もし男子が生まれたら、その子は私にゆだねよ。女子であれば、そなたにゆだねる。ここに、私の至誠の印として、私のクジラの歯の首飾りとレイをそなたに与える。しかし、誰の目にも触れさせてはならない。これらは、われらの絆の記念であり、われらの愛によって生まれる子が私の子であるあかしとなる［Remy 1859, c.i. Malo 1951:18］。（括弧内筆者）

カマカウの記述に関して、リネキンはこの女性アカヒ（Akahi：Akahikameainoa を短くした呼び名）が、まだ月経がおさまりきらないうちにリホアと結ばれ、それがアカヒが妊娠することの根拠になったことが示唆されていると述べる［Linnekin 1990:17］。さらに、それを裏付けるのがレミの記述であり、アカヒは月経のさなかに男性と出会い、身ごもったことが明示されている［Linnekin 1990:18］。

この経血に関するカプの逸脱の事例を、リネキンは女性の「非不浄性」を示すものだとして、よって先住ハワイ社会において、女性の「不浄性」は絶対的な要素ではなかったと結論付ける［Linnekin 1990:18-19］。

また記録によれば、クックの上陸以後には、死罪の危険にありながらも、停泊する外国船に、足しげく通い共食する女性達の様子も残されている。一七八六年には、外国船内で豚を食べるカプを侵した女性が、生贄にされ、後になってその外国船がカプになったという話を船員が聞いている［Beresford 1789:105, Linnekin 1990:20］。その一方で、同じ一八世紀後半の記録には、海上、つまり外国船内では女性がカプを破る状況が多々あったことが記されている［Beresford 1789:105, Linnekin 1990:20］。船上では特に、ハワイ人男性の目がない時に、一部の先住ハワイ人女性が外国人男性船員との共食や、豚肉やココナッツ、プランテン（調理用バナナ）、フカヒレを食べる様子も伝えられており、かつ女性達は西洋人と接触する以前から、それらカプの食材について既知であったという記録もある［Linnekin 1990:21］。カプとされる食材を食べるために、女性達は、カプの期間であっても、夜間に密かに船に泳いで渡っていたという［Linnekin 1990:21、Campbell 1967:135］。また、クックの初上陸の翌年の一七七九年にはすでに、外国船への立ち入りを禁止したカプを、女性達は密かに破っていた［Linnekin 1990:21, Samwell 1967:1171］。

加えてリネキンは、女性達が外国船に興味を持った要因の一つを「女性達は、外国人との間に紐帯を得ることで男性（少なくとも首長クラスの男性）に、女性でも対抗し得ることに気づいたのである」［Linnekin 1990:21］と、女性側の計略的動機があったと指摘する。クックの初上陸から一〇年後には、ハワイの女性達は首長に対して、外国船上から抵抗の姿勢を示すようになっていた。一七八八年にあったカウアイ島でのこと、カプ・プレ（kapu pule：祈りの期間）が宣言されたために、神官が女性達を呼びにジェームズ・コルネット（James Colnett）の船にやって来た。しかしながら、女性のだれもこれに従わなかったという。また、記録によれば、同じく一七八八年にカウアイ島にやって来た外国船の船員に女性達が、カウアイの首長が攻撃を仕掛けようとしていることを伝え、また戦闘中も外国船にとどまり、「味方」の中の特定のハワイ人男性を攻撃するように指示すら出したという［Colnett MS:160, c.i. Linnekin 1990:21］。また、一七七九年にクックが殺害された後も女性達は相変わらず外国船に泳いでやって来た。そして、クック殺害の報復として船員がケアラケクア（Kealakekua：ハワイ島西岸の集落）に火を放ったとき、船には三人のハワイ人女性がいて、燃える集落を見ていた一人は「Maitai（マイタイ[27]：「良かった／良くやった」の意）」といったというのだ［Samwell 1967:1213, 1215］。

また、カプを破るのは平民の女性だけではなく、首長階層の女性にあっても同様の事例が報告されている。バンクーバーがハワイに上陸した折、バンクーバーの船にやって来ようとした女性首長は、カプによりハワイ側のカヌーには乗れないため、[28] 代わりにバンクーバー側の小船に送迎をさせることで、外国船内に入ったのだった［Linnekin 1990:21, Mensies 1920:57］。サーリンズは、首長クラスの女性はカプを破っても、平民の女性のような厳罰は受けなかったため、カプに対してはなおざりであったと主張するが［Sahlins 1981:46］、この主張に対してリネキンは、一七七九年、クックが殺害された直後に、[29] 高位女性首長であるカマカヘレイ（Kamakahelei）が、ハワイを離れる準備をしていた船にクックの部下クラークを訪ねた際、共食の誘いを拒んだ事例を挙げて、女性首長であっても、カプを侵すことを慎む傾向があったことを示している［Clerke in Beaglehole 1967:579, Linnekin 1990:22］。なお、クックの殺害の八日後には、先住ハワイ人と船員との間に「友好関係」が回復していた［Kamakau 1961:103］。リネキンは、カマカヘレイのこの振る舞いの意図が、カプを破ることに対する罰への恐れではなく、公の場でカプを守ることで自身の威信を保持することであったと推察する［Linnekin 1990:23］。

とはいえ、高位首長の女性も、人目につかない場では「積極的に」カプを破る姿が記録されている。その代表例が、カメハメハ一世の妻の一人で、夫の死後に行われたカプの廃止に大きな影響力を与えたカアフマヌ（Ka'ahumanu）である。記録には、カアフマヌは豚肉やバナナに目がなく、「禁じられた食べ物を密かに楽しみ、それが至福の時であると発言した」という［Kuykendall 1965（1938）:67, Beresford 1789:275, Campbell 1967:136, Linnekin 1990:23］。また、カメハメハ一世も、盗んだバナナを食べようとしていた女性達と遭遇した際に口頭での厳重注意にとどめたり、カプの厳罰を軽減して罰金制（敷物カパなどによる）を取り入れたりするなど、制度改革に着手している［Linnekin 1990:20, Holman 1931:24, Freycient1979:89］。

ここまで述べてきたように、（カプの時期において）カプを破り禁じられた食材を密かに口にすることは、首長クラスの女性に限らず、先住ハワイ人社会の女性一般にみられた状況であったといえる。そして、これが近代化以前の男女間におけるカプの実態ではなかろうか。

先住ハワイ人女性による「能動的」なカプの「受容」は、その一方で、女性が男性原理であるカプ制度を、私的空間においては多元的にとらえ、カプを女性側から再解釈していたことを示すものである［Linnekin 1990:23］。さらに、再解釈するだけではなく、「味方」の集落を焼かれて「良かった」といった女性の事例は、女性がカプを否定することで、同時に男性原理に対抗した姿を浮かび上がらせる。厳格なカプ制度における女性への抑圧が、やがてカプ制度廃止の原動力の一つとなったと考えることができるだろう。

3　暦におけるカプ／ノア

伝統的なハワイ社会におけるカプ／ノア概念は、階層間や男女間の外に、伝統的な暦の中にも見ることができる。カプ／ノア概念と暦との関わりを具体的にみることができるのが、先住ハワイ社会における「儀礼的季節」であるマカヒキ（Makahiki）である。マカヒキは、収穫、祭、徴税、休戦の期間であり、またこの時、神であるロノ（Lono）が、神話上の祖先の土地カヒキ（Kahiki）からハワイに戻ってくると信じられていた［Malo 1895:186, I ʻi 1963:72, Puki 1972b:213, Valeri 1985:200, Kirch 2012:252］。

ケロウ・カマカウの記述によれば、マカヒキが始まるのは、乾季（kau カウ）の最後の月であるイクヴァー（Iʻikuwā）から、続く雨季（hoʻoilo ホオイロ）の初めの三ヵ月、つまりヴェレフ（Welehu）、マカリイ（Makaliʻi）、カーエロ（Kāʻelo）である［K. Kamakau in Fornander 1919-1920:6:34, Valeri 1985:200］。この四ヵ月間がマカヒキである。ちなみに、始まり月であるイクヴァー（Iʻikuwā）は太陽暦の一〇月、ヴェレフ（Welehu）は一一月、マカリイ（Makaliʻi）は一二月、カーエロ（Kāʻelo）は一月に相当する［K. Kamakau 1919-1920:6:34］。

雨季であるマカヒキの期間は、すなわち植物の生育になくてはならない時期であった。特に乾燥したハワイの各島西側地域では、この頃になると吹く南寄りの風(30)によって雨が多く降り、乾季には枯草色の大地が、雨季には緑に覆われる。マカヒキの時期に、戦闘や争い、耕作地が儀礼的にカプとされることについて、考古学者のカーチはその起源が作物の生育を阻害しないための措置にあったと推測する［Kirch 2012:252］。

マカヒキの時期には上述のカプ以外に、殺人が禁止され、海がカプとなりカヌーの使用は禁止、さらに、カパ（樹皮布）を作るためのたたき台（kua クア）、太鼓（pahu パフ）、ホラ貝の笛（pū プー）はカプとされ、これらを使用して音を立てることが禁じられた［K. Kamakau in Fornander 1919-1920:6:34］。また、ロノによるカプも設けられ、天、雷、大地、丘、山、海、高波、家族、カヌーはロノの名のもとにカプ（神聖）とされ、人々はこのカプを守った［K. Kamakau in Fornander 1919-1920:6:40-41］。さらに、神々への供え物となる、人の生贄、豚の生贄、バナナ、ココナッツもカプとなった［Malo 1895:141, Kamakau 1964:19, Valeri 1985:204］。そして、王とカフナ以外の人々は、パーアニ（pāʻani）と呼ばれる、遊び、スポーツ、ゲーム、見世物、ジョークなどを楽しむのである。

このようにマカヒキの期間中は、カプ／ノアの逆転により、ハワイ社会におけるある種のコミュニタス的状況を作り出しているといえる。ヴァレリーと同じく構造主義歴史人類学の視点から伝統的ハワイ社会の「再構築」を試みたマーシャル・サーリンズ（Marshall Sahlins）はマカヒキの時期を「この時期（マカヒキ）は、一年の中で規則が緩和される時期であり、また民衆がロノそしてコミュニタス的状況を賛美する時期である。そしてマカヒキは、秩序つまりソシエタスでありマカヒキ以外の時期に適用される既存の権力に対峙する時期である」［Sahlins1989:395］（括弧内筆者）と述べ、マカヒキにおける秩序の逆転を指摘する。ハワイにおけるマカヒキは、厳格なカプ制度に対する緩衝材としての要素も内包していたといえるだろう。

小結

本章では、先住ハワイ人におけるエスニック・プライドの歴史的背景にある、伝統的な要素に注目し、神話世界と、伝統的政治制度カプの詳細を概観してきた。中でも、ハワイ神話が内包する英雄譚や創世神話の要素は、現代ハワイ社会において、集団における肯定的感情、およびエンパワーメントとしての、エスニック・プライドの形成をうながす、可視的な求心力としての役割を持っているといえよう。先住ハワイ人エスニック・プライドの発生期には、神話におけるタロの伝承が、先住ハワイ人の人々を団結させる象徴として使われたことからも、神話が持つ求心力は効果的である。

カプに関しては、伝統的なカプ概念と比較すると、現代の土地をめぐる運動などで表象されるカプ概念は、限定的なカプの要素であることが分かる。伝統的には、男女の振る舞いや、政治的振る舞いなど、カプとノアの二項概念によって成り立っていたのがカプ制度である。しかし、現代では、聖域としてのカプのように、先住ハワイ人の主権を象徴する概念として、カプ概念が用いられていることも興味深い。近代化そしてキリスト教化によって、廃止されたカプ制度であるが、現代におけるカプ、とりわけ先住民運動の場で掲げられるカプは、白人社会に侵され得ない、再興されたエスニック・プライドとしてのカプを表象しているのではないだろうか。

註

（1）一〇行目「ʻO ke au o Makaliʻi ka pō」の訳については解釈が分かれるところである。ハワイ語の直訳は「夜のスバルのとき」であるが、リリウオカラニは「At the time of the night of Makaliʻi（winter）／冬の夜の時」と「Makaliʻi」を「冬」と解釈している［Beckwith 1951（1972）:45］。これは、ハワイの伝統的な暦では、雨季またはマカヒキ（一〇月頃～二月頃）の始まりが、スバルが東の水平線上に現れた日の次の新月であったことに由来する［Iʻi 1995（1959）:72, Valeri 1985:200］。しかし、リリウオカラニ訳以外に「The time of the rise of the Pleiades／スバルが昇るとき」［e.g. Kyselka 1993:173, Silva 2004:99］や「When a Pleiades are small eyes in the night／スバルが夜空の小さな目のようにあるとき（〝小さな目〟は maka＝目、liʻi＝小さい、の訳出であろう）」［e.g. Kanahele 1993:61］という英訳もある。このうち、後者はいささか意訳が過ぎる感が否めないが、前者はハワイ語の原意をおおよそ訳出していると考えられる。ただ、ハワイ語文化、特にメレのような言語芸術には、カオナ（kaona）という隠喩の慣習があり、一つの単語にほかの意味が隠されていることが非常に多い。このカオナ（隠喩）が『クムリポ』の解釈と翻訳を難解にしている要因でもある。多くの伝統的な言語知識が失われた今、カオナの全容を知ることは困難極まることである。

（2）現在は『クムリポ』がオリ（oli：チャント、詠唱、祝詞）とされることもあるが、本書ではメレ（mele）であるという立場を採用する［Silva 2004:184］。メレ（mele）はもともと「詩的な言葉」という意味であったが、西洋音楽の浸透により、メレ＝歌（mele＝song）という認識が広まった。メレは二つのスタイル、メレ・オリ（mele oli）とメレ・フラ（mele hula）に大別される。メレ・オリは、通常は伝統的な打楽器の伴奏を伴い、基本的には独唱である。一方、メレ・フラは、フラ（踊り）と楽器（現代では西洋楽器も含む）を伴う［Ng 1995:550］。しかし、現代のフラの場にいたっては、前者メレ・オリは、単に「オリ（チャント）」と呼ばれ、合唱も多く見られる。後者メレ・フラは、「メレ（歌）」と呼ばれフラを伴う演目を指すことが一般的傾向である。『クムリポ』がオリともメレとも呼ばれ得る背景には、それが時に「独唱形式の詠唱」として、あるいは「フラの曲」として演じられることにあるだろう。余談になるが、「メレ・オリ」は発声や節回しの仕方などに応じて、五種類のスタイルに区別される。五種類はそれぞれ、ケパケパ（kepakepa）、カヴェレ（kawele）、オリオリ（olioli）、ホアーエアエ（ho ʻāeae）、ホオウウェーウウェー（hoʻouwēʻuwē）である［Kamakau 1961:241］。

（3）naka はおそらくマイマイ類の貝と推測される。

（4）両者ともレイなどにも使われるアマオブネガイの仲間と考えられる。

（5）両者とも、タニシあるいはカワニナといった淡水性の巻貝をさす。

（6）メレはその内容により、一〇種類に分類される［Kamakau 1961:240］。
・メレ・コイホヌア（mele koʻihonua）：アリイの系譜のメレ。カプ（kapu 禁忌）とされた。
・メレ・イノア（mele inoa）：特定の人物やアリイを称えるメレ。
・メレ・マイ（mele maʻi）：特定の人物やアリイの子孫繁栄を祈るメレ。性的な内容を含む。
・メレ・フラ（mele hula）：フラのメレ。
・メレ・アーイナ（mele ʻāina）：特定の土地を称えるメレ。
・メレ・マハロ（mele mahalo）：感謝の意を表すメレ。
・メレ・アロハ（mele aloha）：アロハの意を表すメレ。
・メレ・プレ（mele pule）：崇拝のためのメレで、間違いなく唱えられれば良いことが起こるとされる。
・メレ・カニカウ（mele kanikau）：死者を追悼するためのメレ。かつては新聞に多く掲載された。
・メレ・ネマネマ（mele nemanema）：批判をするためのメレ。

（7）ボラボラ島［Handy and Pukui 1972（1991）:156］。

（8）生まれたばかりの未熟児であったという話もある［後藤 2002:169］。

（9）［筆者のインフォーマント二〇一二年九月一〇日のインタビューから］。このほかにも様々なバリエーションが存在する。豚はカマプアアを象徴し、ペレが自分の土地である西側にカマプアアが入るのを嫌がるため。

（10）マーウイを半神半人（kupua クプア：demigod デミゴッド）とするバージョンもある。

（11）マーウイはまた、『クムリポ』、一六節と最終節に、カラーカウアとリリウオカラニの先祖であるロノイカマカヒキの系譜の始祖として登場する［Silva 2004:103］。

(12) Supʻpa（スゥッパ）は、「super」の「ピジン」発音をもとにした表記。
(13) 特定の種の木の樹皮を叩いて作る樹皮布。
(14) ワイアナエ地区ナーナークリにある地名。現在はビーチパークになっている。
(15) 一本歯（uniho-kahi）のサメであるという説明もある［Kamakau 2010（1964）:74］。
(16) 直訳すると「彼はカプになった／カプされた」［Valeri 1985:94］。
(17) またはアリイ・カプ（aliʻi kapu）とも［Alexander 1981:26］。
(18) マロの記述では、男性首長のみに言及している［Malo 1898:80］。
(19) 「ケイケイナ」と発音することがより一般的。
(20) 高位首長の頭は神聖な場所とされ、頭にふれることはカプであり、また同席者は首長の頭より高い位置にあってはならないとされた［Alexander 1891:26］。
(21) ケオープーオラニの両親は異父キョウダイ（半血キョウダイ）同士［S. M. Kamakau 2010（1961）:263］。
(22) ケオープーオラニが幼い頃、（カプの時期は）乳母以外の首長や平民はケオープーオラニに近づくことは許されなかった。また彼女が昼間外出しなかったのは、日光でさえ彼女にとってはカプであったからだともいわれる［Mookini 1998:7］。加えて、もし誰かがその影にふれると、その者は死罪となることから、ケオープーオラニ自身の配慮で、人前に出る際には、夜が好まれたという［Mookini 1998:7］。
(23) オアフ島にあった主なプウホヌアは、カイルア（Kailua）、ワイケア（Waikea）、クアロア（Kualoa）であり、ワイアナエにあったカヴィヴィ（Kawiwi）要塞は、戦時下におけるプウホヌアとして知られ、おそらく男性用の「避難所」であったと考えられる［Kamakau 2010（1964）:18］。
(24) カマカウによれば、マウイ島とハワイ島では女性も屋外労働の習慣があったとしている。そのため両島では、男性同様に女性も課税の対象とされた［Kamakau 2010（1961）:239］。
(25) マロは特に「niuhi-shark（人食いザメ）」としている［Malo 1989:51］。
(26) 「koholā コホラー」はザトウクジラ。「palaoa パロオラ」はマッコウクジラ。
(27) 現代ハワイ語では「maikaʻi マイカイ」が主流であるが、かつてハワイ語におけるTとKの発音は互換性があっ

た。e.g. カメハメハ（Kamehameha）＝タメハメハ（Tamehameha）

（28）このカプのために、平民の女性は泳いで外国船にやって来た［Linnekin 1990:22, Mensies 1920:54］。

（29）クック殺害の八日後には、イギリス船との友好関係が回復していた［Kamakau 1961:103］。

（30）現代ではコナ・ストーム（Kona storm）とも。ハリケーンの影響を受けて吹く、湿った風［Kirch 2012:252］。

第四章　土地の帰属——クック渡来以前からハワイ共和国時代まで

はじめに

西洋文化との接触以降のハワイの歴史において、先住ハワイ人と土地との関わりを切り離すことはできない。特に本書が注目をするハワイアン・ホームステッドの背景を理解する上でも、ハワイの土地をめぐる歴史的政治的な経緯を踏まえておく必要があるだろう。そこで、本章では、ハワイの土地に関する研究史をまとめたうえで、ハワイ社会における土地概念の変遷を整理してみたい。

オセアニアにおける土地研究の一つの潮流は、オーストラリア国立大学（Australian National University）で教鞭をとっていたジム・デビッドソン（Jim Davidson）が、一九五四年に、太平洋地域における土地研究の必要性を主張したことに始まったといえる［Kame'eleihiwa 1992:4］。一九八〇年代以前は主に白人の研究者らによる「外からの視点」で解釈される傾向にあった、ハワイにおける土地に関する議論においては、一九九〇年代以降、先住ハワイ人の視点に立った研究が議論をリードすることになるのである。以下では、現代ハワイ社会の土地問題の中核ともいえる、土地の帰属の変遷を、西洋社会との接触以前からハワイ王国が滅亡し、ハワイ共和国が成立する一八九三年までのハワイ史を整理し確認したい。

第一節　ハワイ――クック以前

ハワイの創世神話で良く知られたバージョンでは、ハワイの島々は、パパ（Papa：大地の母）とワーケア（ヴァーケアとも、Wākea：空の父）という創世の神々の間に生まれた「子ども達」であるとされる。また、先住ハワイ人と大地との絆を表す話として良く語られるのが、タロ（タロイモ）の誕生にまつわる神話である。

神話によれば、ワーケアとその娘ホオホクカラニ（Ho'ohoku-ka-lani）の間に生まれた、ハーロアナカ（Hāloanaka）は早産のすえ夭折する。そして、ハーロアナカを埋葬した場所からはタロが芽生えた。その後、ハーロアナカの次に生まれたハーロア（Hāloa）は、人類の始祖となった(1)。ゆえに、タロは先住ハワイ人の「兄」であり、大切に扱わねばならないのである。

先住ハワイ人社会では、年少者は年長者を敬い、年長者は年少者を養うことが義務（kuleana クレアナ）であるとされる［Kame'eleihiwa 1992:25］。ゆえに、ハワイ人の「兄」であるタロと、それをはぐくむ大地を慈しむことは、先住ハワイ人にとっての義務でもあり、それを受け大地は人々を養うというのが、大地と人の「契約」であるのだ。この、土地と人との互恵関係が、現代先住ハワイ人社会で頻繁に見聞きするスローガン、「アロハ・アーイナ（Aloha 'Āina：大地を愛せよ）」や「マーラマ・アーイナ（Mālama 'Āina：土地を慈しめ）」の背景である［Kame'eleihiwa 1992:25］。

ちなみに、タロは現代の先住ハワイ人にとってもなくてはならない食材である。すでに述べたように、ハワイにおける伝統的な主食にポイがある。ポイは蒸したタロをついて餅状にしたものを水でのばした食べ物で、離乳食にもなる。欧米の食文化が浸透する以前は、栄養価の高いポイはハワイ人の主食であった［Beresford 1789:275,

Campbell 1967:135, Ellis 1782:167, Macrae 1922:15, Samwell 1967:1163, 1184]。しかし、植民地化や、プランテーションが拡大するにつれて、タロの耕作地が縮小したため、現在のポイの値段は一ポンド（約四五〇グラム）で、九ドルから一五ドル（約九〇〇円～一五〇〇円）が相場の、高級食材となってしまった。リゾートホテルのビュッフェでも、よく目にするポイだが、ねっとりとした食感と発酵で醸し出される独特の風味のためか、観光客にとっては、少しハードルが高いハワイの味といえる。そんなポイを喜々として食べることが、老若男女ハワイっ子の誇りでもある。現代の先住ハワイ文化におけるタロは、主食であることのほかに、先住民運動におけるシンボルなど、民族アイデンティティのよりどころとして重要な役割を担っているといって良いだろう。(2)

第三章でも述べたように、神話が生活の中に息づくハワイでは、土地は古来より神の所有物であると考えられていた。植民地化以前の、封建的首長制における支配階層モーイー（mōʻī）とアリイ（aliʻi）も、「神の名において」土地の管理を行っていた [Kameʻeleihiwa 1992:10]。

モーイー（mōʻī）とは、「王」の役割を担い、植民地化以前のハワイにおける封建的首長制の最高位の人物である。王であるモーイーは、首長階層に属し、戦いや相続によってその地位を得て、主に地理的な島を単位とした「王国」を統治していた [Alexander 1891:26, 山本 2012:146]。そして首長アリイの多くが、王モーイーのもとで政治のサポートや土地の管理を行う役目を担っていた。新たな王が王位に就いてまず行うことが、カーライアーイナ（kālaiʻāina）とよばれる、首長達への土地の再分配であった。王は通常、戦いで功績を挙げた味方の首長に土地を分配することで、新たな土地を確実に統治することを重視した。

ハワイの土地は、大きな順から、島単位のモクプニ（mokupuni）、首長の政治的な区画であったモク（moku）、扇状地単位の集落であるアフプアア（ahupuaʻa）、その中のさらに小さな小区イリ（ʻili）、そしてモオ（moʻo）の順で分割管理されていた。モクとアフプアアにはそれぞれにカウカウ・アリイ（kaukau aliʻi）と呼ばれる下位首長が配置され、下位首長である土地管理層コノヒキ（konohiki）が、徴税など補佐役についた。地域によっては、モクの下位区分を、オカナ（ʻokana）やカラナ（kalana）、あるいはモク・オ・ロコ（moku o loko）などと呼ぶ場合もあったようだが、これは地域によって呼び名が変わっただけで、実質はアフプアアと同様の土地区分であったと考えられる［Malo 2009, Handy & Handy 1991, Kameʻeleihiwa 1992, 山田 2013］。以下では、伝統的土地単位について、詳細を示しておきたい。

モクプニ mokupuni

ハワイ語で「島」を意味するモクプニは、その名の通り、基本的にはそれぞれの地理学的な島を単位とした行政区画である。クックがハワイに到達した頃には、カウアイ島、オアフ島、マウイ島、ハワイ島の四つのモクプニが置かれ、さらにハワイ諸島最大の島であるハワイ島では、モクプニの中に下位区分であるモクがおかれた。比較的小さな島々は、モクとして隣接するモクプニに編入された。ラーナイ島とカホオラヴェ島はマウイに、ニイハウ島はカウアイに含まれた。各モクプニを統治するのは、モーイー（mōʻī：王）あるいはアリイ・ヌイ（aliʻi nui：高位首長／偉大な首長）と呼ばれ、彼／彼女はモクを管理するアリイ・アイ・モク（aliʻi ʻai moku：モクを統治するアリイ）、そしてアフプアアを管理するアリイ・アイ・アフプアア（aliʻi ʻai ahupuaʻa：アフプアアを統治する首長）を任命した。

ここで気を付けたいことは、王であるモーイーによって土地をあてがわれたアリイであるが、このことがアリイによる土地の、個人所有を意味したわけではなかったということである。伝統的な土地観念では、土地はあくまで「神」の所有物であり、人は土地の運営を任されているにすぎなかったのである。かりにアリイが、モクやアフプアアを適切に運営せず、土地に対する礼節（ポノ：pono）を欠いた場合、つまり「神」の意思を行わなかった場合には、たとえ高位のアリイといえど、その職を解かれるか、集落アフプアアの平民や、敵対するアリイから戦争を仕掛けられることもあった［Kanahele 1993:322］。

モク moku

またはモク・アーイナ（moku ʻāina）とも。例えばオアフ島の場合、ワイアナエ、エヴァ、コナ、コオラウポコ、コオラウロア、ワイアルアの六つのモクに区分けされ、それぞれにアリイ・アイ・モクが配置された［Sahlins 1992:17-21, Kanahele 1993:322］。

アフプアア ahupuaʻa

山の山頂から、谷間をぬけて海へと広がる、扇状の地形を利用したアフプアアは、徴税における土地単位であるとともに、ハワイ社会の根幹を担った土地単位であると言えるだろう。これらの扇状地では、山から流れでる川を利用して、斜面では薪やカヌー、武器に使う木材の確保や棚田によるタロの水耕栽培などが行われ、平地では農耕と集落、沿岸では灌漑や養殖、漁撈が営まれ、一つのアフプアアで衣食住をまかなう、循環型の生活環境を有していた。また、一つのアフプアアには、一〇〇人から二〇〇人程度の平民が住んでいたと考えられ、水源が豊富で、優良な農地に恵まれた地域ほどアフプアアは小さく、一方降水量が少なく（例えばオアフ島の西岸地域など）、土地がやせている地域ほど、アフプアアが大きくなる傾向にあった［山田 2013:55］。

アフプアアという名の由来については、かつて、一〇月の収穫期になると、雨神と王モーイーに供物をささげるために、石の祭壇（アフ：ahu）を、目印として海岸沿いの境界に設置し、その上にククイの木(3)で作られ、赤茶色に色付けされた豚（puaʻa プアア）の頭の像を置いたことから、アフプアアの呼び名が定着したといわれる

[Kameʻeleihiwa ibid.:27]。また、収穫期には徴税も行われたため、祭壇は集落の境界線としての役割もあったと考えられる。ハンディーによれば、多くの場合、集落には祭壇以外に境界線を示す人工物はなく、畑や水田のあぜ道によって境界が認識されていた[Handy&Handy & Pukui:48]。カメエレイヒヴァも、アフプアアの境界は、山の稜線や川などの自然のランドマークによって認識されていたと述べている[Kameʻeleihiwa ibid.:25]。

アフプアアの管理は、統治するアリイ・ヌイの命を受けた下位首長のアリイ・アイ・アフプアアが行った。力のある下位首長は、複数のアフプアアを統治することもあったが、通常下位の首長の場合には、さほど重要ではない単独のアフプアアだけを任された。アフプアアを統治するアリイ・アイ・アフプアアは、管理するアフプアアの出身とは限らなかった。また、特に高位首長には、カプ（kapu：禁忌、タブー、聖域、神聖性）により接触が制限されていることから、かわりに下位首長であるコノヒキが、耕作を行うマカアーイナナ（makaʻāinana：平民）との連絡の橋渡しを行っていた。コノヒキはルナ（luna：専門職階層）とマカアーイナナ（平民）を統括し、主に日々の実務を担った下位首長である。ルナは、各分野に精通したいわば専門職であった。例えば、ルナ・ヴァイ（luna wai：水のルナの意）は、ロイ（loʻi：タロの水田）の管理を専門とし、ほかに漁撈や農耕などを専門とするルナがそれぞれの集落にいた。アリイ・アイ・アフプアアに代わって、コノヒキがアフプアアでの実務を担ったほかの理由として、多くのアリイ・アイ・アフプアアが高位首長の補佐にあたっていたり、戦闘で重要な役割を担う兵士であったことがある。また、高位首長にとっても、彼／彼女の部下であるアリイ・アイ・アフプアアが、遠く離れた地に居つづけて、何をたくらむか分からない状況を避けるためにも、現場の管理首長コノヒキは重要な役割をはたしていたと考えられる[Kirch 2010:49]。

しかし、すべてのアフプアアが、同じような環境にあったわけではない。例えば、水資源が豊富だったオアフ島の東南部やハワイ島北部では、タロだけではなく、ストロベリー・グアヴァなどの多用な作物を収穫できた。また、ハワイ島西部やハワイ島東部の活火山のあるアフプアアでは、工具としても利用できる良質の石材が取れた［山田2013:56］。ハワイにおけるアフプアアの多様性は、それぞれの集落で独自の文化が発達する前提となったのである。

イリ ʻili

イリ（ハワイ語で「皮」の意）はアフプアアの土地をさらに二、三等分した土地単位である。イリはアフプアアに代々住むコノヒキが管理し、平民が耕作を担う土地であった。またイリは、平民が親族単位で耕作し、耕作権は王が交代しても基本的に一族で受け継がれたと考えられている。

イリには、ひとまとまりになったものと、いくつかの飛び地からなるものがあった。ひとまとまりのイリはイリ・パア（ʻili paʻa：完全なイリ）、飛び地からなるイリはイリ・レレ（ʻili lele：飛んでいるイリ）。また、特定の一族に永代使用が許されている区画はイリ・クー・ポノ（ʻili kū pono）、首長の交代によって使用者が変わる区画はイリ・オ・カ・アフプアア（ʻili o ka ahupuaʻa）と呼ばれ区別された。なお、オアフ島にはどのアフプアアにも属さないイリがあり、現在のホノルルの一部がそうであったという。

ハワイ島には、戦いの神であるカイリ（Kaʻili）に捧げられたものや、カプを犯した者が避難するイリ・クー・ポノが数ヵ所あり、それらのイリでは課税や労働義務を免除された。また、イリ・レレにはほかのアフプアアに飛び地を持つものもあった。

モオ moʻo

モオ（「細長い土地」の意）は特に、イリ内にあるタロの耕作地を表す単位である。川沿いに細長く続くタロの水田ロイ（loʻi）がある土地を指してモオと呼ぶことが多いが、畑作用のタロの耕作地や、サツマイモの畑がある土地もモオと呼んでいた。特にタロが植えられている場所はモオ・アイ（mo'o 'ai）、タロの水田が連なる一角はモオ・クアパパ・ロイ（mo'o kuapapa lo'i）と呼ばれた。

このように、植民地化以前のハワイの土地は、基本的に首長階層による三段階の統治（モクプニ＞モク＞アフプアア）と、そこに内包される家族、親族単位のレベルで管理されていた。

第二節　ハワイ——クック以後

一七七八年にイギリスの航海士クックがハワイに到達して以後、ハワイ社会は西洋文化との接触の機会が増していく。しかし、ハワイ諸島を統一したカメハメハ（Ka-mehameha）の治世にあっては、それまで行われていた高位首長への土地の再分配カーライアーイナを継続し、側近であった四人の高位首長に、モクを分配している。カメハメハ一世はさらに、側近達に対して、分配した土地の管理権の相続を行うよう、それまでの慣習を変更している。これは、土地を個人所有化することによって、当時ハワイ内で勢力を広げつつあった外国勢力から、ハワイの土地を護る意図があったと考えられる［Van Dyke 2007:18］。また、カメハメハは西洋の戦闘技術には大いに関心を示したものの、伝統的政治体系の根幹であったカプを維持することで、キリスト教化には抵抗し続けた。キリスト教への改宗を拒んだカメハメハについて、次のような逸話が残されている。一七九三年、ジョージ・バンクーバー（George Vancouver）が、カメハメハにハワイの神々を放棄させ、彼をキリスト教に改宗させようとした。バンクーバーが、キリスト教の神の「マナ（霊力）」について説くと、カメハメハは次のように機知にとんだ返答をする。カメハメハは、バンクーバーとともにいた牧師と、カメハメハの側近であったカフナ（kahuna：祭祀をつかさどる神官）を、ともにハワイ島の絶壁から飛び降りさせ、勝負しようと提案をしたのである。牧師が無事に生還すれば、すなわちキリスト教が崇める神の力を証明することになるというのだ。バンクーバーはこの申し出を断り、カメハメハはキリスト教の信念に疑いを持つようになったという。ちなみに、当時ハワイの首長階層では、崖から飛び降りるスポーツ（レレ・パリ lele pali）が親しまれていた。そして、そもそも首長階層の出身であった神官カフナも、レレ・パリに親しんでいたと推測される。カメハメハは、この勝負の結末をはじめから分かったうえで、あえて宣教師を試したのであろう［Golovnin 1979:207, Kameʻeleihiwa 1992:39］。

しかし、一八一九年五月にカメハメハがこの世を去り、カメハメハ二世に王国が引き継がれると、ハワイにおいてキリスト教は急激に拡大する。一八一九年一〇月には、カメハメハ一世の複数の妻の中で、最もカメハメハに近かったとされるカアフマヌ（Ka-ʻahu-manu）がカプを廃止し、以後、ハワイ王国の中枢にもキリスト教が浸透し、土地制度のさらなる西洋化がすすめられた。以下では、カメハメハ二世以降のハワイ王国の西洋化の過程を、時代を追って整理してみたい。

1　カメハメハ二世――ハワイのキリスト教化

一八一九年五月、カメハメハの死去を受け、カメハメハの長子リホリホ（カメハメハ二世）が二二歳でハワイ王国の第二代モーイーとなった［Alexander 1891:166］。しかし、実質的な政治の権力は、カメハメハ一世の妻の一人であり、カフナ・ヌイ（kahuna nui：執政官、摂政）でもあった、カアフマヌによって握られていた。リホリホは、父カメハメハと同じく、カプの存続とハワイの神々を祭ることで社会の安定を望んだが、一八一九年一〇月リホリホの意向に反してカアフマヌはカプ、特に男女共食を禁ずるアイカプ（ʻai kapu）の廃止を宣言し(4)、リホリホの生母ケオープーオラニ（Ke-ōpū-o-lani）、王弟カウイケアオウリ（Kau-i-ke-aouli：のちのカメハメハ三世）、妻達、そして王の妹らと共食（アイノア ʻai noa）を行ったのである［Alexander 1891:169］。

リホリホは王とはいえ、絶対的な権力を誇るカアフマヌに反旗をひるがえすことは、すなわち宣戦布告も同然であった。また、かりにカメハメハ二世が勝利すれば、カプを破った母や妻、キョウダイをも処刑することになる。板挟みになったカメハメハ二世は、しばらくの抵抗の末、結局カアフマヌの要求を受け入れ、男女共食に臨んだのである［Kamakau 1961:225, Kameʻeleihiwa 1992:78, Merry 2000:61, Tengan 2008:36］。

「アイカプを維持できない王は、王ではない」という考え方が残っていた当時、カプそしてハワイの神々を捨てる決断は、リホリホにとって精神的な苦痛であったのだろう、カプ廃止前夜、リホリホはラム酒を飲んで気をまぎらわせたという［Kamakau 1961:224, Kameʻeleihiwa 1992:74］。

カアフマヌがカプを廃止した理由については、ハワイ社会のキリスト教化が目的であったとする説［Paris 2015:419］、カアフマヌに実子がいないために感じていたという社会との隔絶を解消するためという説［Kameʻeleihiwa 1992:72, 79］、女性が権力を持つためという説［Oshiro 2001:10］(5)など諸説ある。さらに、シルバはカプの廃止はキリスト教化が目的であったのではなく、単に西洋文化への移行が目的であったと主張する［Silva 2004:32］。カプが廃止された当時のハワイ社会は、海外から持ち込まれた伝染病により、大量の先住ハワイ人が命を落とし、人口が激減していた。それまでの伝統的な知識は役に立たず、西洋の知識が、ハワイが生き残る唯一の頼みの綱であったとも考えられる［Silva 2004:27, 28］。また、当時多くのハワイ人は、古来の神々への不信感をつのらせ、西洋的な文化を享受することを望んでいたともいう。リホリホが共食を行ったその日、ハワイの民衆は「The tabus are at the end, and the Gods are a lie!（カプは終わった、そしてハワイの神々は偽りだった！）」と叫んだという［Alexander 1891:169, Kameʻeleihiwa 1992:76］。偶然にも、ニューイングランドからカルバン派の宣教師団がハワイに到着したのは、カプの廃止から数ヵ月後の一八二〇年三月のことであった。

この後の、ハワイのキリスト教化における中心人物が、国王リホリホ（カメハメハ二世）と弟のカウイケアオウリ（のちのカメハメハ三世）の生母であるケオープーオラニ（Keōpūolani）である。ケオープーオラニは、夫であるカメハメハ一世にとって姪でもあった。ケオープーオラニの母は、カメハメハ一世と異父キョウダイであり、カメハメハとケオープーオラニの婚姻はホイ（hoi：オジ―メイ婚）と呼ばれる、親族同士の婚姻であった（第三章）。ケオープーオラニは両親のナハ婚姻を通して、最も崇高な血筋を受け継ぐ首長アリイ・ニーアウピオ（aliʻi niʻaupiʻo）として最高位のカプを与えられ、社会的、宗教的にほかのどの首長よりも高位にある人物であった［Kamakau 1961:263, Van Dyke 2007:360］。当時のハワイ社会で、神格化されていたケオープーオラニのキリスト教への改宗は、ハワイにおけるキリスト教化の弾みとなったと考えることができるだろう。また、ハワイに先駆けタヒチ住民のキリスト教改宗の知らせも、ハワイでのキリスト教化を後押しした。

ケオープーオラニの改宗には、三人のタヒチ人の影響をみることができる。一八二三年二月、イギリスの宣教師ウィリアム・エリスが、ソシエテ諸島出身の三人のタヒチ人教師、トゥテ（Tute、またはクレ Kule）、タウアー（Tauā）、タアモトゥ（Taʻamotu）をともなってハワイに到着した。そもそも、神話におけるハワイの神々は、カヒキ（Kahiki：先祖の土地、タヒチ）からやってきたとされ、ハワイとタヒチの精神的、文化的つながりは強い［Kamakau 1961:254, 262, Ellis 1831:295, Bingham 1847:181, Lange 2006:182］。ケオープーオラニは、三人のタヒチ人キリスト教徒達を、マウイ島ラハイナの屋敷に招き入れた。そして、彼らタヒチ人宣教師は、カルバン派の宣教師達が成し得なかった「偉業」、つまり首長階層にイエス・キリストへの信仰を根付かせることに成功したのである。改宗にさきがけ、ケオープーオラニは、カメハメハの死後に結婚した二人の夫ハオピリ（Hoapili）とカラニモク（Kalanimoku）のうち、年少だったカラニモクとの婚姻関係を解消し、キリスト教が提唱する一夫一妻となった［Kamakau 1961:261］。しかしカルバン派宣教師は、それだけでは信仰の証明にはならないとし、すぐに彼女に洗礼を授けることはなかった［Heley 2014:57］。

ケオープーオラニが遂に受洗を許されたのは、タヒチ人教師がハワイにやって来てから六ヵ月後、彼女が病に伏した時であった。イエス・キリストへの信仰に目覚めて以来、敬虔な信者として、救いを求める生活をしてきたケオープーオラニは、罪の赦しである洗礼を受けて、天国に入ることを願っていた。この願いを叶えようと、息子リホリホ（カメハメハ二世）とカアフマヌ、そして夫カラニモクは、宣教師ウィリアム・エリス（William Ellis）に懇願した。ケオープーオラニが危篤状態になった時、エリスはとうとう彼女に洗礼を授けた［Kamakau 1961:262］。そしてケオープーオラニのキリスト教洗礼をもって、カアフマヌは正式にキリスト教の正統性を、政治的に示すことができたのである［Stanton 1997:145, Osorio 2002:12, Van Dyke 2007:23］。その後、ハワイの精神世界における「神（アクア akua）」でもあり、「温厚な人柄」［Kamakau 1961:261］として知られたケオープーオラニの受洗に、有力首長達が倣《なら》い、キリスト教は先住ハワイ人にとって新しい宗教となった。そして、同時に、ハワイ社会では伝統的な価値観を否定する風潮が加速したのである。

死の床でケオープーオラニは、カラニモクを含める高位の首長達に、古い慣習を捨ててキリストへの信仰に生きるよう、遺言（kauoha カウオハ）を残した。そして、読み書きを習得し、キリスト教徒として養育されるようにと、まだ幼かったカウイケアオウリ（のちのカメハメハ三世）とその妹のナーヒエナエナ（Nāhiʻenaʻena）を、カルバン派宣教師ウィリアム・リチャード（William Richard）に託した。加えて、王であるカメハメハ二世にもキリストの示した道を歩むように諭したのである。しかし、カメハメハ二世自身は、最後までキリスト教の洗礼を受けることはなかった。

王として即位して以来、カメハメハ二世は享楽におぼれた生活を送っていた。彼は、一八二四年に二七歳でロンドンで客死するまで、西洋化を推し進めるカフナ・ヌイ（執政官、摂政）でもあるカアフマヌの権力に、あらがった王でもあった。

前述したように、カアフマヌが西洋化を強行した背景には、当時ハワイ社会が直面していた人口激減が関係していたとも考えられる。一七七八年には三〇万人から四〇万人いたとされる先住ハワイ人の人口は、クックの上陸以降、伝染病や、銃器を使用した戦闘により、一八〇四年には一五万人と、およそ半数の人口が失われたとも推測される［Van Dyke 2007:19-20］。このような人口の喪失に加え、各アフプアアでは西洋の物資や現金を手に入れるために、首長達が白檀を伐採するようになり、平民マカアーイナナの男性達が伐採に駆り出されるようになると、ただでさえ人口が少なくなっていたアフプアアの集落では、水田などの管理が行き届かなくなり、主食であるタロの生産がままならなくなってしまった。さらに、白檀を求めて首長達はニュー・ヘブリス諸島にまで赴いたというが、しかし、いくら白檀をとっても、首長達が、衣類や日用製品などの海外製品を得るのと引き換えに白人達に負った多額の債務は、減ることはなかった［Kame'eleihiwa 1992: 82, Sally 2000:44, 47］。

このようなハワイ王国存続の危機にあって、カアフマヌが西洋文化に国の未来を託そうとした可能性は否定できない。ハワイにやって来た移住者達は、ありとあらゆるカプを破り、ハワイの神々を崇めることもないのに、流行り病で死ぬことがない。それゆえ、カアフマヌが、白人の習慣である男女共食（アイノア）にこそ、白人達の生命の秘訣であると考えたとの推測もある［Kame'eleihiwa 1992: 82, Silva 2004:28］。そして、カアフマヌは、女性が食べることを禁じられていた食材を食べ、白人のように生きることを宣言し、男女共食の禁忌に代表されるカプの廃止に乗り出したのだ。カプの廃止に反対していたカメハメハ二世であったが、王のカフナ（祭祀長）であったヘヴァヘヴァ（Hewahewa）は「神々の木像は民衆を救えず、民衆に利益をもたらさない」と王に進言し、それらの木像を焼き捨てさせた。

ハワイ人にとって、白人が持ち込んだ文字（ハワイ語でパラパラ palapala）も大きな魅力であった。王族や首長、平民達が最初にキリスト教宣教師のもとに集《つど》ったのも、文字を習うためであった。特に首長達は、独立を守るための条約を理解するために、英語の習得にも力を注いだ［Silva 2004:16］。しかし、彼／彼女らの勉強意欲は、当初は文字だけの興味であり、改宗に至るケースはなかった。その後、ハワイ人達の関心を引き付けたのが、キリスト教における復活の信仰である。人口が急激に減っていた当時のハワイ人達は、キリスト教が説く生き返り（ola hou オラ・ホウ：ola は「命」、hou は「もう一度」の意）の思想、つまり死者の復活に願いを込めたのだという。また、宣教師達が「疫病が広がったのは、イエスを信じなかったからである」と教えたことも、ハワイ人社会でキリスト教改宗者が激増する要因であったと推測される［Van Dyke 2007:23］。さらに、宣教師ウィリアム・リチャードは、高位首長達に「外国のマナは、キリスト教と西洋法、そして資本主義によって得られる」［Van Dyke 2007:171］と説き、これが後年になって土地の個人所有の概念が、ハワイ社会に持ち込まれる土台となったのである。なお、カアフマヌはカプを廃止してからも、西洋式の土地所有制度は認めることはなく、カメハメハ二世も首長の債務を肩代わりし、土地を西洋人の手に渡らせないように努めたという［Kameʻeleihiwa 1992:92］。

キリスト教がハワイで広がるにつれ、アメリカ人宣教師の影響力は政治にまで及ぶようになった。王国でのキリスト教容認を受けて、宣教師達はただちに、英語の読み書きを教える学校を開設した。一八二二年前半には、ハワイ語のローマ字表記法を考案する試みが開始され、聖書のハワイ語への翻訳の下地も整えられた［Jarves 1872:109］。新しい学びの機会は、王族をはじめとする、勉強熱心なハワイ人達の興味を引き付けた。宣教師達にとっても、飲酒の習慣や私生活の乱れが顕著になっていた当時の先住ハワイ人を改宗させることは、宣教の使命を果たすうえで大きな動機となった。

ニューイングランド出身のカルバン派宣教師主導のキリスト教化とともに、勢力を強めていたアメリカ勢力の拡大を危惧したカメハメハ二世は、王妃カマーマル（Kamāmalu）とハワイ人の側近、そして数名のイギリス人とともに、イギリス王に謁見するために一八二四年五月イギリスを訪問する。しかし、約二ヵ月後の七月に王妃カマーマルが風疹（German measles）にかかり死去、妻を失い悲嘆にくれたカメハメハ二世も、六日後に同じ病で死去する［Alexander 1981:184-185］。当時、王の死が、キリスト教そしてカアフマヌを受け入れなかった罰であると噂するものさえあった［Kameʻeleihiwa 1992:74, 147］。カメハメハ二世の死は、不運にもカアフマヌ側につくアメリカ人宣教師達が、ハワイでさらなる勢力を拡大させるきっかけとなったのである。

2　カメハメハ三世――キリスト教への懐柔そして土地の「分割（マーヘレ）」

カメハメハ二世がイギリスに旅立つ前、不在の王にかわり全権を託されたのが、若干九歳の弟カウイケアオウリ（Kauikeaouli）だった。しかし、ここでも摂政である一世の妻カアフマヌが幼い王に代わり全権を掌握する。一八二五年五月に王と王妃の遺体がハワイに戻り埋葬され、一一歳のカウイケアオウリは正式にカメハメハ三世として即位すると、カアフマヌの影響力はさらに増すことになる。そして、カアフマヌの側近でありアメリカ系宣教師のハイラム・ビンガム（Hiram Bingham：探検家ハイラム・ビンガムの祖父）らも同様に政治的な力を手に入れることになる。また、首長すべてが改宗したわけではなかったが、キリスト教徒となった有力首長は政治の中枢に関わり続けた。

先王と同じく、伝統的な慣習による平安を望んだカメハメハ三世であったが、祖父カメハメハ一世の妻であったカアフマヌに逆らうことはできず、結局はハワイのキリスト教化を黙認する。キリスト教を排除し、伝統的な習慣による王権の復活を願っていたカメハメハ三世であったが、一八三二年にカアフマヌが死去した後も、カアフマヌの側近であった宣教師ビンガムらにより、常にキリスト教倫理に基づく非難に悩まされた。

伝統文化を廃して、ハワイ社会のキリスト教化および西洋化を進めたカアフマヌ亡き後、カメハメハ三世は側近であり親友でもあったカオミ（Kaomi）とともにハワイの伝統的価値観の復古、そしてハワイの神ロノ（Lono）の力による王政を試みる。二人は、民衆にラムやアワ（awa：カヴァ）の飲用、フラ、賭け事、自由恋愛など伝統的娯楽（レアレア leʻaleʻa）を推奨した。その娯楽には、カアフマヌの末弟ジョン・アダムズ・クアキニ（John Adams Kuakini）も加わった。

ある日、クアキニは凧揚げをした。凧揚げは、キリスト教が浸透する以前のハワイではごく一般的な余暇を過ごす方法であったが、宣教師によって禁じられていた「遊び」であった。クアキニが凧揚げをしたというニュースは、一日も経たずして街中に広がり、ホノルルの空には数百の凧がたなびいたという。当時の様子をホノルルの商人スティーブン・レイノルズ（Stephen Reynolds）は次のように記している。

> 日中にもかかわらず、ハワイ人達は我が家に隣接する家の庭に集い、盛大にダンスを演じた。車道や小道、塀には、この古き娯楽を一目見ようとするひとであふれた。人々の顔は満足げであった。ダンスが催された家の家主であったカオミという人物は、初めて洗礼を受け、初めて教師となり、初めてキリスト教による結婚をし、初めて離婚をし、初めてダンスを復活させた。時代の節目で、何ごとにおいても初めに事をなす人物なのだ。ダンスは一〇時まで続いた。キーナウとカウルホエがやって来て、楽しいダンスであったと言った
> [Reynolds c.i. Kameʻeleihiwa 1992:158]。

この直後に、カメハメハ三世は、平民達が教会へ行くことに、選択の自由を与えた。そして、もう一つカメハメハ三世が復活させようとした習慣が親族間婚であった。キリスト教では非道徳的であるとして禁止されていた親族間婚であったが、世継ぎを「神」と同等の存在にし、子の王としてのマナ（mana）を強めるため、そして王と

しての正統性ポノ（pono：「正しい」「真実」の意）を示すために、カメハメハ三世は自身の妹（全血キョウダイ）であるナーヒエナエナ（Nāhiʻenaʻena）との結婚を望んだ。宣教師とキリスト教徒となった首長達の反対、そしてキリスト教教育を受けたナーヒエナエナ自身の良心の呵責があったものの、一八三四年カメハメハ三世が二〇歳の時二人は密かに結ばれた。しかし、その婚姻は、表面上はナーヒエナエナと、彼女の建前上の夫レレイオーホク（Leleiōhoku）［Alexander 1891:218］、そして王とが三人で同居する生活であった。しかし、見方によれば、これはプナルア（punalua：一妻多夫、一夫多妻）と呼ばれる伝統的な婚姻形態の一つでもあった。表面上は妹夫婦との同居であったため、正式に親族間婚ピオ（piʻo）と呼べるものではなかったものの、実質的にはカメハメハ三世が伝統的な習慣の復古を示した例であるともいえる。

伝統的な習慣の復古に、側近であった宣教師ビンガムは、踊りなど娯楽に興じる王に苦言を呈する。しかし、これに対して王は「ハワイは宣教師であふれている。宣教師は至るところにいる。アメリカの北西沿岸にもっと土地があるではないか!!」［Kameʻeleihiwa 1992:158］と言い返したという。

さらに、一八三三年三月一五日、カメハメハ三世はホノルル市内で、三千人とも五千人ともいわれる民衆に向かい、自らのハワイの王としての地位を再確認する演説を行った。ところが、このような王の強行に、キーナウ（Kīnaʻu）を含むキリスト教を信仰する首長達は、王の側近であるカオミを誘拐するなどして王に抵抗し、王の伝統回帰の志をはばんだのだった。

度重なる身内の不幸も、カメハメハ三世にキリストへの信心を促す要因となった。一八二四年の兄カメハメハ二世の死、一八二九年の側近ボキ（Boki）の失踪、一八三一年に起こった内紛での宣教師勢力への敗北（リリハの敗北）、そして一八三三年の側近カオミの死去は、王にとってはもはや自身がハワイの神々の庇護を受けられていない「証拠」でもあった。そして、唯一の拠りどころであった妻ナーヒエナエナとその子の死によって、王の希望は打ち砕かれることになる［Kame'eleihiwa 1992: 165］。

　妹ナーヒエナエナの死から二ヵ月後、カメハメハ三世はキリスト教徒首長達の進言に従い、高位首長階級出身の女性との、キリスト教的な結婚を約束する。しかし、カメハメハ三世が結婚相手に選んだのは、実際には高位の系譜かどうか疑わしいハカレレポニ・カラマ（Hakaleleponi Kalama：以下、カラマ）であった。カラマの父は、先王カメハメハ二世に同行してロンドンに赴いた人物であり、宣教師チャールズ・スチュワート曰く「三級の位」であった。カメハメハ三世のこの決断は、カメハメハ王朝そしてカメハメハの系譜にとって衝撃的ともいえる選択であり、高位首長達にとって、この結婚は王と平民との結婚に等しいものであった［Kame'eleihiwa 1992:166］。この時の王の心情について、カメエレイヒヴァは、王の結婚の選択には、彼に圧力をかけ続けたキリスト教首長らへの復讐の意図が隠されていたと推測している［Kame'eleihiwa 1992:165］。

　しかし、カメハメハ三世の不運はなおもつづいた。カラマとの間に生まれた子ども二人が、相次いで夭折し、ハワイの神々に対するカメハメハ三世の絶望はさらに深まった。こうしてキリスト教に「屈した」王は、一八三七年以降、キリスト教徒首長に西洋法の指南を受け、大規模な土地改革に着手するのである［Kame'eleihiwa 1992:167］。

　一八三九年、カメハメハ三世は、主に平民マカアーイナナの土地の権利を守るための法『一八三九年宣言（Declaration of 1839）』を発布する。当時ハワイでは、特に平民を土地から強制的に退去させるなど、不当な扱いが問題になっていた。この法は、平民への不当な扱いを禁じ、首長および政府関係者がこの法に反する場合には、彼／彼女らが管理する土地からの退去を命ずるものであった。さらに一八四〇年の改訂版では、ハワイ王国最高裁により、ハワイの土地はもともとハワイの人々のものであると認める条文が加えられ、一八五二年の改定版ではハワイが立憲王国であることが明記された［Van Dyke 2007:26］。このような民衆のための政治改革により、後年カメハメハ三世は「カメハメハ善良王（Kamehameha the Good）」そして「ハワイの人々に一番愛された王」と呼ばれるようになる。

一八四八年にはハワイ人による土地の所有を明確にするために、王と首長そして平民の三階層の先住ハワイ人による実質的な土地の分割私有化、いわゆる「マーヘレ（māhele:「分割」の意）」が行われる。(7) この土地改革は時に「グレート・マーヘレ」（Great Māhele: 偉大なる分割／大分割）とも呼ばれることもあるが、後年この土地改革により結果的にはハワイ人が多くの土地を失ったことから、近年では肯定的な意味でも使われる「グレート」を廃し、単にマーヘレと呼ぶ傾向にある。ちなみに、マーヘレというハワイ語には、「分割」以外にも、「共有する」という意味もある。

当初多くの先住ハワイ人は、土地の私有化に反対であり、マーヘレを実施しないように嘆願も行った［Kame'eleihiwa 1992:193］。そもそも、ハワイ社会は物を個人で所有するという考えが薄い社会であった。例えば、持っている物をほめられた場合、「所有者」はほめてくれた人物に、その物をあげるのが礼儀であった。また、困った人がいれば、無償で物を与えることが公共道徳として根付いており、物を独占することはピ（pi: ケチ）といわれ、さげすまれる行為であった［Kame'eleihiwa 1992:204］。さらに、商いもハナ・ピ（hana pi:「ケチな仕事」の意）といわれ見下され、商売人は首長の家に入ることが禁じられた。ハワイ人には、利益を得た場合、パーティーを催して利益を皆に分配する習慣もあった。そのため、ハワイ人にとって資本主義に基づく個人所有を理解することは大変な作業であった［Kame'eleihiwa 1992: 177-178］。しかし、マーヘレの意図は、ハワイの土地を先住ハワイ人が個々人で所有することで、西洋人による土地の買い占めを最小限に防ぐことにあった。こうした王の思いが、受け入れられ、一八四八年のマーヘレの発布となったのである。ちなみに、国王カメハメハ三世が最終的にマーヘレに舵を切ることができた背景には、土地の私有化に抵抗した古老の首長達の死去も大きく関係していると考えられる［Van Dyke 2007:28］。

また、当時の国内の状況は、ハワイが個人所有の概念を受け入れざるを得ない方向へと進んでいた。マーヘレ前夜のハワイでは、西洋人が持ち込んだ伝染病などにより［Kamakau 1961：236-237］、人口は一七七八年当時にくらべ約八〇％も減少し、また資本主義経済の浸透による賃金労働の普及で、伝統的な自給自足的な生活から離れ、町での賃労働に従事する平民が増えたことで、アフプアアなど生活の基盤である土地の管理がおろそかになる状況であった。加えて、一八三六年からはイギリスとフランス、そしてアメリカ合衆国が、ハワイで不動産を所有できないことに対する不満をあらわにするようになる。一八四三年には、その不満を発端とした事件が起こる。

一八四三年、業を煮やした英海軍大佐ジョージ・ポーレット（George Paulet）がカメハメハ三世に対して武力をちらつかせながら、膨大な負債(8)の支払いを要求した。一八四三年二月二五日、カメハメハ三世はやむなくハワイ王国の領土を、一時イギリスに移譲してしまう。しかし、この移譲に関して、当時太平洋地域の英国海軍を指揮していた海軍少将リチャード・トーマス（Richard Thomas）は、そもそもの貸借問題を仲裁、またハワイの自治に関してポーレットの裁量が及ばないことを明確にし、同年七月三一日にイギリスはカメハメハ三世に王国領土を返還した。この事件は、ハワイ国王に土地を守る法律の制定が急務であることを認識させる出来事であった［Van Dyke 2007：28］。さらに、ハワイ人の人口が減ったことにより、放棄地が増加したことも、王国にとって懸案事項であった。当時、生き残ったハワイ人のうち多くは、捕鯨で発展した港周辺で貿易関係の仕事をもとめて、都市へと移り住むようになっていたのだ［Tengan 2008：38］。

土地改革マーヘレに先駆けて、カメハメハ三世は内務省、外務省、財務省、教育省、司法省の五つの省を設置し、それぞれに大臣を任命した。一八四五年一〇月内務大臣であったゲリット・ジャッド（Gerrit Judd）によって提出された土地改革法案に応答する形で、国王は土地委員会を設置した。医師でもあったジャッドは、もともと宣教師としてハワイに渡り、六ヵ月でハワイ語を習得し、通訳そして会計担当としてカメハメハ三世に仕えた人物である

[Wong & Rayson 1987:102, Kameʻeleihiwa 1992:180]。

翌一八四六年に国王によって任命された最初の五人の委員は、司法長官のジョン・リコード（John Ricord）、ジェームズ・ヤング・カネホア（James Young Kanehoa）、高位首長の子息イオアネ・「ジョン」・パパ・イーイー（Ioane "John" Papa ʻĪʻī）、マウイの下位首長出身で実業家であったゾロバベル・カアウヴァイ（Zorobabel Kaʻauwai）、そして宣教師ウィリアム・リチャード（Willian Richard）であった。ジェームズ・ヤング・カネホアの父ジョン・ヤング（John Young）は、イギリス船の船員としてカメハメハ一世に捕らえられ、のちにマウイ島、モロカイ島、ラーナイ島の知事となった人物である。一八四七年にはリコードが司法長官を辞任しハワイを離れ、後任としてジョセフ・ヘンリー・スミス（Joseph Henry Smith）が任命された。さらに、一八四七年にはリチャーズとカネホアに代わり、裁判官のウィリアム・リトル・リー（William Little Lee）と高位首長で貴族院（House of Nobles）と枢密院（Privy Council）の議員であったヌエク・ナマウウ（Nueku Namauʻu）が任命された。一八四八年ナマウウが死去すると、サミュエル・M・カマカウ（Samuel M. Kamakau）が後任に就く。一八五〇年にはカアウヴァイの後任として、のちに立法府議員と裁判官となるジョセフ・ケカウラハオ（Joseph Kekaulahao）が、ジョージ・M・ロバートソン（George M. Robertson）がカマカウの後任に就いた。

マーヘレの制定は、少なからず白人宣教師の意向を反映したものでもあったともいわれる。平民が貧しいのは、下位首長であるコノヒキに管理されているからである、と考えた宣教師達は、マーヘレは平民に土地を与え資本主義的に富を蓄える道を与え、そしてそれがハワイ人の自立を促し、人口激減の歯止めにもなると主張した[Kameʻeleihiwa 1992:202-203]。カメエレイヒヴァは、当時のハワイ人社会には病気が蔓延しており、平民達には働く気力も残っておらず、彼らに土地を与えて資本主義的労働を奨励することは「病気の人々に土地を与えて働かせるようなものである」と宣教師の動機を批判している。さらに彼女はハワイにおけるキリスト教化がある程度達成された当時、宣教師達はアメリカ本土からの支援の打ち切りに悩み、ハワイでの起業を目論んでいた可能性も指摘している［Kame'eleihiwa 1992:206］。

一八四五年に提出され、一八四八年に施行されたマーヘレにおける土地の分配は、以下のように行われた。

王領から　九八万四〇〇〇エーカー（二三・八％）
政府領から　一五二万三〇〇〇エーカー（三七％）
首長領から　一六一万九〇〇〇エーカー（三九・二％）

王領（Crown Land）は国王自身が管理する土地である。カメハメハ三世へは、王と親族のもともとの領地であったハワイ島、マウイ島、モロカイ島、オアフ島そしてカウアイ島にあった合計一四四のアフプアアやイリが分配された。マーヘレの中では、一番多くの土地を配分された王であるが、王自身もマーヘレ以前の領土の八二％の土地（九三四の土地のうち七九〇の領地）を政府や平民への土地として差し出している。マーヘレ以降、王は自身の領地を個人の土地として管理した。

政府領（Government Land）は以下のように定義される土地であった。

①一八四八年のマーヘレ法案に明記された土地
②土地の属性を非相続不動産（life estate）から、相続が可能な単純不動産（Freehold fee simple estate）に変更するための手数料として得た土地
③政府が買い上げた土地
④所有権の請求がなかった土地

首長領（Ali'i Land）は高位の首長に分配された土地である。マーヘレに参加した二五二人の首長階層のうち、高位首長（アリイ・ヌイ）が一〇人、下位首長（カウカウ・アリイ）二四人、土地管理者コノヒキ二一八人であった。また、人種別の内訳は先住ハワイ人が二二九人、混血ハワイ人一八人、タヒチ人三人、白人二人（コノヒキとして）であった。また女性の数は、ハワイ語の名前からは性別を判断することができないため、正確には不明だが、二五二人のうち、少なくとも二九人（うち高位首長五人、下位首長五人）が女性であったと推測される。(9) また、アレキサンダー・リホリホ（Alexander Liholiho：のちのカメハメハ四世）には、個人の所有が許された土地の相続はなかった。この理由については、彼がいずれ王領を管理する義務を譲り受ける身分であったからである。マーヘレに際し、首長達は平均して、所有する土地の五〇％を政府に献上した。献上する土地は、王と首長の関係を反映したものであり、高位首長の中には四〇％ほどを献上した首長もいれば、七三％を献上した首長もいた。首長達にも、王と同じく、土地の運営管理が一任され、以後白人への貸し出しなどが行われた。平民達に関しても、土地の所有を申し出ることが認められていたが、多くは代々のアフプアアにとどまる選択をする。そもそも、先住ハワイ人になじみのない土地の個人所有という考え方に、平民の多くは土地を申請することもなく、加えて首長らの妨害などもあり土地を請求する平民は多くなかった［Kamakau 1961：403］。

首長領のうち、高位首長に配当された土地は、のちにアリイ・ヌイ（高位首長）信託と呼ばれ（Ali'i Nui Trust）、先住ハワイ人のための信託地として利用されることになる。マヘレで分配された首長領をまとめ四つの公益信託、カメハメハ・スクールズ信託（Kamehameha Schools Trust）、キング・ルナリロ信託（The King Lunalilo Trust）、クイーン・エマ信託（The Queen Emma Trust）、クイーン・リリウオカラニ信託（The Queen Liliuokalani Trust）が誕生した。中でも、カメハメハ・スクールズ信託を統括する女性高位首長バーニス・パウアヒ・ビショップ（Bernice Pauahi Bishop）には、マーヘレに参加した一〇人の高位首長のうち六人の土地が移譲された。カメハメハ・スクールズ信託は、現在はビショップ財団（Bishop Estate）として、カメハメハ・スクールズの運営や、広大な土地を、新興住宅やショッピングモール、ホテルに貸し出し管理を行っている。伝統社会における土地権の相続は、必ずしも直系の子弟や親族とは限らず、信頼できる高位の首長の子女に土地を譲ることもあった［Kameʻeleihiwa 1992：100］。王族そして高位首長の血筋が次々と絶たれる中、カメハメハの最後の子孫（ひ孫）であったパウアヒには、最終的にハワイ王国全体の一〇分の一近くの土地が集まり、彼女は土地と土地から得る歳入を先住ハワイ人のために使うことを決めるのである。一八八七年には、パウアヒの遺言によって、ハワイ人の子弟のための教育機関であるカメハメハ・スクールズが設立された。

一方、マーヘレで土地を追われた平民のために制定された救済法が、一八五〇年に施行されたクレアナ法（kuleana：義務、責任の意）である。しかし、平民階層が請求できた土地は、もともとの耕作地と住居用の土地を合わせた平均三エーカーほどで、周囲の土地に薪を拾いに行く権利は保証されていたものの、離れた場所にある水田や、また海岸（漁場）へのアクセスは含まれていなかった。加えて、ここでも首長らからの干渉に遭い、土地を請求する平民は多くなく、マーヘレの救済法としての効果は限定的であった。一九一九年の時点で、実際に土地を取得したのは、先住ハワイ人全体（パートハワイ人も含む）の六・二三％で、人数も千人足らずであった［Beaglehole 1937：15］。さらに、クレアナ法で申請された土地の審査員が少なく、また審査員は申請者である平民層に叱咤されるなど、作業がはかどらなかったことも、土地の分配に影響したと考えられる［Kameʻeleihiwa 1992：297］。

政府領は、本来であればハワイ人への売却、そしてハワイ人子女の教育のために活用されるべき土地であったが、実際は外国人二一三人に三二万エーカーが売却され、一方のハワイ人三二三人には九万エーカーのみの売却であった。一八六五年にはニイハウ島が一人の外国人の手に渡り、現在に至るまで全域が個人所有地となっている。(10)

第三節　マーヘレ以後の王領

1　カメハメハ四世――王領の相続

一八五四年にカメハメハ三世は次のような遺書を残し四一歳の若さで逝去する。

①アレキサンダー・リホリホが王位を継承
②アレキサンダーが王位を継げない場合は、その兄ロット・カプアーイヴァ、その妹ヴィクトリア・カマーマルの順に王位を継承
③借金は王領を売って清算
④王領から、王妃に寡婦産としての土地を与える
⑤そのほかの王領はアレキサンダーに
⑥資産管理の執行者を任命

カメハメハ三世の王妃カラマは、すでにマーヘレで充分な土地を得ていたことを理由に、寡婦産としての土地の遺産相続を辞退する。代わりに、カメハメハ四世はカラマに終生生活費の支給を約束した。

一八五四年、カメハメハ三世の異母妹キーナウの子であり、彼が養取したアレキサンダー・リホリホ（当時二〇歳）が、カメハメハ四世として王位を継ぐ。カメハメハ四世はわずか八年間の在位中、先住ハワイ人の生活環境を向上させるために、特に医療制度の充実に力を注いだ。しかし、議会は非協力的で、カメハメハ四世と王妃エマは

独自に基金を募り病院を建設するなど、ハワイ人のための医療体制を整備した。カメハメハ三世時代の宣教師主導の政策は、土地を与えることでハワイ人の救済を試みる政策であって、医療環境の充実を訴える文言は皆無であり、ハワイ人社会全体の医療環境の整備は急務であった［Kameʻeleihiwa 1992:202］。

2 カメハメハ五世――王領の帰属

一八六三年、カメハメハ四世が喘息により二九歳で逝去すると、兄ロット・カプアーイヴァ（Lot Kapuāiwa）がカメハメハ五世として王位を継ぐ。王位の継承は滞りなく行われたものの、カメハメハ四世は王領の相続に関して遺言（カウオハ）を残さなかったために、先王妃エマとカメハメハ五世との間での土地の分配は混迷を極めた。エマ（Emma）は、王領は亡夫カメハメハ四世個人の私物であり、彼女には憲法により王領の半分の相続権があると主張した。さらに残り半分のうちの三分の一を寡婦産として譲り受けると主張した。これに対してカメハメハ五世は、王領はそもそも国王が管理する土地であるから、次の王に引き継がれなければならないと主張する。しかし、王領の属性をめぐる両者の争いは、必ずしも感情的な側面だけではなかったといわれている。ロットとエマは、幼馴染みであり、カメハメハ四世亡き後、ロットがエマに求婚するのではないかとの噂さえあった。互いの主張は、あくまでも王の威信を守るため、そして土地の属性を明らかにするためであり、両者の関係に溝を生むものではなかった［Kuykendall 1953:124, Van Dyke 2007:71-72］。

一八六四年、ハワイ王国最高裁は、かつてカメハメハ二世からカメハメハ三世に土地が相続された例を引き合いに、王領が次の王位に就くものに引き継がれる土地であるとの判決を下す。同時に議会は、エマが寡婦相続権を放棄するのであれば終生年間六千ドルの支払いを提案し、彼女はこれを受け入れた。以降、王領をめぐっての寡婦産の議論が起こることはなかった。一八六五年、さらに議会は、王が王領を売却することを禁止する条項を付け加えた。それまでの王は土地を貸し出すことはあっても、王領内の土地を大量に売却したことはなく、これはカメハメハ三世の私生活が、一時ではあったが乱れたことを教訓に、土地が離散することへの対策であったと考えられる［Van Dyke 2007:89］。

3　ルナリロ

一八七二年一二月一一日、カメハメハ五世が四二歳の誕生日に逝去する。ここでも、カメハメハ五世が遺言を残さなかったため、次期王位はカメハメハ一世の異母兄弟であるカライママフ（Kalai-mamahu）の子孫である、ウィリアム・チャールズ・ルナリロ（William Charles Lunalilo）が有力候補としてあがったが、カメハメハの系譜とは遠縁にあたるデイヴィッド・カラカウア（David Kalākaua）も候補者として名があがった。カメハメハの称号を継ぐことに消極的であったとも言われるルナリロの提案により、男性有権者による国民投票が実施され、結果一八七三年一月ルナリロが三七歳でハワイ国王に即位した［Kuykendall 1953:242］。しかし、ルナリロは病弱であったため、実務はおおよそ内閣が担った。即位から約一年後の一八七四年一月、ルナリロは結核により死去する。

4　カラーカウア――ハワイ文化の再興

ルナリロもまた後継者を指名しないまま、一八七四年二月三日に、この世を去ったため、議会によって国王が選ばれることになった。候補者として名前が挙がったのが、亡きカメハメハ四世の王妃でありカメハメハ一世の曾姪孫《そうてっそん》であったエマ、(11) そしてカメハメハ一世の側近の系譜を持つデイヴィッド・カラーカウア（David Kalākaua）であった。両者はともに、王になるための条件とされた、王室学校（Royal School）の出身でもあった。カラーカウアは、ルナリロが死去した翌日の演説で「私が王位を望む理由は、王の系譜を受け継ぐことである。また、平等、自由、繁栄、進歩、そして民衆の保護に基づく、ハワイ政府と市民の主権のためである」[Kuykendall 1979:8]と訴えた。一方、カラーカウアの翌日に演説を行ったエマは、自身が王位に就くことは、先王ルナリロの意思であると訴えた[Kuykendall 1979:8]。投票では、先住ハワイ人の再興とアメリカとの関係強化を訴えるカラーカウアと、イギリスとの関係を重視するエマとの間で、議会の票が分かれただけではなく、両者の系譜と性別も勝敗を分ける要因となった。議会での投票結果はカラーカウア三九票に対して、エマが六票となり、一八七四年二月一二日カラーカウアが第七代ハワイ王国王位に即位した[Osorio2003:152-155]。以後、王領の権限は、カメハメハ王朝からカラーカウアの系譜であるケアヴェアヘウル(Ke-awe-ahe-ulu)王朝へと移るのである。

議会で行った選挙演説の通り、王となったカラーカウアは、先住ハワイ人の人口回復に力を入れる。一八八四年には、アメリカ人宣教師家系出身のサンフォード・ドール(Sanford Dole)が中心となり、先住ハワイ人に土地を提供するホームステッド法(Homestead Act)が成立する。これにより二〇エーカー以上がハワイ人に提供されることになったが、実際のところハワイ人の応募は少なかった。また、疲弊するハワイ人社会を活気づけるために、フラなどの伝統文化の復活を宣言し(12)、この時期はのちに第一次ハワイアン・ルネサンスとも呼ばれるようになる[Van Dyke 2007:113, Stagner 2011:31, Sumida 2013:161]。

カラーカウアの在位期間は、王国内で外国人が急増し、また海外、特にアメリカからの経済的なプレッシャーが増した時代でもあった。そのきかっけとなったのが、一八七一年に捕鯨船団が流氷により大打撃を受けたことで、それまでハワイの基幹産業であった捕鯨産業に対する危機感が募り、ハワイ王国は独自の資源開発を行う必要に迫られたことが挙げられる。これを受けてカラーカウアは、ハワイ国内の産業としてサトウキビ産業の促進に力を注ぎ、輸入を自由化する。しかし、結果として、王国内に二〇園あったサトウキビ・プランテーション(多くが海外資本)は、五年間で六三園に増え、ハワイの独立性を脅かすようになっていた[S. B. Dole September 28, 1872 c.i.

Van Dyke 2007:118]。

このような経緯から、一八八二年以降、カラーカウアはアメリカから距離を置くようになる。一八八七年、「ハワイ人のためのハワイ」をスローガンとした、ハワイナショナリズムを掲揚する。しかし、アメリカ勢力を警戒するカラーカウア王に対して、サンフォード・ドールら白人一三人は、秘密結社ハワイアン・リーグ（Hawaiian League）を結成する［Kuykendall 1967:347］。ハワイアン・リーグは、カラーカウアが自身の戴冠式のために建設したイオラニ宮殿などへの支出も糾弾し、また国王とギブソン内閣に対して贈賄と資金の不正使用を告発するなど、カラーカウア王政に対する批判を展開したのである。

ハワイアン・リーグからの批判を押さえこむため、一八八七年六月二八日、カラーカウア王はギブソンと内閣の諸大臣を解任する。しかし、ハワイアン・リーグはこれに満足せず、六月三〇日にドールは住民説明会（Public Meeting）を開く。ハワイアン・リーグは王国政府を弾劾し、新内閣の組閣と新憲法への信任を要求した。武力をもちらつかせるハワイアン・リーグの行動に、身の危険を感じた王は、イギリス、フランス、日本、アメリカ合衆国、そしてポルトガルの大臣達に救援を求める。しかし、各国は介入することは拒み、カラーカウアに対して断固とした姿勢で、批判勢力に臨むよう進言するだけであった［Van Dyke 2007:121］。しかし、次第に消耗し、かつ暗殺の危険を感じていたカラーカウアは、とうとうドールに突き付けられた新内閣と新憲法、いわゆる「銃剣憲法（Bayonet Constitution）」を受け入れたのである。前内閣にはハワイ人が三人いたのに対し、新内閣は全員が白人でありかつハワイアン・リーグのメンバーであった。ハワイアン・リーグは、新憲法において以下のような変更点をカラーカウアに受け入れさせハワイ王国における王の権限を縮小し、内閣の権限を増大させた［Kuykendall 1979:369-372］。

一八六四年憲法

①"The King is Sovereign of all the Chiefs and of all the People; <u>the Kingdom is His</u>"

②"To the King belongs the Executive power."

一八八七年改定憲法

①"The King is Sovereign of all the Chiefs and of all the People; ~~the Kingdom is His~~"

②"To the King <u>and the Cabinet</u> belongs the Executive power."

白人によって起草されたこの憲法は、以後六年間ハワイ王国市民を統治することになる。

歴史学者のオソリオは、一八八七年の憲法は「王に付与される権限を、不意に、かつ根こそぎに近い形で剥奪した」[Osorio 2002:240, Van Dyke 2007:123] とし批判している。また、王の妹であるリリウオカラニによれば、ハワイアン・リーグによる謀反以後、ハワイ市民のために国王カラーカウアは、限られた権限を最大限に行使し王国を統治することに尽力したが、王国内の動揺は増すばかりであったという [Van Dyke 2007:128]。

第四節　リリウオカラニ――王国の滅亡

一八九一年一月カラーカウアが訪問先のサンフランシスコで客死すると、妹のリリウオカラニ（Lili'uokalani）が王位を継ぐ。リリウオカラニは、兄カラーカウアの意思を受け継ぎ、一八八七年の「銃剣憲法」の撤回を訴え、ハワイ王国の独立性の維持に尽力した。そのさなか、アメリカ人宣教師の家系出身のロリン・A・サーストン（Lorrin A.Thurston）とサンフォード・B・ドール（Sanford Ballard Dole）はハワイに住む白人系商人達（その多くが二重国籍保有者）を扇動し、白人一三人からなる安全委員会（Committee of Safety）を結成し、王朝転覆を目論んでクーデターを起こす［Kuykendall 1979:533］。一八九三年一月一七日、彼らは政府庁舎（Government Office）を武力によって占拠し、一方的に王政の欠陥を主張し、リリウオカラニの廃位と、アメリカ合衆国に併合されるまでの暫定政府の樹立を宣言する［Silva 2004:165-167］。不幸にも、この宣言は在ハワイのアメリカ公使ジョン・スティーブン（John L. Steven）によって承認されてしまう。リリウオカラニは、ハワイ人の生命保全のために「合衆国政府がここで起こった事実を正しく解釈し、私に憲法に基づく独立を有するハワイ王国の君主としての復位を認めるまで、アメリカ合衆国の強力な力に屈する」［Van Dyke 2007:163］とのべ、反乱勢力に降伏したのであった。

ヴァン・ダイクによれば、のちに連邦政府弁務官のジェームズ・H・ブラウント（James H. Blount）は、スティーブンがこの時取った行動を、二国間における国際法に反するとして、スティーブンを糾弾し、スティーブンは更迭される。しかし、暫定政府の承認は撤回されることなく、クーデターを経て一八九三年にハワイ共和国の樹立が宣言された。翌年一八九四年にはドールが首相となりハワイ共和国憲法が施行される。また、ハワイ共和国政府はハワイ王国の王領（Crown Land）を没収、この土地は以降公共地（Public Land）として管理されることになった［Van Dyke 2007:174］。

ハワイ共和国初代首相サンフォード・ドールは、アメリカ本土出身の宣教師夫婦の次男として一八四四年にハワイで生まれた。しかし、生後すぐに母を亡くしたドールは、ハワイ人の乳母によって育てられた。マサチューセッツの大学で法学を学び、ハワイに帰国後は弁護士として働いた［Schulz 2011:251］。共和国成立後の一八九五年、ドールは「丈夫で、知性があり、穏健な農業人口の発展」［Van Dyke 2007:191］と、入植民に対して土地を解放するために、新たな土地法を制定し、これにより一八六五年発布の「王領を売れない法律」は廃止された。さらにアメリカ合衆国のアメリカ家族農業（American Family Farming）を手本とした一八九五年土地法（Land Act of 1895）

が成立した。王領と王国政府領が合わさってできた、公共地パブリック・ランド（Public Land）が売りに出されることになった。売却の対象は、共和国市民権を持つものに限られ、それぞれが千エーカー以下の単位で土地を購入することができた。パブリック・ランドを取得する方法は、以下の三通りである［Van Dyke 2007 : 194］。

Right-of-Purchase Lease（所有権獲得のための貸し出し）

このプログラムでは、まず土地に関して二一年間の貸し出しが約束される。なおこの土地には年間で地価の八％の使用料を支払う。貸し出し開始から三年間、管理や住居、耕作に問題がなければ土地を買うことができる権利を保障する権利書が発行される。一八九九年までに三八〇人がこの方法で土地の貸し出しを受けた。

Cash Freehold（自由保有不動産）

対して、こちらは購入資金がある住民向けのプログラムである。まず、地価の二五％を頭金として払い、以後三年間土地代を払えば、土地の所有権を与えられる。この方法では、二三人が土地を獲得している。

The 999-Year Homestead Lease（九九九年間の貸し出し）

低価格で土地を借り受けることができたこのプログラムは、特に先住ハワイ人のために設置されたプログラムであるといえる。ハワイ共和国の国籍を有する者で、一八歳以上であれば誰でも応募することができた。しかし、申請者は、納税の義務を怠っていないこと、共和国内にロイ（タロの水田）と米作地以外の土地を所有していないことが条件であり、上記のほかのプログラムとの併願はできなかった。

しかし、これらの土地に関しては、政府が再開発のために没収することができるという条件が付けられていた。一八九五年土地法の発布以降、一八九五年から一八九九年の間に約八〇〇人が四万エーカー以上の土地を取得した。そのうち、もとの王領は九九六〇エーカーであった。同時に、共和国はハワイ人に対する土地の売却も進めた。散り散りになった土地を捨てて、まとまった土地で暮らすことでハワイ人の自立を促す目的があったと考えられる[Van Dyke 2007：193]。ドールの思惑は、単にハワイ王国の経済を牛耳ることではなく、資本主義によりハワイ人の経済的自立を支援する目的であったともいえるだろう。

小結

本章では、近代化以降のハワイの土地所有の形態が、徐々に西洋化、そして資本主義化する過程を、各時代の王と、王を取り巻くキリスト教化の圧力、そしてグローバルかつ社会経済的背景を合わせ整理をしてきた。ハワイ王国期の土地制度は、土地が入植者の手に渡るのを防ぐために、分割し、先住ハワイ人によって個人所有化することが、主眼であったことが分かる。しかし、王国期に試みられた土地の個人所有化は、資本主義になじみのない先住ハワイ人社会には定着せず、結局多くの土地は入植者に売却されることにつながった。ハワイにおける土地の個人所有化政策では、先住ハワイ人の多くは土地を失い、白人を中心としたエリート層に土地が集まったといえる。さらに、王国が崩壊すると、王が持っていた土地と、王国政府が持っていた土地は、共和国民が購入できるパブリック・ランドとして分割され、一部の土地は先住ハワイ人の経済支援のために貸し出された。

ハワイ共和国で整備された土地制度のうち、「九九九年間の貸し出し」プログラムは、のちにハワイがアメリカ合衆国に併合され、一九二一年に施行される、ハワイ人専用の住宅区「ハワイアン・ホームステッド」のモデルとなったといえるだろう。しかし、ハワイアン・ホームステッドでは、貸し出しの基準はより狭められ、借地権は、先住ハワイ人の中でも、五〇％以上の「純粋なハワイ人の血」を受け継ぐ者だけに与えられた。

ハワイの土地の個人化政策の歴史は、伝統的に私有観念が希薄であり、資本主義経済の基盤がなかったハワイ社会に、土地が万人にとっての個人資産になり得るという概念を定着させたことで、西洋的な資本主義経済の価値観が根付いたといえるだろう。キリスト教化と資本主義化、そしてそれに伴う土地の個人所有化という新たな「常識」は、以後ハワイにおける土地の管理を大きく変化させたが、結果として多くの土地は非ハワイ人の手に渡り、ハワイ人は土地を貸し与えられる存在になってしまった。

註

（1）タロの誕生に関しては、いくつかのバージョンが存在する。そのほかのバージョンは、第一〇章を参照してほしい。

（2）現在でも、ハワイではタロの葉っぱなどがあしらわれたエンブレムをよく目にする。カラマ地区での立ち退き反対運動はじめ、ハワイのエスニック・プライド運動でも、タロの葉が象徴として用いられてきた。また二〇〇八年には、タロがハワイ州の植物として登録された。

（3）大きいものは高さ一〇メートルほどに成長する樹木。実に油分が多く、火をつけてロウソクなどの代わりとして使われた。

（4）カアフマヌは宣教の一環として、伝統儀礼の中心であったフラ（hula）やアワ（awa カヴァ）までも禁止した。

（5）しかし、リネキンはすでにこれを否定している。

（6）オセアニア地域で好まれる胡椒科の木の根からつくる飲料。軽い酩酊作用がある。

（7）ハワイ人に土地を保障する法律の制定の背景には、一八四〇年にアオテアロア（ニュージーランド）がイギリス領になったことに、カメハメハ三世が警戒していたことが挙げられる。

（8）当時の王家の債務には、海外製品の代金やカメハメハ二世が購入した船などの代金も含まれていた［Kamakau 1961:251］。

（9）ハワイの氏名は、名前だけでは性別の区別はできない。

（10）現在ニイハウ島を所有しているのがロビンソン（Robinson）家である。住民以外のニイハウ島へのアクセスは制限されており、外部の人間が訪問する場合には招待状が必要である。一部の地域が、ゲームハンティングや観光目的で、半日のみ解放されているが、観光客の島内での行動は厳しく制限されている。ニイハウ島の住民は、ハワイ語（ニイハウ方言）を母語とし、伝統的な暮らしを保存するために、電化製品は最小限しか所有しない。人口は一七〇人［Census 2010］であり、住民の多くは、仕事や学業のために隣のカウアイ島とニイハウ島を頻繁に行き来する。

（11）エマは、自身の祖母カオアナエハ（Kaʻōanaʻeha）の父親は、カメハメハの唯一の全血キョウダイであるケリイマイカイ（Keliʻimaikaʻi）であると主張するが、のちにカラーカウアは、エマがカメハメハ一世の姪の孫（曾姪孫そてっそん）であることを偽証だと主張した。

（12）カラーカウアは自身の戴冠式でもフラを演目に加えた［Sumida 2013:161］。

第Ⅲ部　先住ハワイ人社会と「血」

第五章　ハワイアン・ホームステッド——血の証明

Blood Quantum　by Naomi Losch

We thought we were Hawaiian.
Our ancestors were Liloa, Kuali’i and Alapa’i.
We fought at Mokuohai, Kepaniwai and Nu’uanu,
And we supported Lili’ulani in her time of need.
We opposed statehood.
We didn’t want to be the 49th or the 50th,
And once we were, 5 (f) would take care of us.[1]
But what is a native Hawaiian?
Aren’t we of this place?
‘O ko mākou one hānau kēia.’
And yet, by definition we are not Hawaiian.
We can’t live on Homestead land,

Nor can we receive OHA money.
We didn't choose to quantify ourselves,
1/4 to the left　　1/2 to the right
3/8 to the left　　5/8 to the right
7/16 to the left　　9/16 to the right
15/32 to the left　　17/32 to the right
They not only colonized us, they divided us.

[Losch 2003]

血の割合　　ナオミ・ロッシュ作

私達はハワイ人で、リロアやクアリイ、アラパイが祖先だと思っていた。

私達は、モクオハイ、ケパニワイ、そしてヌウアヌで戦い、リリウラニ（リリウオカラニ）が苦境にある時に
彼女を支えた。

私達は、合衆国の州となったことに反対した。

州になれば第五条項目fが私達を守ってくれるから、
四九番目の州や五〇番目の州になりたいわけではなかった。

だけれど、ハワイ人とは、一体何なのだろうか。

私達はこの土地の人間のはず。

「ここは私達の故郷」
けれど、規則では私達はハワイ人ではない。
私達は、ホームステッドには住めない。
ＯＨＡからの支援も受けられない。
自分で血の割合を決めたのではない。
一／四は左に　一／二は右に
三／八は左に　五／八は右に
七／一六は左　九／一六は右
一五／三二は左　一七／三二は右
あの人達は私達を植民地にしただけではなく、私達を分断した。

（対訳　四條真也）

はじめに

ナオミ・ロッシュ（Naomi Losch）の詩『血の割合』は、先住ハワイ人の血が五〇％以上か五〇％未満かによって二分される、先住ハワイ人社会の姿を描いた詩である。ロッシュ自身これまでに、「五〇％以上の血の割合があるから」というだけで、贔屓されたり優遇されたりしたハワイ人を見てきたという。ロッシュ自身の「血の割合」

は、分かっているだけで一二・五％（一／八）程度であり、ハワイアン・ホームステッドで生まれ育ったわけでもない。しかし、ハワイ大学で長年ハワイ語の教鞭をとってきた彼女のハワイ語能力は、現代の先住ハワイ人の中で抜きん出る。それでも彼女は、ある規則では「ハワイ人」ではないのである。

本章では、一九二一年にハワイアン・ホームステッドを媒体としてハワイに導入された「血の割合」（blood quantum）のルールが、先住ハワイ人社会にいかなる影響を及ぼし先住ハワイ社会、特に親族概念を変容させたのかを、「血の割合」そして「血」という概念がハワイに持ち込まれた過程、そして現代の先住ハワイ人の「血の割合」をめぐる住民の言説を通して明らかにしたい。

すでに述べたように、一九二一年、困窮生活を強いられていた先住ハワイ人を救済することを主な目的として制定された Hawaiian Homestead Commission Act（以下ＨＨＣＡ）によって、先住ハワイ人専用住宅区「ハワイアン・ホームステッド」の開発が開始された。ハワイアン・ホームステッドの住民には一定期間の免税など、いくつかの経済的優遇政策が適用されることから、多くの先住ハワイ人が入居を希望することになる。しかし、入居に関しては、申し込みの資格が先住ハワイ人の血を五〇％以上受け継ぐ者のみに限定され、当時すでに多民族間の婚姻により「混血」が進んでいた先住ハワイ人社会では、この資格に該当しない先住ハワイ人が多くいた。

ＨＨＣＡの中で「血の割合」が五〇％と定められた経緯を、議会資料を基に詳細に分析したカウアヌイは、「米国連邦議会は当初からＨＨＣＡの規定する先住ハワイ人がいずれは絶滅するであろう」［Kauanui 2008:7］という前提であったことを指摘し、ＨＨＣＡがそもそも暫定的かつその場しのぎの先住民救済政策として誕生したことを明らかにしている。さらに、カウアヌイによれば、五〇％という基準は先住ハワイ人の総意に基づいた提案ではなく、ハワイで莫大な富を築いた白人系資本家や本土の議員の意向を反映した結果であった［Kauanui 2008］。

しかしながら、現代のハワイでは、ＨＨＣＡが制定された一九二〇年代には想定されていなかった現象が目立つようになってきている。多民族的状況がますます加速するハワイでは、自らの先住ハワイ人の血を証明し、ハワイアン・ホームステッドへの入居を目指す新たな希望者が後を絶たないのだ。背景には、ＨＨＣＡの制定当初は、資格該当者を減らす意図で設定された五〇％という「血の割合」のルールであったが、近年では「血の割合」のルールが、「先住ハワイ人の血」を維持しようとする意識に、一定の影響を与えるようになったことがある。将来ハワイアン・ホームステッドに住み続けるため、あるいは先住民政策の対象者であり続けるために、いかに先住ハワイ人の「血の割合」を維持し証明するのかという問題は、先住ハワイ人の間では大きな関心事といえるだろう。

筆者は二〇〇七年八月からワイアナエ地区にある複数のハワイアン・ホームステッド(2)にて、短期および長期フィールド・ワークを行ってきた。同地で収集したデータをもとに、「血の割合」の概念によって先住ハワイ人の血を維持しようとする住民の意識を考察することで、そこから浮かび上がる、現代の先住ハワイ人社会の一側面を明らかにしたい。

第一節　「血の割合」をめぐる先住ハワイ人の現在

一七七八年のクックの来航時には三〇万人から四〇万人いたとされる先住ハワイ人は、入植者が持ち込んだ伝染病や生活習慣により、一〇〇年後の一八七八年に行われた人口調査では一〇分の一の四万四〇八八人、一九〇〇年に行われた人口調査では先住ハワイ人は二万九七九九人にまで減少した。ハワイアン・ホームステッドの建設が決まった一九二〇年のハワイ人の人口は二万三七二三人であり、先住ハワイ民族の保護が急がれる状況であったといえる［Adams 1925:7-8］。しかし、一九七〇年代に本格的に始まったハワイアン・ルネサンス以降に、先住ハワイ人として登録する住民は増加傾向にあり、二〇一〇年に行われた米国勢調査では、自身の民族性の中に先住ハワ

国勢調査実施年	ハワイ州総計（人）	米国総計（人）
1980	115,500	166,814
1990	138,742	211,014
2000	239,655	401,162
2010	289,970	527,077

表１　先住ハワイ人の人口動態
［Census 2010, Kamehameha Schools 2012:11］

イ人を含める住民は、ハワイ州で約二九万人、アメリカ全土で約五三万人に達し［Census 2010, Kamehameha Schools 2012:11］、昨今高まりつつある先住ハワイ人のエスニシティを重視する傾向を見ることができる（表１）。また、二〇〇〇年以降、毎年約六千人が新たに先住ハワイ人として登録しており、今では先住ハワイ人は実質上ハワイで一番大きなエスニック・グループというみかたも可能である［OHA 2006］。

また、現在ハワイでは、Ka Lāhui（カ・ラーフイ：国家、国の意味）や Nation of Hawai'i、Protect Kaho'olawe 'Ohana（PKO）、Hawaiian Kingdom など大小およそ四〇の先住ハワイ人の主権回復運動団体があり、それぞれがハワイ州における先住ハワイ人の自治権獲得、伝統文化の実践、先住ハワイ人への福祉政策の充実、あるいは国家としての独立を目指し運動している。一九七〇年代以降に登場したこれらの団体の主な活動内容は、独自の君主擁立や議会議員の選出、また各地での集会や伝統行事の執行であり、特にハワイ王国としての独立国家樹立を目指す一部の団体においては、米国市民権を放棄(3)し自らをハワイ王国民と宣言し日常生活を送っているメンバーもいる。このような主権回復を目指す活動に参加するのは、必ずしも先住ハワイ人とは限られず、筆者が出会ったメンバーには、米国本土出身で長年ハワイに住んでいるという白人系住民もいる。

第二節　ハワイアン・ホームステッド

1　ハワイアン・ホームステッド以前

すでに述べたように伝統的に階級社会であったハワイでは、かつてはそれぞれの島が首長階級に属するモーイー（mōʻī：王）によって統治されていた。各島はアフプアア（ahupuaʻa）と呼ばれる、山から海岸線に続く扇状形の小区に間切られ、それぞれがモーイーの任命を受けた下位の首長により管轄された。下位首長はさらにコノヒキ（konohiki）に土地の運営をゆだね、コノヒキの指示を受けた平民層のマカアーイナナが土地での労働に従事した。山から海までの循環型エコシステムを兼ね備えたアフプアアは、衣食住に関わる必要資源の調達が可能であり、複数の家族がアフプアア内に散住あるいは集住し、村落とも呼べる一つの共同体を形成していた［Pukui and Hardy 1972, Kameʻeleihiwa 1992, Kamehameha Schools 1994］。

一七七八年、ジェームズ・クックが到来し西欧文化が持ち込まれたことで、ハワイ社会は大きな制度的、そして精神的変化を経験することとなる。一七九五年には、西欧の銃器を取り入れる戦法で領土を拡大しつつあったハワイ島の高位首長カメハメハ一世がハワイ王国の建国を宣言し、一八一〇年にはハワイ諸島全域を手中におさめた。全島統一と同時に法整備も進めたカメハメハ一世は、王国内における先住ハワイ人以外の土地所有を禁止し、伝統的な社会経済システムの保護に努めた。カメハメハ一世以降の土地制度の変遷については、第四章に概要を記しているため、ここでは割愛する。

2　ハワイアン・ホームステッドの登場

一八九三年にアメリカ系白人らによるクーデターでハワイ王朝が転覆すると、米国本土からの入植や、日系および中国系の移民の流入が加速し、土地を追われる先住ハワイ人がさらに増えた。多くは都市に流入しやがてスラムを形成するようになり、劣悪な衛生環境で、(4)先住ハワイ人の人口はますます減少の一途をたどった。

このような状況を改善し、またハワイで急成長するアジア人勢力、特に日本人への(5)対抗措置として、一九二一年先住ハワイ人に農地および住宅地を提供することを定めた先住民救済法としてHawaiian Homestead Commission Act（ＨＨＣＡ）が施行される。ＨＨＣＡにより、当時の米国ハワイ領内の「割譲地（ceded land）」から、八一〇平方キロメートルがハワイアン・ホームステッドとして貸し出されることとなり、先住ハワイ人により委託管理されることになった。この時に貸し出しが決まったホームステッド面積は、現在のハワイ州の約三五分の一にあたる[Council for Native Hawaiian Advancement 2006]。

ＨＨＣＡの制定には、当時ハワイ領議会議員であったジョン・ヘンリー・ワイズ(6)（John Henry Wise）とクーヒオー・カラニアナオレ(7)（Jonah Kūhiō Kalaniana'ole）両議員の尽力が知られている。一般の先住ハワイ人の投票権が認められていなかったこの時代、二人は先住ハワイ人達の声を代表し、先住ハワイ人そして文化の保護の必要性を米国本土の議会で訴えた。

ＨＨＣＡの制定に関して、ワイズとカラニアナオレが主張したもっとも重要な条件が、先住ハワイ人の定義に関してであった。二〇世紀初頭、すでにほかの民族との「混血」が進んでいた先住ハワイ人社会では、クック到来以前の「純粋」先住ハワイ人の血を受け継ぐ住民の数が激減していた。そこで、ホームステッドに居住できる基準を三二分の一、つまり約三％以上の先住ハワイ人の血を受け継ぐ者とすることを強く主張した。もっとも、当初は「血の割合」という考えは想定しておらず、先住ハワイ人の血を受け継いでいれば、誰でもハワイアン・ホームステッドに入居する権利を与えられるべきだと考えていた。しかし、ＨＨＣＡ起草のための公聴会で、合衆国本土の議員からは、「混血」が進むハワイにおける「ハワイ人」の基準について質問が集中し、問答の結果、先住ハワイ人をパーセントで規定する、「血の割合」という概念がＨＨＣＡに盛り込まれることになった［Kauanui 2008:109-115］。

第一章でも言及したが、もともとアメリカ合衆国における血という概念は、一八八七年に発布されたインディアン一般土地割当法（General Allotment Act：通称ドーズ法）に見ることができる。ドーズ法では、それまで連邦政府がネイティブ・アメリカンに対して暫定的に土地の主権を与え、「インディアン保留地」（Indian reservation）を個人用に分割し、五〇％以上の先住アメリカ人の血を受け継ぐ男子に土地の個人所有を認めている。

一九二〇年に連邦議会はＨＨＣＡを承認、そして当時のＷ・ハーディング大統領によって署名がなされた。これにより先住ハワイ人に住宅地および農業牧畜用地を提供する第三者委員会であるHawaiian Homes Commission、さらに実行機関であるDepartment of Hawaiian Home Lands（DHHL）が設置され、翌年の一九二一年から先住ハワイ人専用の住宅地であるハワイアン・ホームステッドの造成が開始されるのである(8)。しかし当時、州内の農業や住宅に適した土地のほとんどは、すでにアメリカ本土資本のプランテーションや牧場用地として私有化されており、居住用・農業のホームステッドとして先住ハワイ人に提供された土地には、乾燥して石や岩が多く耕作には適さない「ヤギも住めない」［Kauanui 2008:248］荒野ばかりが選定された。中でも、乾燥していたオアフ島西部沿岸のワイアナエ地区には、ハワイアン・ホームステッドが集中することになる（図1）。

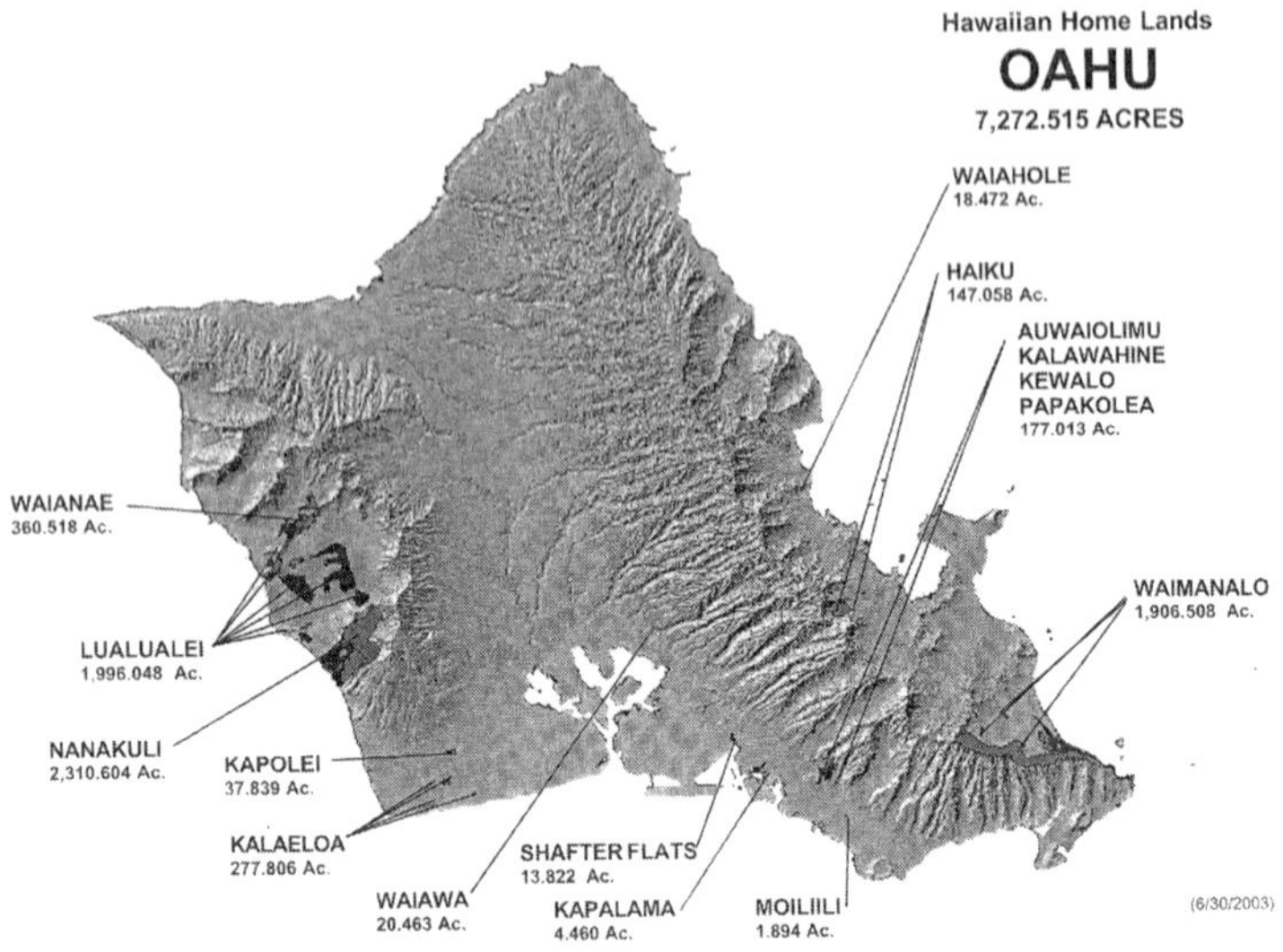

図1　オアフ島　ハワイアン・ホームステッド分布図
(Council for Native Hawaiian Advancement 2006)

第三節　ハワイアン・ホームステッドの仕組み

1　「血の割合」と経済的メリット

前述したように、カウアヌイはＨＨＣＡの制定に関して、米国連邦議会が当初から、ＨＨＣＡの規定する先住ハワイ人が、いずれはいなくなると仮定していたことを指摘している。しかし、現代の先住ハワイ人社会を見渡すと、連邦議会の目論みは外れていたといえるだろう。近年ハワイでは、もともと農業用として割り当てられたホームステッドを住宅地として再開発する事業が急速に進んでいることもあり、ホームステッドへの入居希望者は以前にもまして増加傾向にある。本節では、現在のハワイアン・ホームステッド入居の仕組みと、入居者増加の背景を整理してみたい。

現在、ホームステッドへの申し込みには、五〇％以上の先住ハワイ人の血の割合を証明すること以外にも、申込者が一八歳以上であることが義務付けられている(9)。この条件さえ満たしていれば、誰でもホームステッドに申し込むことが可能なわけであるが、実際はそう簡単なものではない。というのも、先住ハワイ人の血を証明するには、ＨＨＣＡの示す、一七七八年以前からハワイに住んでいた「純粋ハワイ人（pure Hawaiian）」の祖先から始まる系譜の提示、次に各人物の出生証明や結婚証明、洗礼証明、死亡証明などの書類をもって、自身の血の割合を証明する必要がある。その書類も、証明書によっては名前の表記が違っていたり綴りの間違いがあったりと、本人であると証明することが困難であることが少なくない。合計約三〇ページに及ぶ申請書に加えて、血の割合に関する証明書類は時には、三〇種類ちかくになることもある[10]［Kauanui 2008:4］。たとえ、家族の話から自身が五〇％以上の血の割合を有していることが分かってはいても、経済的にも時間的にも書類が作成できない希望者は、申し込みを断念せざるを得ないことも決して珍しいことではない。

そのため、本章で紹介する事例①のエレンによれば多くの入居申し込み希望者が、民間の調査会社に委託し、安くはない料金を支払って証明書をそろえ、申込書類の作成を行うという。さらに、申し込み時には申請者の経済的バックグラウンドを知る指数となる、クレジットスコア[11]を参考に、Department of Hawaiian Home Lands（ＤＨＨＬ）や銀行から住宅建設費としての住宅ローンの借り入れ審査が行われる。このため、申請者にはある程度の経済的基盤も求められることが、申し込み説明会では強調される。また、現在ホームステッドの区画は満員状態であり、これから造成されるホームステッドに入居する際にも、あらかじめ入居者リストに申し込み、自分の順番を辛抱強く待たなければならない。

二〇一五年現在では、ハワイアン・ホームステッドの入居待ちリストには、住宅用と農業牧畜用を合わせて、のべ四万四二一七件の希望者が登録されている。うち住宅地の希望者はおよそ二万二五七六件である［DHHL 2015］。

しかし、仮に順番が回ってきたとしても、クレジットスコアにより住宅建設資金の借り受けができないと判断された場合には、後に待つ希望者で住宅資金を調達できる者が優先される。短くて五年程度、長い場合には五〇年以上も入居を待ち続けることもある。ハワイアン・ホームステッドに住むということは、先住ハワイ人にとってそう容易なことではないのだ。

にもかかわらず、なおも申込者が絶えないのには、ホームステッドに住むことのメリットが関係している。ホームステッド内に住んだ場合、一区画あたりの借地料金は年間で一ドル[12]を払えば、その後九九年間の借地権が保障され、満期後も一〇〇年間の延長が可能である。また、入居してから初めの七年間の固定資産税の免除[13]などの入居者への各種控除措置が適用される。さらに、最近増えている建売りの場合、一戸建ての平均価格はおよそ一五万～二〇万ドル（一ドル＝一〇〇円換算で一五〇〇万～二〇〇〇万円）。これは、最近のハワイ州内の一戸建ての平均市場価格より一五万ドル程安い値段である。生活困窮家庭が多いとされるワイアナエ地区に住む先住ハワイ人にとって、これらの経済的優遇政策は簡単に無視することのできないメリットであるといえる。

例えば、二〇一二年には、先住ハワイ人の血の割合が五〇％以上あることをＤＮＡで証明した男性が、ＤＨＨＬを相手に訴訟を起こしている。男性の母は未婚で男性を生み、彼を養子に出した。「先住ハワイ人であった」という実父についてほとんど知らずに育ったが、後年になって、実父の兄弟という「オジ」を探し出した。ＤＮＡ鑑定の結果、九〇％以上の確率でオジと男性が親族であることが分かった。オジの系譜から、男性が五〇％以上のハワイ人であることが明らかになったのである。この結果二〇一四年に裁判が決着し、ＤＨＨＬは男性にハワイアン・ホームステッド申し込みの資格を認めた［Honolulu Star-Advertiser, December 29, 2015］。

また、筆者はホームステッドで次のような経験をしたことがあった［以下は、二〇一五年九月二九日のフィールド・ノートから］。ハワイアン・ホームステッドにある筆者の下宿先に、家主の親族があつまり、恒例のアメリカン・フットボールのテレビ観戦をしていた夜、誰かがふいに血の割合の話を始めた。すると、それまでのアメリカン・フットボール観戦の興奮が、そのまま血の割合の話題に転化し、「将来のためになるべく早く三歳の娘の血の割合

写真１　ナーナークリ・ハワイアン・ホームステッド（2010年、著者撮影）

を証明しておきたい」という家主の孫娘（血の割合は五〇％以上、すでにホームステッド借地権を持つ）と、自分自身の正確な血の割合も分からず「証明する手立てがない」といい張る孫娘の夫とのやり取りを中心に、血の割合の議論が盛り上がった。テレビからながれる歓声と、その場を飛びかう血の議論とが入り混じる光景に、筆者は現在の先住ハワイ人社会の一端を垣間見た気がした。アメリカの国民的スポーツのアメリカン・フットボールの観戦と同じくらい白熱する血の割合の議論が、ここハワイの、そして先住ハワイ人社会の血の割合への関心を象徴しているかのようであった。

2　ハワイアン・ホームステッドの暮らし

一九二〇年代、建設が始まった当初のハワイアン・ホームステッドの一区画は、一エーカーと住宅地としては広々とした敷地であった（写真1）。これはＨＨＣＡが先住ハワイ人の生活基盤を再生するために、住宅兼農業用地としてハワイアン・ホームステッドを整備したためである。当時開発された区画では、今でも広い敷地内に畑を作り自家用に野菜などを栽培する住民もいる。しかし、州内でも最も古いナーナークリ・ハワイイアン・ホームステッドが整備された一九二四年当時は、下水道も整っていない土地に自力で住宅を建てる必要があり、生活用水も海岸線を走る鉄道の貯水タンクから運んでこなければならず、住みやすい環境とはいえない状況であった。また、石が多く加えて降水量が少ない土地であったワイアナエ地区は、農業にとっても難しい環境である。社会経済的にも快適とはいいがたいハワイアン・ホームステッドの環境は、現在に至るまで先住ハワイ人社会へ向けられる印象と結び付けられ、ワイアナエ地区＝「野蛮な土地」というイメージの下地となったと考えることができる。特にナーナークリ・ハワイアンホームステッドなど、二〇世紀初期に開発されたホームステッドでは、現在でも敷地内の手入れの行き届かない区画も多く見られ、飼い犬がうろついたり、廃車や廃棄物が敷地内に放置されるなど、景観や環境に不満をもつ住民もいる［DHHL 2008:21］。

一九九〇年代以降には、不足する住宅供給を補うために、それまで未開発であった農業用あるいは牧畜用のホームステッドが、住宅地として再開発されるようになる。オアフ南西部のカポレイ副都心地域などに新たに開発されたホームステッドは、ほぼすべてが建売住宅であり、かつ現代風で均整の取れた街並みが特徴的である。ハワイアン・ホームステッドでの生活の満足度に関する入居者調査でも、八四％の住民が「自身のホームステッドでは、互いに支え合っている」と回答している。ほかに、七六％が「日中や夜間に安心して出歩くことができる」、八一％が「近隣住民を良く知っている」、六六％が「自身のホームステッドでは、住民が伝統的なハワイ文化を共有している」と回答している［DHHL 2008:24］。ハワイアン・ホームステッドの景観整備も、入居希望者が後を絶たない要因の一つであろう。

ただ、上述したように、すでにハワイアン・ホームステッドの住民である人々の間でも、いかにして後世にハワイアン・ホームステッド（の借地権）を残すかという問題は、重要な関心事である。次節ではハワイアン・ホームステッドの住民達が、ＨＨＣＡで定められた規則に照らし合わせて自身の「血の割合」を意識する事例を紹介し、彼らの語りから浮かび上がるハワイアン・ホームステッドの姿を探ってみたい。

第四節　先住ハワイ人の血をめぐる意識

1　血の証明

事例①　エレン（女性、四〇代）

エレンは七五％の先住ハワイ人であり、現在住んでいるハワイアン・ホームステッドの土地は彼女の名義で登録されている。先住ハワイ人以外に、中国系、フィリピン系、白人系の血を受け継ぐエレンは、ナーナークリ（ワイアナエ地区南端の地域）の規模の大きいハワイアン・ホームステッドで育ち、いずれ家庭をもったら自身もホームステッドに住みたいと考えていた。一〇代後半で結婚し出産を経験したが、子どもが生まれた直後は住む家がなく、また夫は当時失業中であったので、しばらくはナーナークリの実家で暮らした。姉の一家三人も実家で暮らしており、多い時には一つ屋根の下に一五～一六人くらい人が居たこともあったという。先住ハワイ人の家庭では、現在でも一つの家に大勢の親族が暮らすことがめずらしくない。しかし、エレンはいつかは独立したいという気持ちを抱いており、自身が定職を得て二番目の子どもが生まれた頃、近所に新しくハワイアン・ホームステッドが整備されることを聞き、「ホームステッドに入れれば、その後の生活も絶対良くなるのは分かっていた」ので申し込むことにした。両親の話から、自分が五〇％以上のハワイ人なのは分かっていたものの、証明書は手元になかったので、エレンは祖父母らの各種証明書を探しまわったという。証明書が見つかったとしても、出生証明ではハワイ語の名前で、結婚証明が英語のニックネームであるなど、個人の証明は容易ではなかったという。（二〇〇八年一二月二七日のインタビュー）

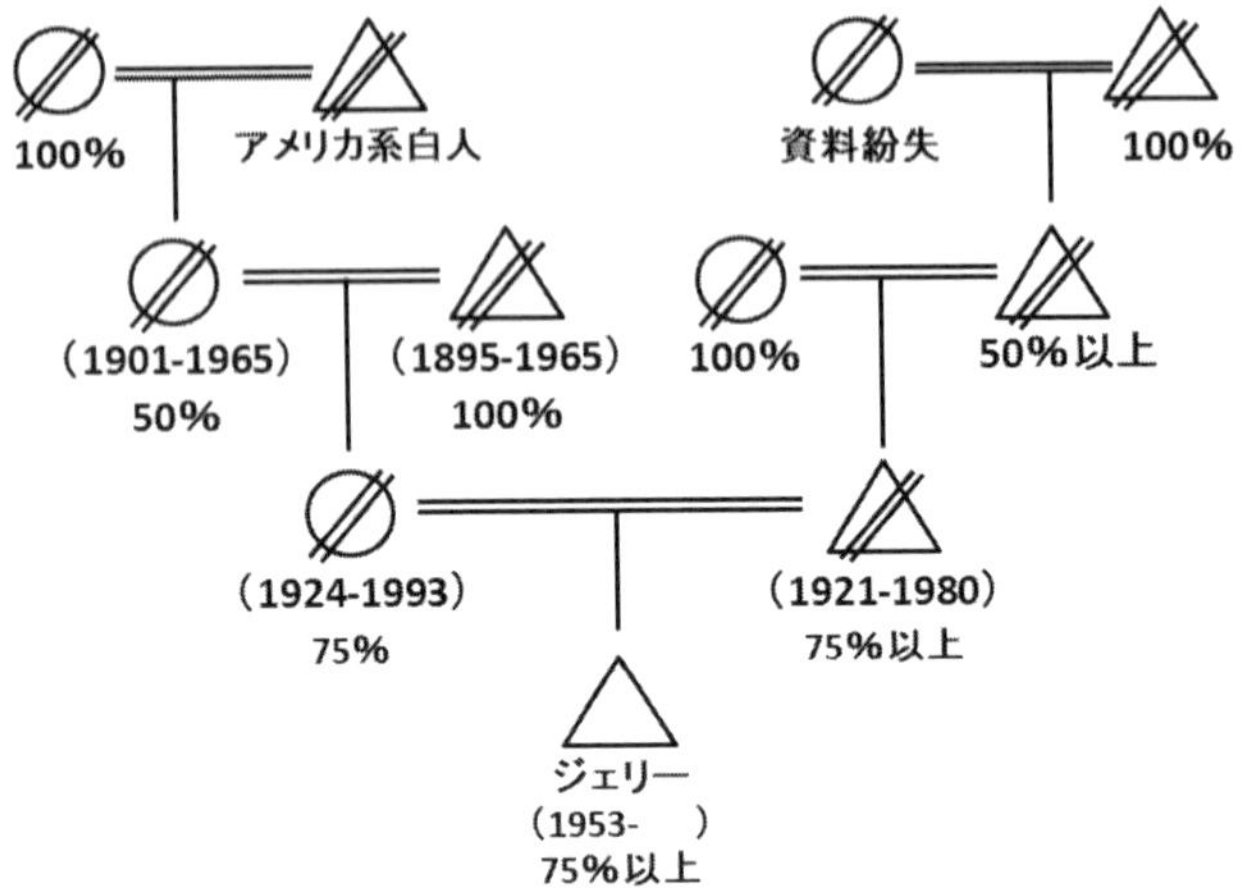

図2　ジェリーの先住ハワイ人の血の割合を表した系譜

エレンは現在Department of Hawaiian Homes Land（DHHL）の職員として、ホームステッドへの申請方法に関する助言を行うワークショップを担当している。ちなみに、このワークショップはホームステッドの入居希望者に参加が義務付けられているものである。彼女自身が経験したホームステッド申し込みのための書類の制作は、複雑かつ多くの時間を費やすものであったが、結局はすべての手続きを自身でこなし、その時に身に付けた知識のおかげで、現在の職に就けたとエレンは言う。彼女の場合、クレジットスコアが良かったため住宅資金をDHHLから借りることができ、申し込みから二年という異例の早さでホームステッドに入居することができた。

事例②　ジェリー（男性、五〇代）

それでは、実際に先住ハワイ人の血の証明はどのように行われているのだろうか。図2は、ワイアナエ地区在住のジェリー（五〇代男性）が自身であつめた資料をもとに作成した血の系譜である。ジェリーの場合、法律関係の仕事をしていたため、証明資料の収集に関するノウハウがあり、自身で情報を収集することができた。

血の割合は、母方の祖父、父方の祖母がそれぞれ一〇〇％の先住ハワイ人であり、ジェリーは七五％の先住ハワイ人である。二人（母方祖父、父方祖母）の血の割合が、一〇〇％であることの根拠として用いられる資料は、一九世紀後半に行われた先住ハワイ人の人口統計や世帯調査などの記録を用いた。

ジェリーの世代にとって、一〇〇％先住ハワイ人の祖母や祖父がいることは、それほど珍しいことではなく、周囲にも五〇％以上の血の割合を有する同級生は多いという。また、一九六〇年代や一九七〇年代は、同じ民族同士での結婚が比較的多かったため、次世代でも五〇％以上の先住ハワイ人がある程度見られる環境であったという。（二〇一一年一〇月二四日のインタビュー）

2　血を守る

現在、ワイアナエ地区にあるハワイアン・ホームステッドに住む住民の多くが、入居から二世代から五世代までの住民である。入居二、三世代には先住ハワイ人の血を五〇％以上受け継ぐ者も少なくはないが、四世代以降になるとその割合は激減する。また、地区内にあるホームステッドの各郵便受けには、ハワイ系、サモア系、日系、沖縄系、ヨーロッパ系、中国系など、様々な民族の姓を見ることができ、ハワイアン・ホームステッドとはいえ、住民は多民族・多文化的背景を持っていることが分かる。

血の割合を満たす先住ハワイ人の減少をうけて、Hawaiian Homes Commission はホームステッドの借地権の相続に関して、一九八二年には相続人が配偶者または子の場合に限り血の割合を二五％に、さらに一九九七年には孫への相続も二五％に引き下げる規則改定を行っている。(14) しかし、今後はその二五％以上の血の割合を満たす住民さえ減少することがほぼ確実であり、先に紹介したアメリカン・フットボール観戦中の会話のように、住民達の間では将来もホームステッドに住み続けるために、いかにして先住ハワイ人の血を残すかということがしばしば話題に上がる。

前出のエレンも、自分が獲得したホームステッドの家を、将来までどうやって子ども達に受け継いでもらうか、日々考えを巡らせている一人である。エレン自身がハワイアン・ホームステッドに所有する住宅は、末っ子である次男に譲ると決めているという。二五％以上の先住ハワイ人である次男には、ハワイアン・ホームステッドに住むことの経済的利点から「なるべくならばハワイ人の血が濃い女性を選んで欲しい」（二〇一〇年四月五日の筆者との会話から）という考えを持っている。エレンがこのように語ってくれた当時、次男はまだ小学校の高学年であった。しかし、ホームステッド内には、子どもが幼いうちから将来のことを考えてしまう親世代が少なくない。それほどまでに、先住ハワイ人達の生活にとって、ホームステッドに住むことは重要な要素となっているといえるだろう。

3　守れなかった血

次に紹介するのは、ワイアナエ地区のハワイアン・ホームステッドに居住していたが、名義人の死亡で、ハワイアン・ホームステッドに住めなくなってしまった事例である。繰り返し述べている通り、ホームステッドでは借地権を相続することができるのは、名義人の二親等以内の家族で、かつ二五％以上の先住ハワイ人の血を有する者に限定される。しかし、以下の事例では、長年ホームステッドに住んでいながらも、二五％以上の血を有する近親者が居なかったために、名義人の死後、遺族がハワイアン・ホームステッドから退去することを余儀なくされた事例である。

事例③　ノエ（女性、七〇代）の夫（非先住ハワイ人、七〇代）

五〇％以上の先住ハワイ人の血を有するノエは、非ハワイ人の夫と二人でハワイアン・ホームステッドに住んでいた。かねてより体調を崩していたノエは、二〇〇九年に七〇歳代で他界する。夫婦に子どもはおらず、結局、夫はノエの死後、ハワイアン・ホームステッドの住居を売却し、住宅からの退去を余儀なくされた。現行のＨＨＣＡでは、相続者は最低二五％の先住ハワイ人の血を有していなければならず、たとえ配偶者であっても既定の血の割合を満たしていない場合、相続はできない規則である。また、ハワイアン・ホームステッドの住居を売却する場合、手元に入るのは建物の売却分だけである。ハワイアン・ホームステッド以外の地域に転居する場合、土地にかかる費用を自ら捻出しなければならず、賃貸物件であれば家賃の支払いをしなければならない。物価高傾向が続くハワイにおいて、ハワイアン・ホームステッドの外へ出るということは、ノエの夫にとって経済的そして精神的負担の大きい転居であったことは想像に難くない。

その後二〇一二年秋に、筆者がワイアナエ地区を短期調査で訪れた際、ノエの夫の知人に彼の近況を尋ねたところ、しばらく前に他界したと聞かされた。ノエの死後、低所得者用の公営住宅（Public Housing）に転居した夫は、すでに高齢だったこともあり以前よりも体調がすぐれなくなっていたのだという。

また、事例③以外にも、家主である祖父（血の割合が二五％以上）が他界したために、同居していた息子夫婦と、その三人の子ども達が、ホームステッドからの退去を余儀なくされ、ホームレス用のシェルターに入らざるを得なくなったという話を耳にしたこともあった。

非先住ハワイ人、あるいは血の割合が五〇％未満の先住ハワイ人にとって、いったんハワイアン・ホームステッドでの生活が定着すると、ホームステッド以外での生活に適応するのには、様々な困難が伴うことが多い。また事例からは、ハワイにおける先住民政策が借主である先住ハワイ人に限定され、血の割合を満たさない家族に対する保証が、充分に考慮されていないことがうかがえる。ホームステッドなど、血の割合を満たす者だけにメリットが限定されていることが、先住ハワイ人達の血の割合へのこだわりを生む状況を、後押ししていると考えることができるだろう。

第五節　考察

本章はここまで、西欧的な概念が導入されて以降のハワイ社会で、それまで意識されることのなかった血という概念により、伝統的な親族体系の概念が変容した状況を明らかにし、また、現代の先住ハワイ人社会においても、先住民の血が強く意識されている状況を、事例をもとに紹介してきた。

事例①では、ハワイアン・ホームステッドに応募する際、ＨＨＣＡに規定されている自身の血の割合を証明するため書類集めに奔走した経験を持つエレンへのインタビューから、系図をさかのぼり血筋を証明する事例を紹介した。加えて、エレンは自分の子どもにもなるべく「血が濃い」結婚相手を選ぶことを密かに望んでおり、血に対する意識が先祖へさかのぼるだけではなく、子孫にも向かっていることが明らかになった。

さらに、事例②は、実際の家系図から先住ハワイ人の血の割合がどのように算出されるのかを示し、現代の先住ハワイ人の具体的な血の系譜の様子を提示した。

それに対して、事例③では、先住ハワイ人の血を残せなかったがために、親族がＨＨＣＡの対象外となってしまった事例を紹介した。事例③のような状況は、事例①と②において血が強く意識されることの、背景にある問題だと考えることができる。

このように、現在の先住ハワイ人社会では、アメリカ経由でハワイに導入された血という概念により、エスニシティそして親族概念が規定されていることが明らかになった。第一章ですでに述べたように、伝統的には親族集団の成員権が育った環境など、後天的にも定義され得る先住ハワイ社会のシステムにかわり、血という先天的な要因で親族が規定される親族概念は、法律に媒介されることで、先住ハワイ人の親族概念に深く浸透しているといえる。また、ハワイアン・ホームステッドの住民へのインタビューから浮かび上がってきた、血の割合へのこだわりは、主権国家との相対関係により表面化する動き、つまりエスニック・プライド運動とは動機に違いがあると考えられる。民族の社会的文化的地位確立をめざすプライド運動とは違い、ホームステッドで意識される「血」は、連邦政府が定めた「五〇％以上の血を受け継ぐ先住ハワイ人」というルールを守ろうとするとき意識されるものである。

ハワイアン・ホームステッドの住民で事例①で登場したエレンの母親でもあるローラ（六〇代）は、主権回復運動家について、はっきりとした口調で次のように話してくれたことがある。

「彼ら（主権回復運動活動家）の主張は現実的ではない。ハワイが独立したらどうなるのか。今のハワイは本土（米国）の経済と切り離せず、今だって仕事も減っている。[15] だから運動家のことは好きではない。彼らは多分ワイアナエ（地区）のことは何も知らない[16]」。（二〇〇八年一一月三日のインタビューから、括弧内は筆者補足）

特に貧困層にある先住ハワイ人が集中するワイアナエ地区では、[17] 経済的な優遇政策でもあるハワイアン・ホームステッドに入居することは、一家の将来を大きく左右する転機である。個々人にホームステッドの借地権を得る権利を得る可能性が残される限りは、先住ハワイ人の血を証明し、また血を保持しようとする意識はこれからも続くのであろう。

また、筆者は、現在の先住ハワイ人の血の割合を守ろうとする現状について、皮肉にもＨＨＣＡが中心的な役割を果たしていることを、事例の語りから明らかにすることができたと考える。五〇％の血の割合を定める、ＨＨＣ

Aが誕生した当初は、先住ハワイ人がいずれ「消滅」するであろうという考えから、永続的な救済が想定されていなかった。しかし、現在はこの「血の割合のルール」のおかげで、先住ハワイ人の血が維持され得る状況を生み出しているともいえる。

小結

近年、急速に住宅地の拡張開発がすすめられているハワイアン・ホームステッドであるが、しかし先住ハワイ人の救済政策としての機能は充分に果たされているのだろうか。上述したように、ホームステッドへの入居には土地以外の住宅費を自己負担することが前提である。近年になってオアフ島西部のカポレイ副都心地区に、新たに造成されたハワイアン・ホームステッドの住宅価格は、主に上位中産階級にある先住ハワイ人向けの価格設定となっており、生活保護を受けている家庭が購入できるものではない。このハワイアン・ホームステッドは、カポレイの中心地からも五分程度で、さらには敷地内に廃車やボートなどを置くことを禁止して景観の維持に努めるなど、従来のホームステッドの「荒廃した」イメージの刷新を図った街並みに、入居申込者が殺到しているという。そして、今後造成が予定される計画地に関しても、すでに空きがない状態である。

このようなDepartment of Hawaiian Home Lands（DHHL）のハワイアン・ホームステッド開発に対して、経済的に安定した階層のみが対象になっているという批判がホームステッドの内外でささやかれている。さらに、先住ハワイ人達からの、ＨＨＣＡやカメハメハ・スクールズ[18]など州内の先住ハワイ人政策について、本来援助が必要な貧困層の先住ハワイ人の人々が、制度から漏れているという指摘も無視できない。

ハワイにおける先住民政策の、本来の目的とは矛盾するこのような現状に関し、ハワイアン・ホームステッドを統括するDepartment of Hawaiian Home Lands（DHHL）の元代表マイカ・カーネ（Micah Kane）は「経済的な問題を抱えている人にももっと手を差し伸べるべきなのだが」と、現在行われている政策自体矛盾点を抱えていることを自覚しながらも、「……ハワイアン・ホームステッドは先住民救済のための政策であると同時に、高い生活水準を手に入れた人達に、その生活を維持してもらうための保護政策でもある」と、現在の政策がある程度機能しているとの立場をとっている［Honolulu Star-Bulletin August 23, 2006］。しかし、これは第一章で触れたように、ＨＨＣＡが起草段階では、救済の主眼ではなかった「エリート」先住ハワイ人が、現在では政策の対象となっており、クーヒオーが目指したＨＨＣＡの本来の姿とは矛盾した状況である。[19]

また、先住ハワイ人に特化した政策については、これまでに度々その違憲性が取りざたされている。[20] 例えば、先住民の子孫であることが入学の条件であるカメハメハ・スクールズで、二〇〇二年に非ハワイ人の男子児童が入学を求め訴訟を起こした。裁判では、同校の求める血の基準に対する違憲性が指摘され、のちに男子児童の入学が認められている。

そもそも暫定的であったハワイアン・ホームステッドという制度は、現代になって先住ハワイ人社会に、様々なパラドックス的な状況を生み出していることは明らかである。特に、ハワイの先住民社会においては、先住性が「血」という移入された概念によって規定されることで、先住ハワイ人エスニシティの枠を狭める状況を生んでいる。

しかし、アメリカ本土での、先住アメリカ人のエスニック・プライド運動の展開を振り返ってみると、もともとは個別的であった部族アイデンティティが、プライド運動が拡散する過程で、エスニシティの共有が起こり、パンー部族的なエスニック・プライド運動へと発展している。先住アメリカ人社会では、個別的な部族アイデンティティが淘汰されたわけではなく、現在も保留地や部族政府の運営をめぐる状況下では、制度としての血や血の割合の果たす役割は重要であるが、先住アメリカ人・エスニック・プライドは個別的アイデンティティを超えて、共有されているのだ。

こうして考えてみると、エスニック・プライドは、エスニシティ内の偏差を超えて、より大きな枠組みでエスニック・アイデンティティの共有を可能にする概念であるといえるのではないだろうか。つまり、プライドの求心力となっている肯定的感情や、エンパワーメントの要素には、個別の差異、そして血の割合の差異、を超越する要素があるといえるだろう。

本書の以下の章で述べる、ワイアナエ地区におけるエスニック・プライドの諸相に関しては、「先住ハワイ人の土地」でありながらも、ワイアナエ地区として一つのプライドを共有する、あるいは共有しようとする状況に注目している。血の割合で規定される「限定的な先住ハワイ人」が強く意識されるワイアナエ地区と、民族の枠組みを超え他民族的環境を包括するワイアナエ地区。矛盾するように見える二つの顔を持つワイアナエ地区の姿を、次章以降でさらに掘り下げてみたい。

註

（1）Hawaii Admission Act : An Act to provide for the admission of the State of Hawaii into the Union.（ハワイ編入法一九五九年施行）

（2）二〇一六年現在、ワイアナエ地区には、ナーナークリ・ハワイアン（Nānākuli Hawaiian Homestead）、ルアルアレイ・ハワイアン（Lualualei Hawaiian Homestead）、プリンセス・カハヌ・ハワイアン・ホームステッド（Princes

Kahanu Hawaiian Homestead）、ワイアナエ・ハワイアン・ホームステッド（Wai'anae Hawaiian Homestead）の四つのホームステッドがある。
（3）あくまで形式上の放棄である。
（4）特に、先住ハワイ人達の衛生環境の悪化には、カメハメハ二世の時代に行われたカプ（kapu：タブー）の廃止も影響したという指摘がある。カプによって場所が制限されていた用便の処理が、カプの廃止によって無制限になり、住環境を悪化させたと考えられる［Andrade and Bell 2011:4］。
（5）ＨＨＣＡ制定に向けた議論が活発だった一九二〇年代初頭には、ハワイの人口の四二・七％が日本人あるいは日系人であり、先住ハワイ系との「混血」も進んでいた。ＨＨＣＡは「混血」をなるべく排除することで間接的に当時国際的にも台頭していた日本を社会的に排斥する制度でもあった［Kauanui 2008:20, 68］。
（6）母が先住ハワイ人、父がドイツ人のいわゆる「ハパ・ハオレ（Hapa Haole）」。カメハメハ・スクールズで教育を受けた［Williams 2012:7-9］。
（7）本名をジョナ・クーヒオー・カラニアナオレ（Jonah Kūhiō Kalaniana'ole）。高位首長の家系に生まれ、両親との死別後二人の兄弟と共に、母方の伯母カピオラニ女王と夫カラーカウア王の養子となる。後にクーヒオーがカラーカウア王によって王位継承者として指名されるも、王政廃止後、王子としての称号は剥奪される。民衆からはプリンス・クーヒオーと呼ばれその聡明で朗らかな性格から、現在でもハワイでは親しまれている。
（8）一九二四年には、応募した三万人のうち八千人の先住ハワイ人に土地が貸し出された。
（9）配偶者や同居家族に、この義務はない。
（10）血の割合を証明するために必要な書類は、まず一次資料として出生証明、二次資料として婚姻証明、死亡証明、洗礼証明ほか、州の記録（離婚、軍役、入院、雇用関係書類）と国勢調査、モルモン教会の家系図センターの資料などがある。
（11）個人の支払い能力を数値化した「信用偏差値」。クレジッドカードの支払い状況や、口座所有数などを総合して、信用情報会社によって算出される数値。就職や高額商品の購入、転入など、米国での生活全般に関して参照されることがある。

（12）最近造成された住宅では、ホームステッド管理費として二千ドル程度を納めるホームステッドもある。
（13）マウイ郡は減税のみ。
（14）しかし、相続は二親等以内の親族に限られる。
（15）同年九月一五日の「リーマンショック」の影響で、ワイアナエ地区でも失業者やホームレスが増え始めた時期であった。
（16）ナーナークリ・ホームステッド内を走行中に、たまたま目にした主権回復団体の横断幕を目にしたときの反応。
（17）ワイアナエ地区にある家庭の六〜七割が何らかの生活保護を受けているといわれる。
（18）カメハメハ・スクールズは、入学が先住ハワイ人の血を受け継ぐ子女に限られる、幼稚部から高等部までの私立学校であり、ハワイ文化教育における教育水準の高さから今では州内屈指のマンモス進学校としての地位を不動のものにしている。なお、入学に際し血の割合に関する制限は設けられていない。
（19）ＨＨＣＡ制定当時、「混血」の先住ハワイ人の多くが、裕福な経済状況にあったことも、血の割合で先住民政策の対象者を限定することの一因となった［Kauanui 2008:140］。
（20）その一つがRice v. Cayetano裁判。一九九六年、先住ハワイ人関連の事業を運営する州政府機関Office of Hawaiian Affairs（ＯＨＡ）の理事選挙の投票権を主張し拒否された、白人系住民のHarold Riceと当時の州知事だったBen Cayetanoとの一連の訴訟。二〇〇〇年、合衆国最高裁判所はRiceの主張を認め、ＯＨＡの選挙は先住ハワイ人にのみ限定されないとした。

第六章　ハワイアン・ホームステッドが生む格差と貧困

はじめに

筆者がワイアナエ地区に住み込み長期フィールドワークを行っていた二〇〇八年八月から二〇一〇年九月の期間は、ハワイ州内でホームレスがさらに急増した時期であった。その主な要因としては、アメリカ本土で二〇〇六年頃から始まったサブプライム・ローン破綻による住宅バブルの崩壊に加えて、二〇〇八年の「リーマン・ショック」による、アメリカ本土の金融危機がハワイを直撃し、州内の失業率が上昇したことがあげられる[1]。アメリカ経済の影響を受けてハワイ経済が下降する中、特にホームレスが集中したのがワイアナエ地区であった。

ワイアナエ地区では、一九九〇年代から徐々に海岸沿いのビーチ・パーク[2]にテントを張り生活するホームレスが増え始める。一九九〇年代には、国内外の投資家がハワイ州内にある低価格家賃の中古アパートや中古マンションを買い上げて、高級マンションやリゾート・コンドミニアムに改装するなど、付加価値を付けて貸し出すようになった。そのため州内の家賃平均が上昇傾向になったのである。ハワイにおける物価上昇の結果、州内ではそれまで住んでいた借家の家賃を払うことができず、屋外での生活を余儀なくされる人々が多く出た。また、一九九〇年代後半から始まり、二〇〇六年頃にかけてピークを迎えた、米国全土での住宅バブルも、土地の平均価格が全国平均の約五倍ともいわれるハワイの地価を押し上げ、さらなるホームレス増加を後押しした。先住ハワイ人に関する事業を運営する州の第三機関である、ハワイ人問題事務局（Office of Hawaiian Affairs: OHA）が二〇〇六年に発表した試算によると、ワイアナエ地区のホームレス人口はおよそ四千人、そのうち七割が先住ハワイ人であった［Honolulu Advertiser 10/6/2006, Fermantez 2007:101］。

住居を失った人の中には、親戚や知人の家に間借りするなどして、路上生活をまぬがれることができた人もいた。伝統的にオハナ（'ohana：拡大家族[3]）のように、親戚同士の相互扶助の観念が根強い先住ハワイ人社会では、夫婦とその兄弟姉妹、そして甥や姪などが一つ屋根の下に暮らすことは決して珍しいことではない。その一方で、頼る親戚のいない人々は、ワイアナエ地区のビーチなど、屋外で暮らすようになったのである。オアフ島の中でも比較的降雨が少なく、観光客が訪れることも少ないこの地域は、住む場所を失った人々にとって絶好の「キャンプ場」だったのである。ワイアナエ地区のビーチの多くはシャワーやトイレが設けられ、駐車場やキャンプスペースも備わっている。地区でホームレスが増加して以降、十数の家族がまとまってテントやタープを張り、そばにはBBQセットと折りたたみの椅子とテーブル、そして飼い犬があたりを歩き回る光景が多く見られるようになった。

こうした状況に住民達は懸念をつのらせるようになる。憩いの場であったビーチがホームレス・キャンプ化したことで、周辺地域住民からは地区の治安悪化を訴える声が多くあがった［四條 2013:273-275］。同じ地区内に、定職を持ち安定した生活をおくる先住ハワイ人がいる一方で、ビーチに張ったテントに家族で暮らす「貧困から抜け出せない」先住ハワイ人がいる。先住ハワイ社会のこのような格差は、前章で論じた「血の割合」によるものであるという指摘は多い［Trask 1999, Silva 2004, Kauanui 2008］。しかし、先住ハワイ社会内にある不均衡な社会経済状況の背景について、これまでの人類学およびハワイ研究では、「エリート層」の先住ハワイ人による記述が中心であった［Trask 1999, Tengan 2008, Kauanui 2008］。そこで、本章では、ワイアナエ地区住民へのインタビューから得られた資料を中心にまとめ記述することで、先住ハワイ人の社会経済的格差の背景を探ってみたいと考える。

第一節　アメリカ本土との関係――住宅バブル崩壊そしてリーマン・ショック

まず、先住ハワイ人社会が抱える貧困問題の重要な背景として、アメリカ本土における近年の社会経済格差問題について確認しておきたい。アメリカ合衆国では、連邦準備制度（Federal Reserve System 以下ＦＲＢ）が投資促進のための金利を引き下げたことをきっかけに、[4]一九九〇年代後半から住宅価格の上昇いわゆる「住宅バブル」が始まった。[5]その後約六年間の間に、国内の主要都市部の固定資産価格は、平均で二倍にまで高騰する。アメリカ本土で住宅価格が上昇した時期について、長年アメリカの貧困問題を取材してきた作家デール・マハリッジ（Dale Maharidge）は次のように述べている。

「住宅価格は絶対に下がらないと信じた者は多かった。アメリカの人口は増え続けていて、暮らす家が必要だからというのがその理由だ。住宅市場の供給量は少なく、住宅の価値は高かった。ここで想定されていなかったのは、所得の減少だ。ウォルマートのような安売り店の給料では、高騰する住宅価格は支えられない。」

[マハリッジ 2013：49]

そして二〇〇七年、ＦＲＢが住宅価格の高騰を抑えるために住宅金利を引き上げると、この影響がサブプライム層[6]を直撃し、住宅価格の上昇を目論んで開発されたサブプライム・ローンの返済が滞り始めたのだ。結果として、ローンが支払えないサブプライム層は家を追われ、各地で空き家が増えたことで住宅供給過多となる。そして、住宅価格は落ち込み、返済延滞率がさらに上昇するという悪循環に陥ったことで、ついに米国住宅バブルが崩壊したのだ。この余波を受け、二〇〇八年九月一五日、全米第四位の大手証券会社であったリーマン・ブラザーズ(Lehman Brothers Holding Inc.)が経営破綻する。これが、いわゆる「リーマン・ショック」である。倒産の翌日には、欧米の格付け会社が、次々と銀行の格下げを発表し、世界の株式市場は大暴落となった。アメリカ国内の主要六銀行は金利の引き下げを行い、当時のFRB議長のアラン・グリーンスパン(Alan Greenspan)は、この事態を「一〇〇年に一度の金融危機」と表現、連邦政府は七千億ドル(約七〇兆円)の公的資金を金融機関救済のために投入することを決定する。だが、その後もアメリカ国内の貧困率と失業率は、増加傾向が続いたのであった。

リーマン・ショック以降、税収が大幅に落ち込んだアメリカ国内の各自治体が、社会保障を中心に様々な予算縮小政策に着手する中、全米で拡大しているのが福祉事業である。福祉事業の主要業務は、俗に「フード・スタンプ」と呼ばれる、連邦政府が行う食糧支援プログラムSNAP(Supplemental Nutrition Assistance Program スナップ:補助的栄養支援プログラム)の運営である。SNAPは高齢者や障がい者、低所得層を対象にした食糧支援プログラムであり、配布されたプリペイド・カードで、その月に必要な最低限の食品を購入することができる。世帯人数や被扶養未成年者の有無、収入などの状況によって差があるが、全国平均では単身者で、月一六〇ドル(約一万六千円)が支給されている。アメリカ国内でのSNAPの受給者は年々増加傾向にあり、一九七〇年には国民の五〇人に一人の割合だったのが、二〇一二年には国民の七人に一人、四六七七万三七三人が受給し、ハワイ州では九万五三四世帯が「フード・スタンプ」を利用している[Department of Human Service 2012]。

第二節　先住ハワイ人を取り巻く格差

つぎに、ワイアナエ地区における社会経済的問題の要因を考えてみたい。第五章で述べたような「血の割合」に起因する、先住ハワイ人社会内の格差に加えて、ハワイ社会に内在する先住民に対するステレオタイプも、先住ハワイ人が直面する社会経済問題の背景にあると考えられる。例えば、観光客が集まるワイキーキーのリゾート関連会社で、かつてマネージャーをしていたオアフ島東部出身のリチャード（三〇代、非ハワイ人）によると、彼の職場では雇用の際に先住ハワイ人や、ワイアナエ地区など先住ハワイ人が集中する地区の出身者を倦厭する傾向があったという。その主な理由は、先住ハワイ人の場合「パートナーや子どもなどの扶養家族が多い傾向がある」［二〇一三年四月九日のインタビューから］ということであるという。リチャードの職場では扶養家族のことを「バッゲッジ」（baggage：荷物）と表現し、「先住ハワイ人の場合『バッゲッジ』が多く、（『バゲッジ』が多いと）身辺でトラブルも起きやすい」（括弧内筆者補足）という考えが職場で根強かったため、ワイアナエ地区などの特定の地域に住む先住ハワイ人を雇用することは稀であったという。ハワイにおける貧困率の高い地域の多くが、先住ハワイ人人口の多い地域、すなわちハワイアン・ホームステッドが集中する地域である。経済的に「貧しい地域」は先住ハワイ人人口が多く、経済的に「豊かな地域」は先住ハワイ人の少ない地域というわけである［Farmantez 2007:98］。また、特に「貧しい地域」では、軽犯罪や銃犯罪の発生が頻繁で、治安が不安定であるといわれる(7)。

第三節　ハワイのホームレス問題

1　増え続けるホームレス

これまでに述べてきたように、二〇〇八年から二〇一〇年のワイアナエ地区では、海岸沿いにホームレス・キャンプが少なくても十数ヵ所ほど形成され、ホームレス問題がますます深刻になりつつある頃だった。中には、三〇ほどのテントが集まる規模のホームレス・キャンプもあった。その後、ワイアナエ地区でのホームレス問題は、二〇一一年一一月にAPECがハワイで開催された際、オアフ島西部のリゾートホテルが集まる地域である、コオリナ（Ko'olina）が会場の一つになったことから、隣接するワイアナエ地区の治安の確保のために、路上生活者の一掃が行われた。一時はワイアナエ地区沿岸のホームレス人口は減少したとみられたが、実際には、ビーチ・パークなどを追い出された人々は、山側の茂みや、整備されていない海岸の林の中、あるいはホノルル市街に場所を移して路上生活を継続していたのであった。

ホームレス・キャンプには単身者と思われる人達だけではなく、おむつ姿の幼い子どもと一緒にビーチで過ごす、二〇代か三〇代くらいであろう若い家族の姿なども多い。ワイアナエのホームレス・キャンプでは、よく「住民達」が、酒とおぼしきビンを手に語り合う姿を目にした。そして、その足元には、飲み終わったビン、そして割れたビンのかけらが点々とある。ちなみに、米国の多くの州でもそうであるように、ハワイ州では屋外にある公共の場所での飲酒は禁止されている。また、沿岸部から少し離れた住宅街では、ホームレスとおぼしき人が、大きなゴミ袋を背負ったり、ショッピングカートを押したりしながら、通りを歩く姿をよく見かけた。道に捨てられた空き瓶や空き缶、ペットボトルを集め、リサイクル業者に換金してもらうのだ。これで、缶やペットボトル一つにつき、数セントの現金収入を得ることができる。

ホームレス問題が深刻化する状況について、筆者のインフォーマントの一人によれば「ホームレスが増えるようになったのは、ここ一〇年ぐらいのこと。以前のビーチは安全だったが、今は安心して子ども達を遊ばせられる場所ではない」［二〇一四年五月一日、メールでのやり取り］という。また、ワイアナエ地区でフィールドワークを行ったハワイ大学の地理学者カリ・ファーマンテス（Kali Fermantez）も、「私がフィールドワークを始めた二〇〇三年頃は、ホームレスの問題はあったものの、深刻な状況ではなかった。一年半後にワイアナエを去る頃になると、ホームレス問題が深刻化する兆候が、特にビーチで顕著になり始めていた」［Fermantez 2007:104］と述べている。

また月に一回、小学校のカフェテリアなどを使って行われる、ネイバーフッド・ボード・ミーティング（Neighborhood Board Meeting：町内会議）(8)でも、ホームレスによる治安悪化は毎回の議題であった。時には、警察署関係者やホノルル市関係者がミーティングに参加し、パトロールの強化や、ホームレス・キャンプの強制撤去を定期的に行っている旨を説明したりもしたが、住民の不安はなかなか払拭されないようであった。

さらに、ホームレスの増加は、州の基幹産業である観光にも影響を与えるようになっていた。ワイキーキー・ビーチなど観光スポットでも、ホームレスが顕著になり、ガイドブックや旅行関係の口コミサイトにも、ホームレスの問題に言及する投稿が増えていたのである。

観光客からの苦情に対して、観光産業に従事する諸団体は州政府に対応を求めた。その結果、二〇〇六年にはホノルル中心部にある観光スポットのアラモアナ・ビーチ・パークの夜間閉鎖を行い、同地域内に「滞在」していた二〇〇名余りを一時的な代替地に移動させた。以後、このような強制退去は、州内の観光地に限らずハワイ州のいたるところで行われているものの、退去しても、しばらくして再び元の場所にホームレスが戻ってくるという、イタチごっこ状態が続いている。

州内には行政や慈善団体によって建設された、ホームレス・シェルターがあるが、入居に際して過去の入居歴や、犯罪の有無、債務の履歴が照会されるため、入居を断られるケースがあるという。また、シェルターの多くで、犬などのペットを禁止していることも、一部の人がシェルターに入ろうとしない理由であるという。結果、一定数の人々が、犯罪の温床になりやすい屋外にとどまらなければならないという事態につながっている。

二〇一四年にハワイ州が行ったホームレスに対する調査では、ホームレスになった主な原因は、経済的理由、薬物依存、家庭内の事情であった［The State of Hawaii.Department of Human Services, Homeless Programs Office 2014］。

これとは別に、二〇〇九年に米国の二七都市（ハワイ州の都市は含まれていない）を対象に、ホームレスの状況を把握するために行われた調査では、失業、受けられる医療制度（精神疾患も含める）の不足、身体および精神障害、薬物依存がホームレスの要因であった。調査結果では、そのほかにも、家庭内暴力、家賃が支払えない、家の差し押さえ、刑務所からの出所直後、などが挙げられている［The United States Conference of Mayors 2009］。この調査は全米のホームレスの状況を反映したものではないものの、ハワイの現状も少なからずこの調査結果と類似したものであると考えられる。

増え続けるホームレスにハワイの住民の間では、ある噂まで広まった。アメリカ本土州では州内のホームレスの数を減らすために、「ホームレスに片道航空券を支給して、屋外での生活が容易なハワイに送り出している」という噂である。本土諸州がこのような政策を実施しているという根拠はないものの、しかしながらハワイ州のホームレス人口のうち、相当数が白人であるという統計データもあり、さらにハワイ商工会議（The Chamber of Commerce of Hawai'i）は「（屋外・屋内ホームレスのうち）四二％だけがハワイ州出身者である」［Forbes Aug. 13. 2013］と発表していることから、温暖な気候を求めてハワイにやってくるホームレスがいる可能性は否定できない。これをうけて、二〇一三年には州外出身のホームレスに片道航空券を支給し、本土の出身地に戻すプログラムを推進する政策の施行が検討されたが、予算面の問題で可決には至らなかった。

ホームレス問題について、解決の糸口が一向に見えない中、二〇一五年一〇月にハワイ州はホームレス増加による緊急事態宣言を宣言する。二〇一五年当時、州のホームレス人口は州全体で七二六〇人。人口比に対するホームレス人口比（一〇万人に対して四六五人）は全米一位であった。州のホームレスの半数以上をかかえる、オアフ島のホームレス人口は四九〇三人（うちシェルター入居者が二九六四人、路上生活者が一九三九人）であった［Department of Community Services 2015］。

写真１　ワイアナエ地区北部マカハのビーチ沿いのホームレス・キャンプ（2012年3月撮影）

2　ホームレス経験者の語り

次に、ハワイにおけるホームレスの現状を、かつてワイアナエ地区内のビーチでホームレス生活を経験した家族へのインタビューから見てみたい。

事例①　レイモミ（四〇代、女性）

以下は、一九九〇年代にビーチで、家族と四ヵ月間にわたりホームレス生活を送ったレイモミの語りである。ワイアナエ地区のハワイアン・ホームステッドで育ったレイモミは、地元の高校卒業後まもなくして高校の同級生と結婚し、ビーチでホームレス生活をする直前には、三人の子どもがいた。筆者がレイモミと出会った二〇〇八年当時は、ワイアナエ地区内に土地と家を持ち、七人の子どもの母であった（当時次男はすでに独立）。ホームレス生活をするようになった経緯について、レイモミと夫は以下のように話した［二〇〇八年一二月八日、二〇一二年九月九日、二〇一四年九月一三日のインタビューから］。なお、以下括弧内は筆者の加筆である。

「夫と三人の幼い子どもと一緒に、ビーチに住もうと決めたのは自然な流れだったわね。理由は、私達には高すぎる家賃。（同時住んでいた家は）ベッドルームが二つ、リビングルーム、バスルーム、そして小さなデッキがある家だったの。家賃は六五〇ドルと当時の私達にとっては高額だったわ。（中略）毎月、家計は自転車操業状態で、夫の月給は六四六ドル、それと夜に副業としてやっていたハワイアンショーでの演奏の給料で、食べ盛りの子どもがいる家庭を支えなければならなかったの。それに、三番目の子ども（三男）は生まれたばかりだったし。」［二〇一四年九月一三日のインタビューから］

レイモミの夫によると、当時は朝六時に家を出て、午後四時に帰宅、午後四時半にはハワイアンショーのミュージシャンの仕事に出かけ、夜一〇時に帰宅するという生活だったという［二〇一二年九月九日のインタビューから］。そんな生活を耐えることができたのは、家族のためという思いがあったからだという。「家族は私達の文化そして社会構造にとって、重要でなくてはならないものなの。」［二〇一四年九月一三日のインタビューから］とレイモミはいう。

「（ビーチに住むようになる前）一時期は、義理の家族（夫の妹家族）と同居をしたこともあったのだけど、生活環境は徐々に複雑になっていったの。家の中に人が増えたことで、出費も増えて。まだ若かった私にとっては荷が重かったのね。私が、がむしゃらにやっていた家計のやりくりは、生き延びるための戦いそのものだったわ。しかも、同居していた義理の家族は週に一〇〇〇ドルの収入があってね、一〇〇〇ドルよ！　そのうち、私達に手渡されるのは、ひと月にわずか四〇ドルから八〇ドルぐらいの現金と二、三袋の日用雑貨だったの。（けれども）私にとって家族や親戚は大切な存在だったし、だから、夫は自分の妹に対して不満を言い出せないでいたの。」［二〇一四年九月一三日のインタビューから］

「そんなストレスがあったことが、私がホームレスという選択をした理由よ。（つまり）家を出て、ストレスのないビーチでの生活のこと。電気はつくか、家はきれいか、食料は十分か、子ども達は健やかか、そして何より自分自身を見失っていないか、そのために常に戦闘態勢でいる必要のない生活が必要だったの。ホームレスになる選択をしたとき、私がまだ世の中を甘く見ていたといえば、そういうことになるかもしれないわね。（中略）そして、レンガ色のシェビーのピックアップ・トラックに荷物を載せ、ビーチでの生活を始めたの。」［二〇一四年九月一三日のインタビューから］

レイモミによれば、ビーチでの生活では、小さなクーラー・ボックスが冷蔵庫代わりになり、食事は簡単に作れるサンドイッチばかりであったという。子ども達（長男と次男）は、ビーチでの生活を楽しんでいるようであったが、それも最初の二、三週間のうちだけであったという。二、三週間もすると、レイモミはビーチでの自分達の状況がよく見えるようになったのだ。

「私は、ビーチと道を挟んだ所（ハワイアン・ホームステッド）で育ったから、ビーチのことはよく知っていたわ。でも、当時は違法薬物問題がワイアナエでも深刻になりつつある時期だったのよ。（中略）しばらくして、私が簡単に決めてしまったことの影響が子ども達にも表れ始めたの。子ども達の学校（小学校）の成績が落ちてしまったの。自分でした決断とはいえ、ストレスのない生活のためにビーチに来たら、また違うストレスが待っていたというわけ。それからの生活は本当に大変だった。（中略）正直、当時の記憶はあいまいな部分もあるわ。たぶん、それは意図的に忘れようとしているからなのだと思うけど。」［二〇一四年九月一三日のインタビューから］

ちなみに、レイモミ家族は生活保護基準を満たしていなかったために、政府の援助は受けることができなかった。しかし、ホームレス生活のさなか、夫が仕事で怪我をし、そのおかげでシェルターに入居することができた。(9) その後、夫の収入が安定したことで一家の生活も安定した。四ヵ月というホームレス生活で、レイモミは多くのことを学んだといい、その教訓は現在でも彼女の支えになっていると話す。また、当時を覚えているレイモミの長男も「すごくつらい経験だったけど、今では、それが大事な経験だったんだと思えるようになった。」［二〇一四年九月一三日のインタビューから］と当時を振り返った。

事例②　プア（五〇代、女性）

次に挙げる事例は、一九九〇年代のひと夏を、家族とともにワイアナエ地区のビーチで過ごしたプアの語りである。プアはインタビュー当時アメリカ領サモアに住んでいたが、知人宅を訪ねるために短期でワイアナエ地区に滞在していた。

プアは、ホームレスの経験をした当時、夫とともに長女と次女を養い、自身は短大にも通っていた。大工の夫の仕事は不定期で、休閑期にはほかの仕事を探して生活費を稼ぐか、あるいは生活保護でなんとか食いつなぐ厳しい生活状況であった。また、九〇年代、ハワイの借家の家賃は（プアの言葉を借りると）「とても高く」仕事もなかなか見つからなかったという。ビーチで過ごすようになった経緯について彼女は、以下のように回顧している［二〇一三年一〇月四日のインタビューから］。

「……（ビーチに住むようになる前）しばらくほかの家族の家に居候していてね。だけど、価値観の違いもあり、段々と息苦しくなって、お互いの家族のために結局私達はその家を出たの。（息苦しくなった理由は）居候先の夫婦がいつも彼らの子どもをかばうので、その子達が私達の子どもに対して威圧的な接し方をするようになり……居候の身では、快適に暮らすための自由も空間も十分ではないものね。だから、その次の選択肢であるビーチに住むことにして、次の家が見つかるまでできる限りのことをして、お金を蓄えることにしたの。」［二〇一三年一〇月四日のインタビューから］

彼女達家族は、ワイアナエ地区の南の端にあるビーチ・パークのキャンプ・サイトに落ち着いた。この場所を選んだ理由は、公衆のトイレやシャワー、水道が揃っていたからだ。しかし、毎週水曜日にはキャンプ・サイトの清掃があるので、荷物をまとめてどこか適当な場所に移動し、翌日まで時間をつぶさなければならなかった。また、キャンプには許可証が必要であったので、一週間ごとに許可証発行の手続きをしなければならなかった。現在、許可書の発行は有料であるが、九〇年代当時はまだ「ありがいことに無料だった」という。彼女にビーチに住んでいた頃の心境を尋ねると、次のように語ってくれた。

「子を持つ親としては、とてもつらい状況だったわね。直後に私の妹夫婦と二人の子ども達も加わったので、それも大変だった。子ども達は、下は幼稚園から上は小学校三年生まで。子ども達にとっては、学校から帰ってすぐにビーチで遊べるから、キャンプ・サイトでの生活を楽しんでいるように見えたわ。子ども達が帰ってくると、まずはおやつの時間、その後に宿題を終わらせてから海で遊ぶのが日課だったわね。子ども達にとっては天国だったけれど、子どもに安全な環境を与えたいと願っている親にとっては地獄だったわよ。けれど私達大人は、いつも笑顔を絶やさぬように心がけて、子ども達にはこの経験が辛いものだということを悟られないよう、気を付けたの。」［二〇一三年一〇月四日のインタビューから］

その後プアと家族は、慈善団体がワイアナエ地区内に建てたシェルターに入居することができ、ビーチでの生活はひと夏で終わった。シェルターでは、ビーチに住む家族のために、就職の斡旋も行っていた。また、大人向けの教育プログラムや、家族で参加できる無料レクリエーションなどが充実していたという。そこでも、夫の仕事が見つかるまでの間、生活保護の援助を受けていたが、車を所有していたので現金の支給はなかった。代わりに、月に八〇〇ドル（約八万円）のフード・スタンプをもらっていた。しかし、四人家族に必要なのはせいぜい三〇〇ドルから四〇〇ドル程度であり、同時に車のローンもあったので、結局はあまったフード・スタンプを売って得た現金を、自動車ローンの支払いに充てていたという。彼女にとって、生活が最も苦しかったこの時期は、最も謙虚になれた時期であったという。

その後、家族は夫の両親の出身地であるアメリカ領サモアに移り住む。アメリカ領サモアには、夫の実家が持つ広大な土地があり、土地内には、バナナやタロイモ、パンの実、パパイヤ、マンゴー、パイナップルが実り、魚釣りにも行けた。家族はそこで「家賃を心配することなく、普通の生活を送ることができた」という。

ちなみに、ビーチでのホームレス経験以降、プアはキャンプ自体が嫌いになったという。キャンプ場でバーベキューをすることはあるが、夜をそこで過ごすことはなくなった。また、海にも入らなくなったという。「きっと、ホームレスの経験がトラウマになっているのね」と、彼女は話した［二〇一三年一〇月四日のインタビューから］。

小結

本章ではここまで、現代のハワイ社会における貧困の問題を、歴史的背景、米国本土との関係を中心に整理してきた。ハワイにおける昨今の経済状況は、アメリカ本土での「住宅バブル崩壊」や「リーマン・ショック」などの影響によるところが大きい。ハワイの物価の上昇や雇用の減少などは、本土での経済危機と連動し、特に先住ハワイ人社会ではその影響が増幅され、住宅難民や、ホームレス人口の増加というかたちで、顕在化しているといえよう。

しかし、不安定な経済状況下にあるワイアナエ地区住民にとって、ビーチでの生活が、時として経済的貧困状態を解消するための踏み台として選択されることを、二つの事例は明らかにしている。

さらに、ワイアナエでは、地区のビーチにノスタルジックな思いを重ねる発言を耳にする。事例②のレイモミは、幼い時（一九七〇年代～一九八〇年代）、週末や休暇には、よく一家でビーチ・キャンプをして過ごした。そこで、魚やウミガメ[10]の伝統的な漁の仕方やさばき方、そして海に関する知恵を両親から学んだのだという［二〇一一年六月二四日のインタビューから］。

かつてビーチでの憩いは、先住ハワイ人にとって生活の一部であった。「土地を失った」先住ハワイ人が、自然との関係を再確認あるいは再構築する手段（それがたとえ一時でも）の一つがビーチであったのではないだろうか[11]。また、先住ハワイ人の伝統的価値観を投影する対象としてのビーチ（あるいは土地）は、先住ハワイ人社会におけるエスニック・プライドの受け皿であるともいえる。一九七〇年代以降、先住ハワイ人のエスニック・プライド運動で強調された「大地とのつながり」は、土地が伝統文化とつながる重要な概念となるきっかけであった。プライド運動の過程で理想的に想起されるようになった「古き良き」伝統の暮らしは、先住ハワイ人全体の原風景として、肯定的感情を醸成していると考えることができないだろうか。

「マーラマ・イ・ケ・アーイナ、マーラマ・イ・ケ・カイ（Mālama i ka ʻāina, mālama i ke kai.：土地を慈しめ、海を慈しめ）」というのは、現代の先住ハワイ人社会で繰り返される、自然との関わり方を諭す言葉である。太古から、自然環境を生かすことで生活が営まれてきたハワイでは、現在でも自然に対する敬意を、現在社会の根幹に据えようとする意識がうかがえる。

註

（1）二〇〇八年頃までは概ね三％未満を維持していたが、二〇〇八年の一月から失業率が急上昇し、翌年二〇〇九年の六月には七％に達した。

（2）シャワーやトイレ、駐車場、バーベキューなどができる芝生の広場が併設されたビーチに隣接した公園。ハワイ州では、多くのビーチがビーチ・パークとして整備されている。

（3）オハナは英語では「family」とも訳されるが、ハワイでは特に拡大家族を意図して用いられるハワイ語である。伝統的なハワイの親族体系では、例えば、母とオバ（双方ともマクアヒネ makuahine）、父とオジ（双方ともマクアカネ makuakane）の区別がなく、現代でも、オバを「mom」や、オジを「dad」、そしてイトコを「brother や sister」と呼ぶ状況がある。また、ハーナイによって広がる親族関係も、拡大家族の要素である。

（4）ＩＴバブルの崩壊後の景気減退の底入れとして行われた。

（5）そのきっかけとなったのは、「ドットコム景気」とも呼ばれるＩＴバブルである。ＩＴ新興企業はウォール街の寵児となり、また連邦政府の収支にも問題がないといわれ、二〇〇〇年代の初め豊かさという幻想がはびこった時代であった［マハリッジ 2013］。

（6）支払い履歴など信用度を数値化したクレジット・スコアなどの審査が緩いかわりに高金利で借入ができる客層。対して、クレジット・スコアが高い客層はプライム層と呼ばれる。

（7）テンガンの指摘によれば、州内の受刑者三八％がハワイ人、州外のハワイ出身受刑者の四八％がハワイ人である［Tengan 2008:148］。

（8）日本でいう町内会の寄合のようなもの。ワイアナエ地区内には三つの Neighborhood Board がある。月に一回、小学校のカフェテリアなどで地域の問題を話し合う。

（9）土地が限られたハワイ諸島では、シェルターなどの社会資源が米国本土に比べて充分でなく、シェルターの定員は常に上限に達している状態である。

（10）現在ウミガメの捕獲は保護目的で全面的に禁止されている。

（11）ハワイの主権回復運動家の中には、「米国側のクーデターによって違法に占領された」ハワイの土地の主権を主張するために、あえてビーチでの屋外生活を行う活動家もいる。

第七章　伝統的慣習の現代性――ハワイの養子縁組ハーナイの現場から

はじめに

本章では、現代ハワイ社会における養子縁組制度に焦点を当て、伝統的な養取慣行が後に登場したアメリカ式養子縁組制度の枠組みにどのように組み込まれ、いかに再構築されてゆくのか、オアフ島ワイアナエ地区の先住ハワイ人住宅ハワイアン・ホームステッドで実施した聞き取り調査をもとに考察を試みてみたい。

ハワイにおけるハーナイ（hānai）とは、親族間や親しい間柄で行われていたハワイの伝統的な養取慣行である。現在、この地域における養取慣行はアメリカ政府主導の養子縁組制度にとって代わられたものの、アメリカ経由で導入された養子縁組制度を住民は「ハーナイ」と呼びそこに伝統的な価値観を組み入れることで、伝統的な先住ハワイ文化を「実践」する枠組みとして捉えなおしている状況が見受けられる［Modell 1995, McGlone 2009］。本章では、ワイアナエ地区のハワイアン・ホームステッドで行った、現代の先住ハワイ人家庭における養子縁組制度の実施状況について行った聞き取り調査をもとに考察を行う。

議論に入る前に、本書で使用するハーナイには、二つの異なった性質が含まれることを確認しておきたい。一方は、西洋の親族概念が導入される以前のハワイで行われていた伝統的なハーナイであり、本章ではこれを括弧なしのハーナイとする。もう一方は、西洋法を土台とした養子縁組制度が導入されて以降の「ハーナイ」である。ここでの「ハーナイ」とは、新規の養子縁組制度に伝統的な価値基準を組み込んだ、現代ハワイ社会で「ハーナイ」と呼ばれる養取慣行である。

第一節　伝統的親族体系

1　養取慣行

養取に関して、オセアニアは全体的に同様の慣行がきわめて顕著である地域として知られている。オセアニア地域における養取慣行が人類学的関心を集めるようになったのは一九六〇年代から一九七〇年代にかけてである。ヴァーン・キャロル（Vern Carroll）はオセアニアにおける養取慣行の多様性について、「それらすべての社会に共通する養取の概念を求めるなら、ほかの親の子どもを自分自身の子どもとしてひきとる慣習的・選択的手続きをきわめて抽象的に仮定する以外に方法がない」〔Carroll 1970:3，須藤 1968:247〕とし、オセアニアでの養取慣行の多様性を指摘している。ちなみに、ハワイの養取慣行であるハーナイも厳密には養取の時期、養取の理由などの違いにより、大きく分けて六種類の形態が知られていた。ハーナイの各形態については、後の節で詳述する。

オセアニアの養取慣行が有する多目的な機能について分析を行った須藤は、特にミクロネシアに共通する養取慣行の機能について、親族同士で協力することで個々の養育負担を軽減することと、親族紐帯の再編と強化をはかるという二点を養取の目的として指摘している。また、ミクロネシアの事例では、集団存続のために財産相続人および後継者を確保するという資源管理戦略としての目的は、当該地の養取慣行において大きな位置を占めているとはいえず、集団存続が動機であるヨーロッパ社会や東アジア社会における養取慣行の分析に有効であるとされた出自

（decent）論での解明は、少なくともミクロネシアの養取慣行においては有効な分析枠組みを提供し得ないと結論づけている［須藤 1958:227–278］。

ポリネシアに位置し、サモアの南に位置するニウエの養取慣行を分析した馬場は、オセアニア研究で強調されてきた「養子取引による集団間連帯（alliance）の樹立あるいは強化および集団内結合関係の補強という側面」［Firth 1959, 1963, Brady 1976, 馬場 1998］を踏まえ、ニウエにおける伝統的な養取慣行を、集団間関係を樹立・強化・補強する cementing（セメンティング：接着作用）という側面から分析を行い、かつては伝統的な養取慣行によって土地などをめぐる不安定な状況が解消されていたニウエで、一九一六年以降にニュージーランド政府によって進められてきた養子縁組制度が伝統的な社会組織を変容させる状況を明らかにしている。

現代のオセアニアで観察できる養取慣行については、伝統的な枠組みとの相違点が指摘されている。現在の制度下では、オセアニア社会のほとんどで里子と養子が区別されているが、これは必ずしも伝統的な概念を継承したものではない。オセアニアにおける里子と養子の概念について馬場は以下のように説明している。

現在、オセアニア社会のほとんどでは養子と里子を概念上区別し、異なる名称を付しているが、個々のケースは弁別しにくい。里子から養子へ事情に応じて転換したり、里子か養子かを確定する必要性が生ずるまで曖昧にしておいたりする例は夥《おびただ》しく存在する。また、そのいずれでもなく、単にしばらく逗留して（あるいは預かって）いるうちに里子同然になり、さらに場合によっては養子になるケースも多々あるなど、ほかの家庭で養育される子どもの地位は容易に変化する［馬場 2004:15］。

現代ハワイ社会における養子縁組制度も、馬場の指摘にあるように養子と里子の区別は曖昧である場合が認められる。実際に、現地では里子・養子が一緒くたに「ハーナイ」と呼ばれる場合が多くある。筆者が行った聞き取り調査でも、はじめは里子かと思われた事例が、実は養子であったりすることがままあった。(1) ハワイで見られるような、里子と養子の区別の曖昧性の背景については、アメリカ政府主導の養子縁組制度との関連も指摘することができ、これに関しては次節で詳しく述べる。

繰り返し述べているように、現代ハワイ社会の「ハーナイ」はアメリカ本土から移入された概念を枠組みとしている。アメリカ合衆国では州により養子縁組制度の実施状況が異なるため、アメリカにおける養子縁組制度を一概に述べることは難しいが、欧米的な養取慣行における一定の傾向については、①養取が行われることはまれであること、②社会的に低い評価であること（養子は多くの場合に社会の底辺層の出身）、③養家と養子の関係は非対称的であること、④生家との断絶（養子自身の出生からの記録が不明瞭）、の四点が指摘されている［Treide 2004:127］。

次節以降で、ハーナイと「ハーナイ」の詳細について事例とともに説明を行う前に、現代のハワイで伝統的な親族概念と並び重視される、アメリカ式の親族概念についても触れておきたい。

第二節　アメリカにおける現代の養子縁組政策

かつては、ヨーロッパ地域でも養子縁組が広く行われていたが、血縁の重要性を説くキリスト教が広まるにつれ、養子に対する否定的な考えが定着し、ヨーロッパ諸国での養取慣行が衰退した。一六世紀には私生児の急増抑止や、教義としての貞節を背景に、カトリック教会とプロテスタント系教会の双方が養子縁組を否定した。イングランドにおけるCommon Lawでも長い間養子は認められず、一九二六年になるまで同国では養子に関する法律が存在しなかった。これは、キリスト教的価値観の影響とともに、相続に関するいざこざを防ぐ目的があったと考えられる

[Carp 1998]。

ヨーロッパに根付いた養子に対する否定的な観念は、アメリカ合衆国においても同様であった。一六九三年にはマサチューセッツ州プリマスで記録上最初の養子縁組の記録が一例残っているが［Carp 1998:6］、キリスト教的血縁観念が強かった当時は、養子には依然として強い偏見があったと推測できる。

アメリカ合衆国において養子縁組が本格的に制度化されるのは、第二次世界大戦後である。二〇世紀初頭までは教会が運営する「孤児院」が身寄りのない子どもの受け入れ先として一般的であったが、施設に入居する子どもの多くが死亡している事実が知られるようになると、児童養護施設ではなく一般家庭での子どもの受け入れを呼びかける運動が起こる［Chapin 1926］。初期には、貧困層が多かった都市の児童を、地方の農家が働き手として受け入れる徒弟制度がとられたが、やがて徒弟関係を経て農家に養子縁組される例が増えた。この時期のアメリカにおける養子縁組は、児童福祉ではなく大人側からの労働需要によるものであったとも言える。

その後、ニューディール政策、そして第二次世界大戦を経て発展したアメリカの福祉政策、および社会的マイノリティの貧困問題に対する意識の芽生えにより、貧困家庭の子どもの養子縁組を斡旋する制度が整備され、一九六〇年代には養子制度が国内に浸透した［Barr 1992］。一九三七年の養子件数は一万六千件から一万七千件であったが、一九五〇年には九万三千件、一九六五年には一四万二千件に達した(2)［Carp 1998:29］。

一方で、アメリカ国内における人類学的な養子に関する研究は、長らくその重要性が認知されず、議論をケースワーカーら現場に任せてきた。アメリカ国内での養子制度について学問的関心が低かった理由として、養取が極めて「個人的な問題（personal issue）」と考えられていたことが挙げられる［Schachter（Modell）2002:3］。かつて、アメリカでは養子の実父母に関する情報は一切公開されず、養子となった子どもには、新たな出生証明書が発行され、実父母は養子先のネットワークから抹消されてきた。しかし、二〇〇〇年にはオレゴン州で、養子に対して実母の情報公開が認められるなど、現在では養子縁組がオープンに議論される環境が生まれつつある［Schachter（Modell）2002］。

アメリカでの養子縁組制度の歴史背景を踏まえ、現在のハワイ州における養子縁組制度の内容を確認したい。州内の養子縁組を統括するハワイ州厚生局では、養子縁組に関して、次のようなガイドラインを定めている。

・養子と生家の関係を維持し実親と面会の機会を設けること。
・養子に生活に必要な交通手段を提供すること。
・養子の民族的背景を尊重する養育を行うこと。

さらに、ケースワーカーによる以下の手続きを経て、養家に養子を受け入れるためのライセンスの発行を行っている。そのほか、養親希望者には、合計一五時間の講習を義務付けている。

（1）養家成員に関して、児童虐待および犯罪履歴の有無を確認
（2）自宅訪問
（3）養親に関する推薦状の取得
（4）養家成員の診断書および結核予防接種証明の取得
（5）養父母の婚姻証明書の取得（婚姻関係にある夫婦の場合）
（6）養家成員の資産情報、職歴情報の取得

また、ハワイ州の場合、養子には二〇一六年の時点で一人あたり毎月五七五ドル（約五万二九〇〇円）から六七六ドル（約六万七六〇〇円）の手当てが支給される。[3] 州政府が行う養子縁組制度で養子となる子どもの背景は、①

望まない妊娠をした母親が、子どもを養子に出すケース、②実親が薬物依存などにより扶養能力が欠如していると判断された場合、州政府や養子縁組を行う機関が強制的に子どもを養子に出すケース、③実親が、経済的理由で子どもを扶養できないと判断し、より良い環境を子どもに提供するために実親が子どもを養子に出すケースがある(4)[四條 2014]。

第三節　ハーナイと「ハーナイ」

1　伝統的なハーナイ

ハワイで地元の人と話をしていると、「ハーナイ」という言葉をよく耳にする。hānai mom, hānai son, hānai brother, hānai sister, hānai uncle のように「ハーナイ」という言葉は、すべての英語の親族名称と組み合わせて使用される。ハワイの伝統的な養子制度ハーナイには、厳密にいうとハーナイのほかに何種類かがあるのだが、現在では、一般的に実子でない子どもを家庭に迎え入れることが「ハーナイ」と呼ばれる。以下で、伝統的なハーナイの特徴についてまとめてみたい。

伝統社会におけるハーナイとは、のちに一族の長となる長子ヒアポ（hiapo）を、祖父母あるいは親族が、自分達の子どもとして養取する慣行のことである。ハーナイは、子どもが生まれる前から実親と養親との口約束で決まっている場合がほとんどであり、また、祖父母によってハーナイされる際には、女児は母方の、男児は父方の祖父母によって育てられるのが通例であった[Kamakau 1968:26, Howerd et al. 1970:39, McGlone 2009:17]。ちなみに、ハーナイには、もともとハワイ語で「食べ物を食べさせる」という意味がある。「食べ物を食べさせる」とは、つまり乳幼児に食べ物を与えることであり、子どもの成長の全過程に参与することで構築される「擬制的」な親子関係と言ってよいだろう［Carroll 1970, Sahlins 1985, Keesing 1992］。

伝統的なハーナイがかつて担っていた主な役割としては、主に次の七つがあげられる［McGlone 2009:18-20］。

（1）教育としての役割

いずれ一族を統率することになる長子ヒアポに、伝統的な価値観や知恵、さらに系譜に関する膨大な情報（kumulipo）を、ゆっくり時間をかけて伝える役割。主要な働き手である若い世代に代わって、祖父母は一族の長となるべく引き取られた子どもに、系譜にまつわる伝承や知恵を口承した。よって、親族内における基本的な知識継承のシステムは、「親」をバイパスして「祖父母→孫」ということになる［Linnekin 1985:65］。

（2）養育

伝統的なハワイ社会では、若い世代とは異なり、生活にある程度のゆとりがある祖父母のほうが子育てに適しているという考えがあった。また、先住ハワイ人の結婚年齢は低く、若い親では育児・教育に手を余すことがままあったことも、祖父母の養育経験が頼られる一因であったのだろう。

（3）一族間の同盟強化

特に首長階層であるアリイ（ali'i：首長）にとって、ハーナイはほかのアリイとの同盟を強化するための政治的手段として用いられた。また、子どものいない高位アリイが、親族の子どもを養取し、系譜の後継者とすることも一般的であった。

（4）双子の離居

双子を同居させると、一方あるいは双方が死ぬと信じられていた。

（5）特定の女性におけるカプ

一族のアウマクア（ʻaumakua:「トーテム」、守り神）から格別な寵愛を受けているとされる女性はウフ・カプ（uhu kapu：カプの膝）と呼ばれ、子どもを養育することが避けられた。子どもの排泄物で女性が穢れるのをアウマクアが嫌がると信じられていた。

（6）「キョウダイ婚」のための離居

アリイ階級に見られたハーナイ。例えば、アリイの一族に生まれた妹は、将来兄と結婚するために、別の家庭で育てられることがあった。この場合、両者の間に系譜上のキョウダイ関係はなくなり、婚姻も可能となった。この婚姻関係により生まれた子どもは、アリイ・ニアウ・ピオ（aliʻi niau pio：どちらの親よりも位の高いアリイ）と呼ばれ、格別高い地位が与えられた。

（7）「孤児」の養育

子どもの実親が死亡した場合、実親のキョウダイが残された子どもをハーナイするなど、救済としての役割があった。場合によっては、子どもの年長のキョウダイがハーナイを行うこともあった。

ハーナイの申し出は、たいてい祖父母あるいは年長者からであり、これを断ることは通常許されていなかった。ハーナイを断ることで、子どもに危害が及んだり、断った家族に不運が起こると考えられていたからである［Beaglehole 1937, Forster 1960］。ハワイ社会の西洋化が進んでからは、ハーナイの申し出を断る若い世代もあったようだが、その後子どもが夭折した場合などには、ハーナイを断ったためであると噂されることもあったという［Yamamura 1941］。

現在のハワイでは、様々な形態の養子縁組全般を「ハーナイ」と呼んでいるが、厳密にはハーナイとは子どもが乳児の時に行われる養子縁組のことのみをさす。識者らはこの差異を「伝統的」「非伝統的」なものとして大別している［McGlone 2009:143］。

ハーナイ以外の伝統的な養子縁組には、ほかにホオカマ（hoʻokama）とルヒ（luhi）、ホオカーネ／ホオワヒネ（hoʻokane/hoʻowahine）の三種類が知られている［Handy & Pukui 1958］。

ホオカマ（hoʻokama）

ホオカマは、幼児期を過ぎて以降、または成人になってからの養子縁組のことを指す。ちなみに、ホオカマにはハワイ語で「よその子どもを自分の子どもにする」という意味がある。ホオカマが行われる多くの場合、まずは互いの絆が強まるにつれホオカマが意識されるようになり、やがてホオカマを行う当人同士で話し合いがなされる。話し合いの際、子の実親はほとんどの場合口出しはしない。ホオカマの関係が結ばれても、養親との同居の義務は伴わず実親との関係も継続する。

ルヒ（luhi）

ハーナイやホオカマが、「関係性」に基づいて、養子と養親のオヤコ関係を結ぶシステムであるのに対し、ルヒでは、養子は家事労働に従事し、養親との精神的な紐帯も希薄であった。ルヒで養子となった子どもは、実親が不在であったり、労働力を確保したりすることが目的の場合が大半であったと推測される。また、実際には養子縁組ではなく、奴隷制の一類型であったともいわれる。しかし、公にされることがまれであったルヒに関する資料は極めて少なく、その実態は良く分かってはいない。

ホオカーネとホオワヒネ（hoʻokāne, hoʻowahine）

「擬制的」親子関係を結ぶのがハーナイ、ホオカマ、ルヒであったのに対して、「異性同士が、擬制的に精神的婚姻関係を結ぶ」[Handy and Pukui 1958] のがホオカーネ／ホオワヒネである。kāne（カーネ）はハワイ語で男性を、wahine（ワヒネ、またはヴァヒネ）は女性を意味する。「擬制的」夫はホオカーネ、妻はホオワヒネである。ホオカーネ／ホオワヒネの事例について、ハンディとプクイは以下の事例をあげている。

（ハワイ島の）プナ（Puna）に住むホエアヴァは、（同じくハワイ島の）ヒロパリク（Hilopaliku）の有力者であるヘラという名前の女性のホオカーネとなった。二人とも既婚者であった。ホエアヴァとヘラはキョウダイのように親しい間柄であった。ホエアヴァの姪は、ホエアヴァの娘と一緒によくヘラの家に通い、ヘラは実の姪のように二人に接した。ヘラは、ホエアヴァが亡くなるよりずっと前にこの世を去った。ヘラは、ホエアヴァによく土産をもたせ、ホエアヴァの妻もヘラのためにゴザを編み夫に持たせた。このようなホオカーネとホオワヒネは、生涯肉体関係を結ぶことはなかった [Handy & Handy & Pukui 1958:55]。（括弧内は筆者）

二〇世紀の中頃にマウイ島のハナ地区の先住ハワイ人コミュニティを対象に行われた調査によると、二三％の子どもが養親と暮らしていた [Yamaura 1941 c.i. McGlone 2009:17]。また、一九五七年の調査でも、二三％（七三世帯のうち一七世帯）の家庭が養子をとっていた [Forster 1960:95]。さらに、オアフ島の四つのハワイアン・ホームステッドを対象に行った調査では、調査に協力した六一八世帯のうち約二七・六％の家庭にハーナイによる養子が居た。いずれの調査でも、養子縁組の形態がハーナイなのかそれとも「ハーナイ」なのかは明記されていないが、戦後になっても伝統的な枠組みでの養子縁組制度が行われていたといえるだろう。

2 伝統的なハーナイの事例

次にあげる事例は、筆者がワイアナエ地区のハワイアン・ホームステッドでのインタビューで、聞くことのできた、伝統的慣習として行われたハーナイの事例である。現代では、新たに伝統的なハーナイの形式で行われる養取慣行の数はごくわずかであるが、アメリカ国内に養子縁組制度が広まる一九六〇年頃までのハワイでは、伝統的なスタイルで行われるハーナイは珍しくなかった。

事例① 祖父母にハーナイされたジルダ

筆者が出会った当時五〇代後半であったジルダ（血の割合は一〇〇%）は、ワイアナエ地区で生まれ育った。元ホテル接客従業員で、定年退職した現在は、ウクレレ愛好会など、地域の活動に参加している。

実親にとっては長子であったジルダは、幼い頃に母方の祖父母にハーナイされ養子となった。彼女自身、ハーナイされた年齢は覚えていないという。また、ともに若かった父親と母親は結婚はしておらず、漁師であった父はジルダが生まれる前に母の前から姿を消した。少なくとも物心がついた頃には祖父母との生活であったという。祖父母のもとで、ロミロミなど伝統的なハワイ文化やハワイ語に囲まれて育てられたジルダは、実母よりも祖父母との関係の方が強かったと語る。

ジルダのハーナイの場合、行政手続きはとられておらず、法的には実親の子どもとなったままである。実際に、ジルダと実親の関係が途切れたわけではなく、ときおり会い、またしばらく一緒に暮らすこともあったという。しかし、ジルダは自身を「ハーナイされた子ども」と考えており、また「ハーナイの親」は祖父母であった。

ジルダが成長してから聞いた話では、ジルダのハーナイはジルダが生まれると分かった時から、祖父母が申し入れていたことだったという。ジルダによれば、祖父母は単に最初の孫がかわいくて仕方がなく、手元に置きたかったのだろうということだった。ジルダ自身は、祖父母が孫をハーナイすることは伝統的な習慣ということで納得するようにしていたというが、実母が若くシングルマザーであったことも、ハーナイの理由であったと考えていると語った。ジルダが高校を卒業して以降、諸事情で実母とは疎遠になった。

結婚後も、「実家」である祖父母宅の近くに住んだジルダは、子どもの世話を祖父母に手伝ってもらいながら、子育てをした。

事例②　孫をハーナイしたモアナ家

オアフ島のワイアナエ地区にあるハワイアン・ホームステッドに住むモアナ一家は、自宅でタヒチアン・ダンス教室を開くなど、地域の活動に積極的な家族である。家族構成は（実際には、頻繁に出入りがあるので、正確な世帯人数を把握するのは難しいのだが）夫婦そして同居する長男と長女、長男の妻と息子である。インタビュー当時、夫ビル（血の割合は七五％以上）と妻メアリー（血の割合は五〇％以上）はともに六〇代、長男マイカと妹のモミは二〇代であった。彼らの住まいが、筆者の下宿と同じ通りにあったこともあり、直接知り合う以前からモアナ家の子ども達がハーナイされた子どもであることは、隣近所からの情報ですでに耳にしていた。夫ビルと妻メアリーによれば、マイカらの実親は経済力もないまま一〇代で結婚したため、子ども達を育てることが困難であったのだという。ハーナイした当時、自宅では妻がタヒチアン・ダンスを教え、ビルも副業でタヒチアン・ドラムを教えており、孫を育てるだけのゆとりはあった。そこで、孫二人をハーナイすることになったのだという。祖父母のもとでタヒチアン・ダンスを覚えたマイカは、現在はポリネシアンダンスのコンテストで優勝し、二〇一六年頃からはラスベガスで実力派のタヒチアン・ダンサーとして活躍している。

孫をハーナイした理由をたずねた時、ビルは迷うことなく「伝統だからさ。俺達にはアロハがあるんだよ」と答えた。

	待機中	養子成立
白人系	8%	8%
アジア系	9%	7%
先住ハワイ人	22%	19%
多民族的背景	48%	56%
ヒスパニック	9%	10%

表1　ハワイにおける2010年の養子縁組内訳
[State Policy Advocacy & Reform Center 2012]

3　現代の「ハーナイ」

次に、前述したアメリカにおける現代の養子政策をめぐる背景を踏まえて、ワイアナエ地区での養子縁組の実施状況を見ていきたい。

筆者が調査を行うワイアナエ地区は、ハワイ州の中で最も先住ハワイ人が集中する地域として知られる。加えて、多民族社会であるハワイの中でも、先住ハワイ人の貧困率はとりわけ高く、先住ハワイ人社会を取り巻く社会経済状況と、先住ハワイ人社会における養子縁組の割合の高さには相関関係があると考えられる。特に先住ハワイ人社会で問題となる、成人の収監率の高さ、未成年の逮捕者の多さ、低学歴、および失業率の高さは、里子・養子の多さの要因であると考えられる［Honolulu Star-Advertiser Jan. 10, 2016］。二〇一〇年にハワイで実施された養子縁組のうち、先住ハワイ人の養子は一九％を占め、待機中の児童も二二％とほかのエスニック・グループよりも高い（表1）。待機児童とは、行政もしくは関係機関の判断で実親のもとから離され、養取先が見つかるまで、一時的に里子として里親に引き取られている児童である。

先住ハワイ人の里子の場合を見てみると、二〇一〇年に里子プログラムを終了した里子のうち、六三％が実親のもとに戻り、一七％が養取[5]、九％が親戚や後見人に引き取られ、七％が年齢制限のために終了、残り四％が転居や逃亡、行方不明、あるいは死亡であった。

里子を経て養取された児童の場合、四九％はそれまで一緒に暮らしてきた里親に養取され、五一％は実親の親族に養取されている。また、一％の里子は継親に養取されている。ハワイ州において里子（待機中児童）が養取まで至る期間は、平均して四年弱。養取時の平均年齢は六・二歳であるのに対して、養取待機中の里子の平均年齢は一〇・五歳である。これまでの統計から、九歳を過ぎると養取される割合が下がることが分かっている。

州で実施されている里子プログラムでは、一〇歳から二一歳までが支援対象であり、二〇一〇年には八四人が養取されないまま里子プログラムを終了している。里子が養取されないでプログラムを終えた場合、彼／彼女達は持続性のある家庭を持たずに成人期を迎えることになり、そのようなケースではホームレスや無職、鬱や薬物依存などの問題を抱えるリスクが高まる傾向にあるという。このような待機里子の現状を改善しようと、二〇〇八年アメリカ連邦議会は里子および養子制度の改革を実施した[(6)]。しかし、全米では未だに数千の里子が養子縁組を待つ状況にあり、とりわけ年齢の高い児童、有色人種の児童が待機傾向にある［North American Council on Adoptable Children］。

4　現代の「ハーナイ」の事例

ここからは、制度の枠組みに基づいて行われる現代版「ハーナイ」を紹介してみたい。前述したような、伝統的なハーナイの価値観や観念が現代的な養子縁組制度の中で変形してはいるが、ここで紹介する二つは、どちらとも「ハーナイ」として認識され伝統的なハワイの価値観と結び付けられる事例である。

事例③　乳児期に養取されたシャノン

モアナ家と同じハワイアン・ホームステッドに住む、パイア家の妻ローラ（六〇代、ハワイ人の血は七五％以上）は、ワイアナエ地区のホームステッドで生まれ育った。地元ワイアナエ高校在学中の一六歳で結婚し、実子は四人。筆者が調査を開始した二〇〇七年当時、長男が四四歳、長女四一歳、次女四〇歳、次男二九歳で、三女（養女）が一三歳であった。当時、長男と三女以外は独立しすでに家を出ていた。子育てが一段落した頃、五〇代でローラ夫婦は養子を迎える。その理由をローラは、「大家族に慣れていたから、子どもが一人増えることは問題なかった。それに子どもが皆大きくなって寂しい気持ちもあったのかもしれない。子育てが恋しくなったのだろう」と語っている。

養取した女児は、生後二ヵ月で、シャノンという名前がついていた。シャノンの養子縁組は、生まれる前から決まっていた。シャノンの実母は、妊娠前から薬物依存症の問題を抱えており、またすでに何人かの子どもがいたのにもかかわらず、生活は困窮していた。実母の養育環境を危惧した行政によって、シャノンの養子縁組が決められたのである。

行政による養子縁組の際、養親の選定に関しては、養親の健康状況や経済状況について厳密な審査が行われる。当時、ローラの夫ハリーはホノルル市消防局につとめ、消防船の船長をつとめていて、収入は安定していた。また、養親選定の要素として、ローラは「夫婦とも飲酒をしないことも重要だったのでは」と考えているという。ハワイではアルコールなどの依存症を抱える住民は多く、養子縁組の背景には、各種の依存症が根を張っているからだ。

こうしてローラ夫婦の養女となったシャノンは、現在パイアの姓を名乗っている。シャノンは、二〇一四年に州内有数の進学校である、カメハメハ・スクールズを卒業したのち、看護学を専攻するために、両親の支援のもとネバダ州の大学に進学し、二〇一九年現在は、ラスベガスで看護師として働いている。

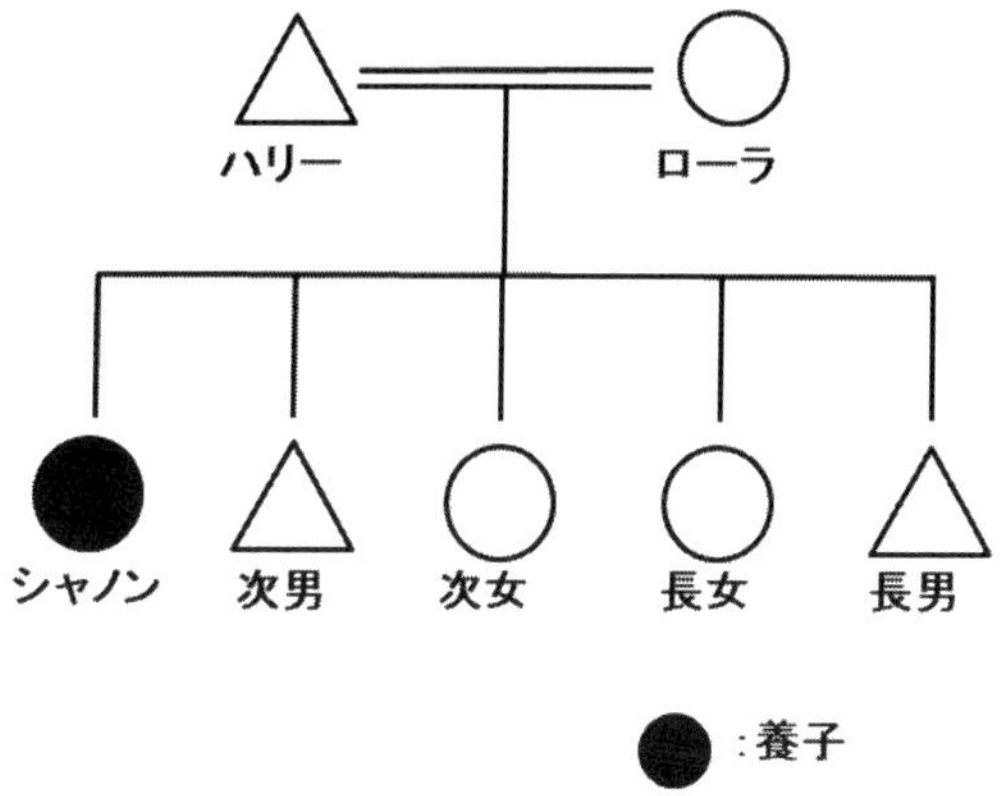

図１　パイア家の親族図

事例④　里子から養子になったブライアン

ニーナ（メルカド家）のもとで暮らすブライアンは、もともとは、里子として生後間もなくニーナ夫婦のもとにやってきた。ニーナと夫のアレックスはナーナークリの高校の同級生で、筆者の長期フィールドワーク時はともに四〇代前半。ブライアンは一三歳であった。ニーナは公立高校の体育教員、アレックスは建築関係で働いている。

ナーナークリ・ハワイアン・ホームステッドで生まれ育ったニーナは、少なく見積もっても七五％以上のハワイ人の血の割合を有し、夫のアレックスは五〇％未満である。夫婦は、現在は、ニーナが借主となって、ワイアナエ地区のホームステッドにあるプリンセス・カハヌ・ハワイアン・ホームステッド（Princes Kahanu Hawaiian Homestead）に住んでいる。ニーナ夫婦の間には、すでに成人し、筆者がワイアナエに通い始めた二〇〇七年当時は陸軍兵士としてイラクに駐留していた長男（実子二二歳、既婚）と次男ブライアン（中学生）がいた。加えて、筆者が二〇〇七年に家族と出会った時は、一時的な里子として二人の兄弟（兄：中学生、弟：小学生）とネット（小学生）がいた。ネットは直後に実親の親族に引き取られ、里子の兄弟も二

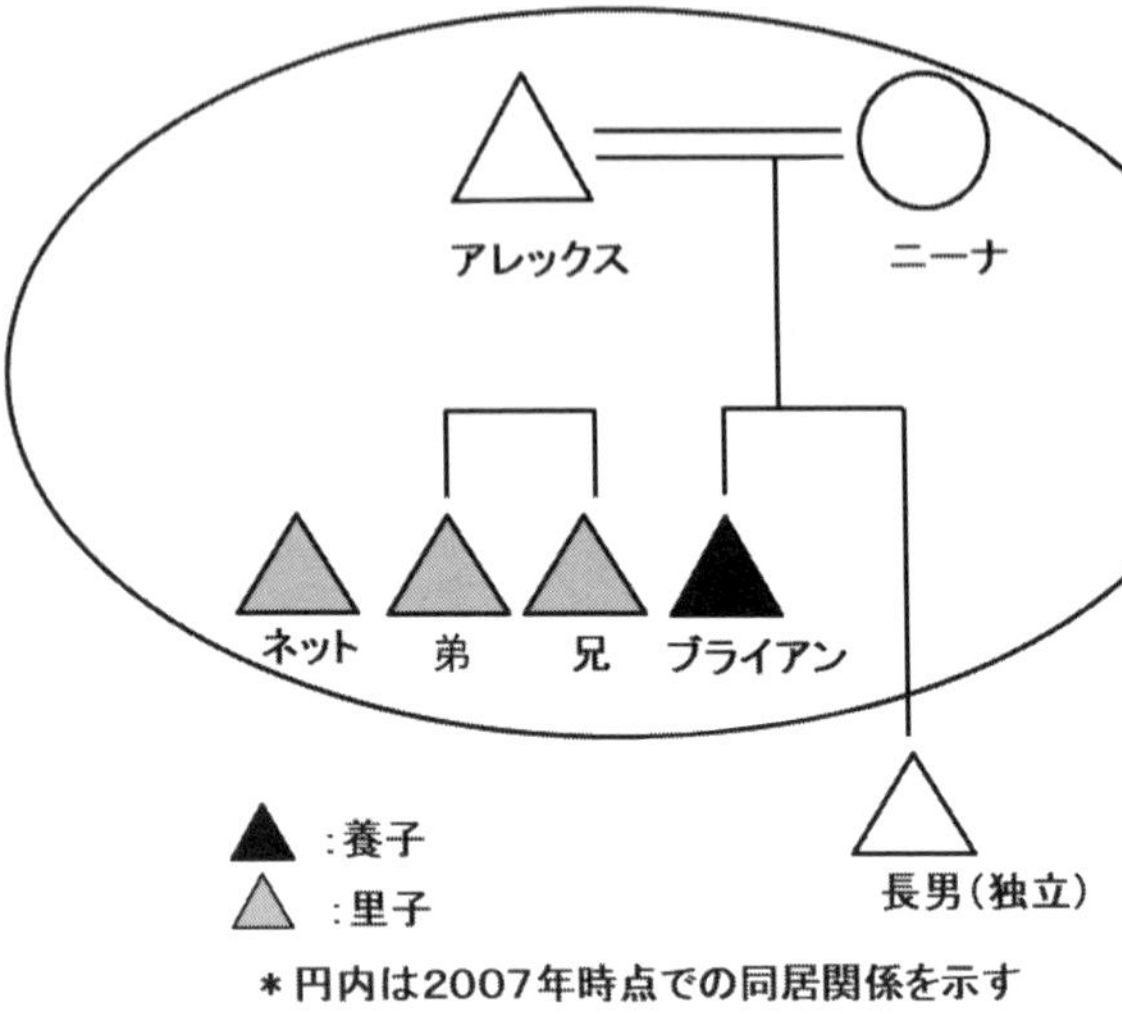

図２　メルカド家の親族図（2007年夏時点）

〇一〇年に、彼らの祖父母に引き取られた。

ブライアンはニーナのことを「マーム（mom：お母さん）」と呼び、里子であった三人はニーナを「アンティー（aunti：おばさん）」と呼んでいた。ハワイのローカル（ハワイ出身者）の間では、親族としてのオジやオバ以外にも、年上の女性をアンティー、男性をアンクル（uncle：おじさん）と呼ぶことが一般的である。

ブライアンを養取した経緯について、彼が生まれた頃、実親にはすでに八人の子どもがおり、加えて貧しい経済状況にあった。ニーナ夫婦は行政およびＮＰＯの里親制度を介して、ブライアンの里親となった。当初は一時的な里親であったが、期間が長引き、結局数年間一緒に暮すことになった。そのうちブライアンの実親の経済状況が安定したので、六歳になった時にブライアンは生家に帰る機会を与えられる。しかし、生まれてから一緒に暮らしたニーナは彼にとって、すでに実母同然であったので、ブライアンはニーナ夫婦のもとにとどまることを選び、生家も彼の選択に反対しなかった。養子を迎えることに関してニーナは、「私の両親も養子をとっているし、ハワイ人の伝統だから」〔二〇一〇年七月二〇日のインタビューから〕という。

ニーナによると、ブライアンの実親が彼をニーナのもとにとどめたのには「ニーナ夫婦がブライアンにしてあげられることを、ブライアンの両親はできなかった」ことが大きな理由だという。ニーナは、ブライアンは「年に数回は実親や実の兄弟姉妹と会う機会があるものの、ぎこちない態度になってしまう」と筆者に話してくれたことがあった。高校時代のブライアンは、ホノルル市の中心部にあるカメハメハ・スクールズに通い、アメリカン・フットボールと野球のチームに所属していた。ブライアンは二〇一四年に高校を卒業したのち、ニーナ夫婦の援助のもとでオレゴン州の大学に進学した。ちなみに、現在でもブライアンの姓が生家のものであるのは、当初は一時的な里子であったためであり、養取時すでに入学していた小学校の登録名を変更することを避けたためである。

事例⑤　七人を養取したタラウ家

夫が米領サモア生まれシアトル育ちの米領サモア系、妻はワイアナエ地区のハワイアン・ホームステッド出身の七五％以上のパート・ハワイアンであるタラウ家は、実子（四人）のほかに七人の養子と暮らす大家族である。タラウ家の住居は、ハワイアン・ホームステッドの外にあり、およそ三ヘクタールという地域では比較的広い敷地を有していた。インタビュー開始当時（二〇〇八年一二月）、夫婦はともに四四歳、実子である長男は二四歳（彼らの希望により続柄のみの表記）、次男二二歳（独立）、長女一八歳、三男一五歳であった。養子は四男一〇歳、次女九歳、五男九歳、三女八歳、四女七歳、六男五歳、五女は生後二週間であった。養子はいずれも先住ハワイ人の血を受け継いでいる。夫はオアフ島パール・ハーバーにある軍関係の施設で、機械の修理を担当するエンジニアであり、夫曰く「（ワイアナエ地区の）平均よりも少し多い」年収であったが「一一人も子どもがいるから、節約のことばかり考えているよ」と冗談半分によく嘆いていた。二〇〇八年当時、妻は専業主婦であったが、二〇一〇年頃に地元の

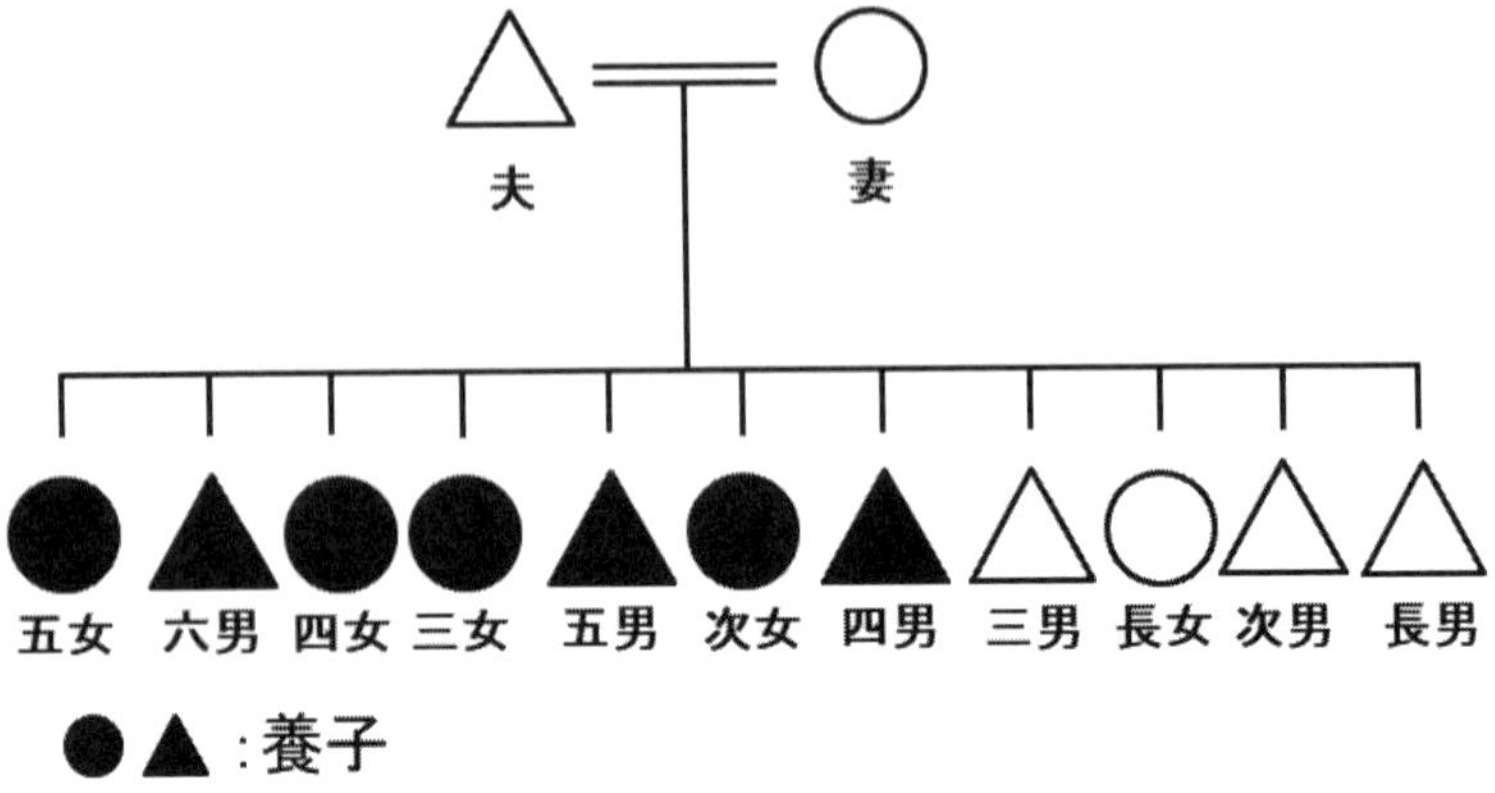

図3　タウラ家の親族図

公立小学校でカウンセラーの仕事に就いた。

インタビュー開始当初、筆者は四男以降が養子だとは知らず(知らされず)、子ども全員が実子であると思い込みインタビューを行っていた。あるとき、夫婦との会話で七人が養子であることが分かり、養子を取った経緯などについてもインタビューを行うようになった。

夫にとって養子縁組は「サモア人社会でも養子を取ることはよくあるから、(自分達が養子を取ることは)自然なことだった。それから、自分もキョウダイが九人いるから、自分の子どもが増えることは嬉しかったよ」という。妻は筆者に「狭い島社会で暮らしてきたハワイ人にとって、互いに助け合うということはなくてはならない考えだったの。それがアロハ。ハワイ人にとってハーナイは生活の一部なの。それに、現在は恵まれない環境のハワイ人の子どもが多くいるでしょ。そういう子ども達にアロハの手を差し伸べることはハワイ人として当然のことよ」と語った。子どもが増えるにつれ、以前住んでいた家は手狭になり、二〇〇七年に現在の土地を購入し家を建てた。また、タラウ家は熱心なプロテスタント系キリスト教徒であり、「ハーナイ」とキリスト教の教えとを結びつけることもあった。

それぞれの子どもが養子に出された経緯について、夫婦は詳細を口にはしなかった。しかし、いずれも「家庭の事情」で行政とNPOを仲介して養子に出されたのだという。実親との交流は、「年上の子どもには実の両親のことを伝え、もし会いたければ会ってもよい」方針である。しかし、子ども達自身から「会いに行きたい」ということはあまりないという。これまでに数回、何人かの子どもを実親と面会させたことがあったが、あまり会話はなかったという。面会後、子どもが随分と疲れた様子を見せたこともあったため、面会については子どもの意思に任せているのだという。

月々の養子に支給される子ども手当ては、「子ども達のためだけに使っている」という。また、タラウ家では手当ての一部を子どもが自由に使えるようにし、中学生の子どもは、自身で口座を管理する方針であった。

タラウ家での教育において、特に心がけているのがポリネシア文化を経験させることである。これは、夫がサモア系であることと、妻自身が先住ハワイ人であり若い時にはタヒチアン・ダンスの踊り手として働いていたことも影響しているが、夫婦曰く「ハワイ人、そしてポリネシア人として誇りをもって成長してほしい」からである。夫がリゾートホテルのルーアウ（lūʻau：ポリネシア風のディナーショー）でミュージシャンやダンサーを務めた経験もあるタラウ家では、時折家族でダンスチームを結成し、地域のイベントでフラやタヒチアン・ダンスを披露するなどしている。

事例⑥　親戚の子どもを養子にしたベネット家

ハワイアン・ホームステッド外の賃貸住宅に住むベネット家は、二〇〇六年に親族の子ども三人を養取した。インタビュー開始当時（二〇〇九年一月）の家族構成は、ペギー（四〇代、ハワイ人の血は五〇％未満）と、内縁のパートナーのダン（四〇代、サモア系）、離婚した元夫との間に生まれた長女（二四歳）、次女（二二歳）、長男（一九歳）

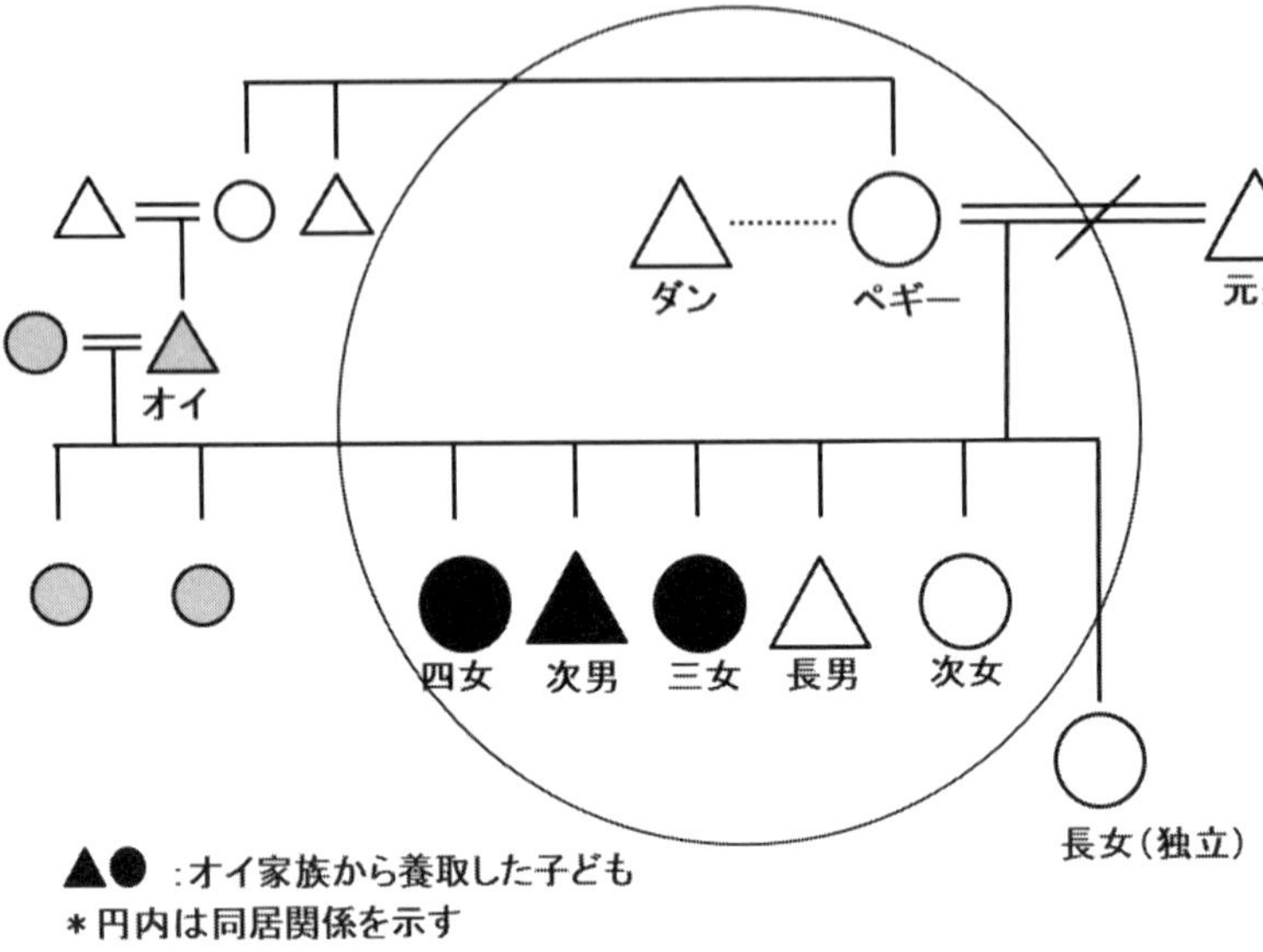

図４　ベネット家の親族図（インタビュー開始当時）

と、三女（一〇歳）、次男（九歳）、四女（四歳）である。三女以下三人は、ペギーのオイから養取した。長女はインタビュー開始当時すでに独立していた。

　三人を「ハーナイ」した理由を母親は「特別な理由はないけど、選択肢にそれ（「ハーナイ」）があったということかしら。困っている子どもがいる、じゃあ私達が育てましょう、という感じでね。私達も経済的にゆとりがあるわけではなかったけど、ハワイ人として助けないわけにはいかなかった。アロハが私達の伝統だから」［二〇〇九年八月二日のインタビューから］と説明した。三人の実親は定住先がなく、また依存症などの問題を抱えていたため、まともな社会生活が送れない状況にあったという。そのような状況を憂慮した親族により、子ども達の養子縁組が決まったのだという。実親には当時五人の子どもがいたが、二人は実母側の親戚に引き取られた。

　行政やＮＰＯを介した養子縁組では、養親の収入や経済状態が審査されるが、ベネット家の場合には親族間での養取であったので、審査は行われていない。

筆者がベネット家にインタビューを始めた二〇〇八年当時、パートナーのダンは病気療養中であったため、ペギーは家計を支えるために、スクールバスのドライバーなど、職を掛け持ちしていた。二〇〇八年の秋からは、パートナーの妹と甥夫婦がベネット宅（敷地内）に同居するようになる。しかし、新たに加わった三人も安定した職につくことはできず、家計は依然として苦しいように見受けられた。折しも、ハワイは不況のあおりを受け、安定した職が見つけにくい時期にあった。一家は、わずかな収入と養子に支給される手当てに頼らざるを得ない経済状況であり、養子である三女と次男は学校には通わず、ホーム・スクーリングによる教育を受けていた。

二〇一〇年には、ダンの病状が悪化したため、自宅介護のために、ペギーは仕事を辞めざるを得ない状況となる。家賃滞納を続けた結果、住んでいた借家の退去を余儀なくされ、家族でワイアナエ地区にあるホームレス・シェルターに入居し、間もなくパートナーの妹と甥夫婦は、出身地の島に帰郷した。ベネット家は、その後二〇一一年に、ワイアナエ地区の低所得者向けの公営住宅（Public Housing）(7)に入居した。

小結

まず六養家の養取状況を整理する。伝統的ハーナイであるが、ジルダの場合は、実親が若くシングルマザーであったことで、経済的に安定していた祖父母がジルダを養取している。モアナ家では、孫の経済的環境を保障するために、養取が行われた。この二つの事例は、祖父母が孫をハーナイするという、伝統的なハーナイの例といえる。一方、現代的な「ハーナイ」の事例であるが、経済的にゆとりのあるパイア家は、子育てがひと段落し、再び子どもを育てたいという思いから養女を迎えることになった。メルカド家の場合は、里親としてこれまでに、何人かの子どもを受け入れているが、乳児のときから里子として育ててきたブライアンは、ブライアン本人の希望もあり、養子として迎え入れている。家計が安定しているタラウ家は、ポリネシア的大家族への憧れと、キリスト教的精神の表れとして養子を迎えている。ベネット家は経済的なゆとりはなかったが、人助けの観点から養取を行っていることが分かる。

養取に至る経緯はそれぞれであるが、養子を迎えた説明として六家ともアロハ（aloha）や「伝統」という言葉を口にする。ハワイ語の挨拶として有名なアロハは、もともとは「愛」や「思いやり」「幸福」「慈悲」といった意味を表すハワイ語であり、出会いの挨拶だけではなく、別れの時の挨拶でも用いられる。現代では、伝統的なハワイの精神を表す言葉として、先住ハワイ人社会でもアロハは日常生活でよく耳にする言葉である。また、先住性が見直される契機となったハワイアン・ルネサンスを経て、アロハという言葉が、日常生活の中で多用されるようになったことも「ハーナイ」において、伝統的価値を意識することにつながったといえる。

また、伝統としての養子縁組が意識されるようになった背景として、一九六〇年代のアメリカにおける養子縁組制度の拡大と、公民権運動をきっかけに始まるエスニック・プライド運動という二つの潮流がハワイで重なったことが挙げられるだろう。とりわけ、現代的「ハーナイ」については、伝統的とされる「アロハ」という象徴的概念を経て、結果的にハワイ人コミュニティが抱える社会問題の改善に貢献するという、エンパワーメントの要素を見ることができる。

以上を踏まえ、現代における「ハーナイ」の特徴として次の二つを挙げたい。一つは、先住性を創造する枠組みとしての可能性である。現代的「ハーナイ」は、アメリカから移入された外来の制度の枠組みで行われ、その枠組みに先住ハワイ人の精神を表す「アロハ」を投影することで、伝統的価値を創造していると考えることができる。これにより、かつての包括的かつ多元的なオヤコ関係を、可能にしていると考えることができるだろう。伝統的価値観を体現する「ハーナイ」が求心力となり、先住ハワイ人のエスニック・プライドが形成される状況があると考えることができよう。

もう一つの現代的「ハーナイ」の特徴が、「ハーナイ」の自己補完的役割である。「ハーナイ」が、ハワイ人コミュニティが抱える貧困などの社会経済問題にとって、解決の糸口となり得ることは、事例からも見てとれることである。伝統的なセーフティーネットとしての「ハーナイ」が、現代のハワイ人社会においても有効であることは、ハワイ人にとっての肯定的感情でもあり、またエンパワーメントでもあるのだろう。

そして、伝統的なアロハという概念も、キリスト教的な博愛の精神と並置されることで、より普遍的な概念へと昇華し、現代的「ハーナイ」の土台となっているといえるだろう。「ハーナイ」にみるエスニック・プライドでは、伝統的な概念が、アメリカ経由で移入された概念と同等の地位を得て、新たにハワイ人社会に受け入れられている様子をみることができるのではないだろうか。

註

（1）ハワイの養子縁組の場合、姓を養家の姓に変更していることが多いが、姓を変更していない養子の例も筆者はいくつか確認した。その一例が事例⑤のブライアンである。

（2）かつて養子に対する偏見が根強かったアメリカ合衆国では、国内で実施される養子縁組の統計を取ることを一九七五年以降中止している。そのため、現在の養子縁組の件数については推測するほかないが、専門家の見積もりでは人口の二％から四％にあたる五〇〇万人から一〇〇〇万人が養子であると考えられている［Carp 1998］。

（3）〇～五歳で五七五ドル、六～一一歳で六五〇ドル、一二歳以上が六七六ドル［Department of Human Service HP, "News" posted in Jul. 23, 2014］。

（4）ハワイの中でも先住ハワイ人の貧困率は高いことから、先住ハワイ人が多く住む地区はハワイの中でも特に社会経済的問題を抱える地区であるとされることが多い。このことから、ワイアナエ地区の社会経済状況と、先住ハワイ人社会における養子縁組の割合の高さには、一定の相関関係があると考えられる。二〇一一年にハワイで実施された養子縁組のうち先住ハワイ人の養子は一二・五%を占め、待機中の先住ハワイ人児童も二一・五%とほかよりも高い。

（5）二〇一〇年には二一〇名が養取。

（6）Fostering Connections to Success and Increasing Adoptions Act of 2008

（7）一九九〇年代後半から始まり二〇〇六年頃にかけてピークを迎えた米国全土での住宅バブルが、土地の平均価格が全国平均の約五倍とも言われるハワイの地価を押し上げたのだ。さらに、国内外の投資家が州内にある低価格の家賃で運営されていた中古のアパートやマンションを買収、高級マンションやリゾート・コンドミニアムに改装するなど付加価値を付けて貸し出したため、州内の家賃平均は上昇した。二〇一〇年時点のベネット家の借家（2LK）で月一〇〇〇ドル（一ドル一〇〇円換算で一〇万円）。

第Ⅳ部　エスニック・プライドの諸相

第八章　「タウン」と「カントリー」——先住ハワイ社会の二重構造

はじめに

本章では、現代の先住ハワイ人社会内部における偏差を捉える対概念として、ハワイでの語りで多用される「タウン」と「カントリー」に焦点をあて、先住ワイ人社会に内在する二つの地理的概念について考えてみたい。

筆者がハワイ社会内部における、「カントリー country」と「タウン town」という対概念を知ったきっかけは、ハワイの「ローカル（local）」[1]の間で使われるクレオール言語「ハワイアン・ピジン」[2]（以下、ピジン）について、地元出身の知人らと世間話しをしているときであった。筆者がハワイ調査中に籍を置いたイースト・ウエスト・センター（East West Center：日本では「東西センター」とも）は、ホノルル市中心部に近いマーノア（Mānoa）にあり、ハワイ大学マーノア校のキャンパス内の一画を占めている。センターに勤務する事務職員の多くは、ハワイ出身者のいわゆる「ローカル」であったが、彼／彼女らのほとんどが都市部の出身で、調査のためにワイアナエ地区で下宿生活を始めていた筆者の暮らしぶりが、センターでの世間話しの中でときおり話題にあがることがあった。

ワイアナエ地区で調査を始めて間もない頃、筆者がよくいわれたことが「ワイアナエに住むのだったらピジンを知らなければならない」ということだった。「ピジン」に関する予備知識を持ち合わせずに調査を始めた筆者に、普段は「スタンダード」なアメリカ英語で話すローカルの職員達が、「ピジン」独特のいい回しを説明してくれることもあった。例えば「Braddah, you stay coming?」は「Friend, are you on your way?（今からこっちに来るの？）」の意味であるとか、「I went eat some poke already.」は「I have already eaten some poke.（もうポケをたべました）」の意味、「You pau hana?」は「Did you finish your work?（もう仕事は終わりましたか？）」で、「Eh.」は呼びかけであるなど、微妙なイントネーションも交えながら教えてくれた。ただ、正直なところ、ワイアナエ地区で調査を始めてすぐの頃は、ピジンが理解できなくても不自由することはほとんどなかった。察するに、見るからに「他者」であった筆者に対して、現地のインフォーマント達は、意図的に「スタンダード」な英語で会話をしてくれていたからであろう。しかし、筆者が日に焼け、ビーチサンダルに短パン姿で歩き回るようになり、フィールドでの生活にもなじみ始めた頃になると、ワイアナエ地区でのインタビューや日々の会話では「ピジン」での受け答えが大半を占めるようになった。

一方で、イースト・ウエスト・センターの職員とは、日がたっても「スタンダード」な英語でのやりとりのままであった。あるとき、「ローカル」の職員（四〇代、女性、ヨーロッパ系と朝鮮半島系、夫が沖縄系）に、普段ピジンは使わないのかたずねてみると、彼女は「私はタウニーだから、ピジンは話せないの。ピジンはカントリーの人の方が上手よ」と答え、さらに、母親からはピジンを話さないように教えられ育ったと話した。ハワイではタウン出身者は「タウニー townie」とも呼ばれ、これは自称としても用いられる。またカントリーの出身者は単に「カントリー」あるいは「カントリーの出身」（例えば He is very country.／I am from country.）である。その場に居合わせたほかの職員（五〇代、女性、中国とハワイ系。ハワイ人の血は五〇％以上）は「両親の世代なら、皆ピジンを上手く話せたけど、私達の世代は下手なのよ。それに、私達が育った頃はピジンは良くない言葉（not a good language）だったから」と語った。彼女達によれば、カントリーに比べて、「スタンダード」英語志向が強いというタウンでは、現在でもピジンを倦厭する名残があるのだという。

ピジンについて、カントリー地域に該当するワイアナエ地区でも、筆者のインフォーマントの一人で毎年海外からの高校留学生を受け入れているローラ（六〇代、女性、先住ハワイ系、中国系、白人系、ハワイ人の血は七五％以上）は「（ピジンは）いい加減な言葉でしょ。だから留学生にはスタンダードな英語で話すようにしているのよ」（括弧内筆者）といい、ピジンに対する否定的な心象を口にしたことがあった。

近年になって、ピジンを話すことに「ローカル」としてのプライドを見出す人達が増えているが、かつては「ピジンは一種のブロークン・イングリッシュであるという言説に絡めとられる」［古川 2013:257］状況下にあった。ハワイアン・ピジンを社会言語学的見地から研究する古川によれば、そもそもハワイアン・ピジンは、英語話者とハワイ語話者が接触する交易の場で誕生したのち、移民労働者が多く働くプランテーションで、ポルトガル語、広東語、客家語、日本語、フィリピンのイロカノ語などの要素も取り込みながら発展した。そのためピジンは、ハワイ社会では下層労働者が話す、粗野で教養のない「言葉でない言葉」という認識が定着していた［古川 2013:256-257］。「ピジン」によって喚起されるこれらのイメージは、カントリー、そして「先住ハワイ人の土地」とも形容されるワイアナエ地区のイメージにも重ねられる。次節では、ハワイのローカル達の言説におけるタウン／カントリーの「イメージ」についてみてみたい。

第一節　住民意識にみる「タウン」と「カントリー」

では、ハワイで生まれ育ったローカルにとってタウン／カントリーは具体的にいかなる概念といえるのだろうか。「カントリー country」と「タウン town」は、現地ではそれぞれ「地方地域 rural」と「都市地域 urban」という表現に重なる要素があるかもしれない。しかし、ハワイ社会に根付いたタウン／カントリーの対概念は、これまでハワイ研究において議論された学術的記述は見当たらず、明確な枠組みをみることはできない。そこで、本章でまずは地元住民の意識に基づいて「カントリー」と「タウン」の枠組みを提示してみたい。

筆者が行った調査によれば、「カントリー」と「タウン」に関して、ハワイで生まれ育った「ローカル」は、感覚的に以下のように理解しているといえる。一般的に「カントリー」は、主にオアフ島ホノルル市内以外の地域で、方や「タウン」はホノルル市内地域を指す（図1）。しかし、両者における境界の感覚には個人差があり、それは主にパールシティー（Pearl City）やカーネオへ（Kāneʻohe）など近年都市化する地域の属性において顕著である。以下では、筆者がハワイで知り合った知人達に、SNS上で投げかけた「タウンとカントリーのそれぞれの定義は何か」という質問［二〇一六年一月二二日に投稿］に対するフィードバックのうち、三人の説明に注目し、カントリー／タウンの定義を探ってみたい。

【説明1】

ワイアナエ地区で生まれ育ち、現在も同地区に住むディディ（五〇代、女性、先住ハワイ系、フィリピン系、イギリス系）は、タウン／カントリーを次のように説明する。

「パールシティーはタウンかしらね。個人的には、カントリーはワイアナエ地区沿岸、ワイマーナロ（Waimānalo）。それから、ワイアルア（Waialua）、ハレイヴァ（Haleiwa）、ノースショア（Northshore）。あとは、ライエ（Laie）からカネオへまでの地域がカントリーだと考えているわ」［二〇一六年一月二二日］

【説明2】

しかし、アイエア（ʻAiea）で生まれ育ったジョシュ（二〇代、男性、沖縄系、ヨーロッパ系）は、次のように話し、パールシティーなど都市に隣接した地域をタウンとは区別する。

「僕にとって『タウン』は、カリヒ（Kalihi）とハワイカイ（Hawaiʻi Kai）の間にある地域だな。この地域が、そもそもタウンと呼ばれていた地域で、資本主義的で高級志向の開発が多いところ。（タウンのイメージは）交通量も多くて、観光客、ハオレ、私立学校、ゴルフコース、規模の大きいビジネスとか、大きいコンドミニアムとかホテルみたいな建物。カポレイ（Kapolei）とかカイルア（Kailua）は、タウンになりつつあるね。カポレイは、ディズニー・ホテルとかコオリナ（Koʻolina）みたいなリゾートエリア、高級住宅街、コストコやウォルマートといった大型商業施設も増えているし、副都心的なタウンになってきている。

『カントリー』（のイメージ）は、貧しい、自然がある、家族中心主義で自給自足的生活、ローカルがいっぱい、公立、シングルファミリー、高速道路がない、小規模ビジネス、人口が少ない。ということかな。ワイアナエ地区、ワイマーナロ、ワイアルア、ハレイヴァ、ノースショア。それから、ライエからクアロア、カハルウあたりまでが、カントリー。

でも、パールシティーはカントリーではない。ワイパフ（Waipahu）からモアナルア（Moanalua）あたりまでは、中間（in-between）だと思う。だって、そこらへんには中間所得層と低所得層のローカルがまだ多いけど、カントリーと呼ぶには自然も少なくて、小規模ビジネスもあまりないからね」［二〇一六年一月二三日］（括弧内筆者）

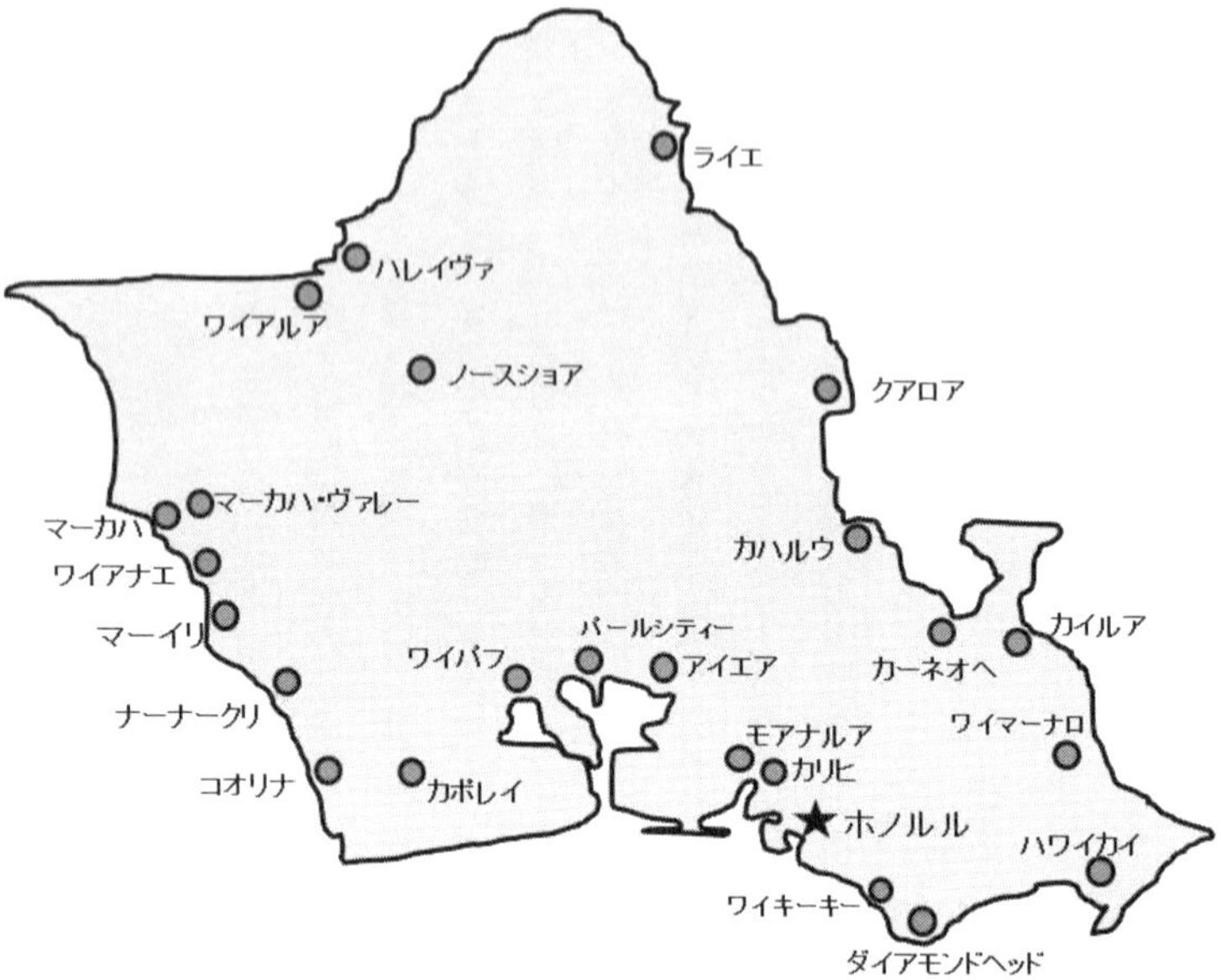

図1　オアフ島の主要な地名

【説明3】

バートン（三〇代、男性、沖縄系、中国系、フィリピン系）は、ジョシュの意見に賛同しつつ、さらにサーフィン文化と関連付けて、カントリーとタウンについて、次のように語る。

（筆者のカントリーとタウンについての質問をうけて）「簡単だよ！　俺は生まれも育ちもカーネオへだけど、カーネオへのことを『カントリー』とか『タウン』のどっちかなんて考えたことはないな。俺にしてみたら、『タウン』はホノルルで、ダイアモンドヘッドの南端までのこと。カントリーは、ハレイヴァからライエまでのノースショアのこと。でも、境界を意識したことはない。あと、俺がそういう区別（カントリー／タウン）をするのは、サーフィンするときかも。サーフィンでは、オアフの南岸はタウンで、北岸はカントリー。西岸はウェストサイド。東岸はイーストサイド。開発が進んでるカイルアでは、住民が『カイルアの自然を守ろう』って言ってるみたいだけど、それはカイルアが『カントリー的』って思ってるってことだろうね。でも、俺はカイルアのことカントリーとは呼ばない。たぶん、オアフの中には、カントリーとタウンの中間的な場所がたくさんあるんだろうな」［二〇一六年一月二七日］

三人の説明は、それぞれ大まかなタウン／カントリーの感覚については一致しているものの、中間的な地域については、意見が分かれる。その背景には、近年の都市拡張と、都市周辺の人口増加によって、「中間的」地域の性格が変質していることがあると考えられる。例えば、一九七〇年には一万九五五二人だったパールシティーの人口は、二〇〇〇年には三万九七六人、二〇一〇年には四万七六九八人と、人口は増加傾向にある［2010 Honolulu County Data］。また、かつては一面の農地であったが、現在副都心計画が進むオアフ島南西部のカポレイ（Kapolei）も、もともとカントリーであったがタウン化した地域といえるだろう。州全体の人口増加、それに伴う都市地域の拡大によって、カントリーのタウン化がみられる。

しかし、タウン／カントリーは、必ずしも人口や開発の度合いによって規定されるものではなく相対的に規定される概念であるともいえる。【説明2】のジョシュは、地理的環境以外にも、貧しさや家族中心主義というような、社会的環境をカントリーのイメージとして挙げている。カントリーに位置づけられるワイアナエ地区（ナーナークリ、マーイリ、ワイアナエ、マーカハ、マーカハ・ヴァレー）[3]の平均年収は、二〇一〇年の時点で一万二九五四ドルであり、これはハワイ全体平均二万八八八二ドルのおよそ四五％の額である。[4]また、ワイアナエ地区では特に二〇〇〇年代に入りホームレスなど、[5]経済格差に起因する社会問題が深刻となりつつある。タウン／カントリーには、単なる地理的概念というだけではなく、社会空間的概念もその構成要素に含まれているといえるだろう。

第二節　政治経済的「都市」と「地方」

ここまで述べてきたように、タウン／カントリーは、ハワイ住民の「感覚」が反映された社会経済的な概念であるが、これは連邦および州政府が規定する「都市」と「地方」の基準とは一致するものではない。

アメリカ合衆国国勢調査局（Bureau of the Census）は、人口統計や開発の程度、住宅地状況、経済活動、および非住宅地の利用状況を総合して、国内の各地域を「都市（urban）」「都市近郊（urban cluster）」「地方（rural）」の三つのカテゴリーに分類し、区別している。この分類によれば、都市地域は五万人以上の人口を有する地域であり、都市近郊地域は人口二五〇〇人から五万人の地域、地方地域は、都市および都市近郊以外の地域である。二〇一〇年の国勢調査をもとにしたハワイ州内全体における「都市」「都市近郊」「地方」のそれぞれの比率は、都市が三・五％、都市近郊が二・六％、地方が九三・九％である。またオアフ島全域を含むホノルル郡は、都市が三四・八％、都市近郊が一・六％、地方が六三・六％である［Census 2010］。なお、この規定では、ワイアナエ地区は「都市」に分類される。

これに対して、ハワイ州経済産業開発および観光局（Hawaii Department of Business, Economic Development, and Tourism, ＤＢＥＤＴディーベット）は、連邦政府による分類にある程度依拠しながらも一方で、ＤＢＥＤＴが主導で行う『地方経済活性計画（Rural Economic Development Project）』において、独自の都市／地方の分類を示している［DBEDT 2010:25］。『地方経済活性計画』は、サトウキビ産業の低迷以後、新たな産業の定着に苦心する地方地域を対象にして、地域の雇用創出に向けた活性化を行う取り組みである［DBEDT 2010］。

ＤＢＥＤＴの分類による都市とは、例えばオアフ島ではホノルル中心地、ホノルル市東部、オアフ中部、エヴァ。

ハワイ島はヒロ、コナ。マウイ島はカフルイ、ワイルク、ラハイナ。カウアイ島は、空港のあるリーフエである。これら以外の地域は、「地方」と位置づけている。また、以下に挙げる地方地域に関しては、特に地方的要素を考慮した開発計画が求められるとしている［DBEDT 2010:26-27］。「地方地域」各地の住民を対象として、民間の市場調査会社が主催して行われた意見交換会では、各地域を担当した調査会社の各担当者により次のような内容が、「地域開発計画」［DBEDT 2010:25］としてまとめられた。これらの計画には、ハワイ住民が考える「地方」の特徴をみることができる。

オアフ島（以下地名は地区単位）
・コオラウロア：カントリー的特性を維持すること。
・コオラウポコ：コオラウポコは、カントリーと都市郊外が混在する地域である。農業区画では小規模な農業を奨励し、これら区画が農業以外の開発対象にならないようにする必要がある。
・ノースショア：現在の都市的開発ではなく、カントリーにみあう開発と地域の基準を定めることで、当該地域のカントリー的特性および自然環境を維持・保全する。
・ワイアナエ　：これ以上の住宅用地の造成を行わない。農業従事者のために区画を定め、税制優遇を行う。

ハワイ島
・全域　　　　：ハワイ全体にとって歴史的・文化的に重要である土地や建物、遺物を保全し、回復させ、また価値を高めること。
・ハマクア　　：産業の多様化を目指し、既存の牧畜やかつてのサトウキビ産業の遺構の価値を高める。

・コハラ北部　：この地域のカントリー的特徴、農業、歴史と関連する小規模ビジネス支援の取り組みを支える。

マウイ島

・ハナ　：地区の独自性と多様性を支え豊かにする、その価値を高めていく現在の土地利用法をまもることが必要である。また、長期的であると同時に住民の需要に沿い、ハナの文化と自然資源を尊重する均衡のとれた地域経済が必要である。ハナにとって歴史そしてアイデンティティを象徴する場である、文化的に重要な資源の明確化と保全が必要である。

・マカヴァオ、プカラニ、クラ　：アップカントリー（Upcountry Maui マウイ島内陸部）の特徴的で多様かつカントリー地域の土地活用（既存の土地活用、自然資源の価値、住民の経済的社会的需要について注意を払いながら）を維持し価値を高める必要がある。また、安定的で多様な産業環境が必要である。その産業環境は、社会福祉事業や、地域の農業と自然環境を尊重する環境設備(environmental amenity）を提供するための地域の繁栄を維持するのである。

・パイア、ハイク　：地域の小さな街の雰囲気と地方の特性を維持するための計画的地域。そして、カントリー的特徴を利用し、かつ多様で、地域の希望を実現する安定的産業が必要である。また、現在の規模のまま、入植地としての形や特徴を残しつつ、魅力ある田舎街としての開発を目指す。

ラーナイ島全域

・ラーナイのカントリー的風情を維持し高め、ハワイ州の中でも独特である広大な土地と小規模な街を尊重する。

・ラーナイのカントリー的生活にふさわしく調和的な、安定的かつ多様な産業を創出する。

・ラーナイのカントリー的プランテーションの歴史を尊重した計画、土地利用および計画基準を考慮することで、ラーナイにおける既存の都市設計の特徴をまもり維持する。

モロカイ島全域

・理想的な雇用を生み、長期的で、かつ住民の需要と一致し、文化・自然を尊重し、モロカイのカントリー的で、自給自足に近い生活環境と調和する地域産業を望む。

・歴史的感覚を彷彿とさせ、モロカイにとって重要である、文化的資源、文化的実践、歴史的土地を保全し価値を高め、有効に利用する。

・モロカイ島の特色として、「マーラマ・アーイナ（mālama ʻāina：土地を守れ／土地を慈しめ）」など伝統的な価値を組み込んだ、自給自足的生活の維持。

さしあたり、ここに挙げられた各地域の「カントリー」的特徴をまとめてみたい。ほとんどの地域で意識されているのが、「カントリー的」環境の維持である。「カントリー」地域には、先住ハワイ人文化における歴史的遺産が多く残ると同時に、プランテーションの名残である多文化的社会が受け継がれている。また、ＤＢＥＤＴが示す

「カントリー」におけるプランテーション的要素は、カントリーに内包されるハワイアン・ピジンの要素と結びつき、社会空間的概念であるタウン／カントリーと重複するところが多い。これらのことを踏まえると、ＤＢＥＤＴの『地方経済活性計画』では、「政治的地方性」のみではなく、理念としての「地方（カントリー）」を考慮した地域開発を念頭としていることがうかがえる。

前述したピジンに関するローカルの認識や、意見交換会でタウン／カントリーについてまとめられた内容を統合すると、それぞれは次のように定義付けることができる。まず、タウンとは、そもそもはホノルル市内を指す言葉であったが、人口増加による都市部拡大にともない、近年にあってはタウンの地理的境界が拡張しつつあり、隣接するカントリー地域を吸収する状況がうかがえる。しかし、タウン化するカントリー地域では、現在でも社会的にカントリーとしての性格を残す地域もあり、タウン／カントリーの中間的アイデンティティを示す地域がある。対して、カントリーは、ホノルル市内以外の地域で、先住ハワイ文化やピジンに代表されるプランテーション時代の文化が残る地域が、カントリーと呼ばれると考えることができるのではないだろうか。

第三節　先住民社会における「都市」と「地方」

ここで、ハワイ以外の先住民における「都市」と「地方」の状況にも目を向けてみたい。ハワイ周縁の先住民社会と居住地域性との相関に言及する研究を見渡すと、都市部に移住した先住民族が新たに構築した都市的社会状況が、関心を集めてきたことが分かる。

北アメリカにおいて、先住アメリカ人およびカナダ先住民ファースト・ネーションズやメティースが本格的に都市に移住し始めた時期は、ハワイ人が都市部に流入した時期よりも最近の、第二次大戦後のことである［青柳

1999:213、岸上 1999:195、スチュアート 1999:163]。先住アメリカ人を専門とする人類学者のスチュアート・ヘンリによれば、第二次世界大戦以前、先住民の大半は「地方」に住み、ドミナント社会(いわゆる「白人」)の偏見、あるいは条約規定により保留地(リザベーション)をから転出すると年金などの権利が剥奪されることなどが、先住民の都市への転入を阻む要因となっていた。二〇世紀初頭に都市に定着していた先住民は、先住アメリカ人全人口の一%未満であり、一九四〇年代末になってようやく一五%の先住民が都市で生活するようになった[スチュアート 1999:163]。

ハワイの先住民的状況とも深く関わりのあるアメリカ本土の先住民をめぐる都市的諸相について、青柳は大都市シカゴに転入した先住民の社会的動向に注目している[青柳 1998, 1999]。そして、アメリカ本土における先住民が本格的に都市化した契機は、一九五〇年代に本格的に行われる都市転住政策(Urban Indian Relocation Program)であった。連邦政府が主導し(直接担当部局は内務省インディアン局 Department of Interior, Bureau of Indian Affairs)、特にリザベーション内の失業困窮者救済を主たる目的としたこの転住政策の施行以降、シカゴの先住アメリカ人人口は劇的な増加をみせる[青柳 1999:213]。シカゴでは、先住民人口が増え続ける中、インディアン局は職業訓練および斡旋など社会的支援を行うが、文化的配慮に欠けた支援であったために、それも充分ではなかった。その状況を補完したのが二つの民間の社会奉仕機関、インディアン・センターとセント・オーガスチン・センターである。青柳はセンターの意義について「(両センターは)種々のサービスに加えて、それが職・住の情報を得られる場所であり、同時に社交の場所となっていること、さらに、都市「インディアン」としての文化的アイデンティティを形成し強化する機能を果たしている」[青柳 1999:225]と述べ、現代都市先住民における経済活動や文化・芸術活動の支援の重要性を示した[青柳 1999]。

ハワイと同じくポリネシア地域に属するアオテアロア(ニュージーランド)では、先住民マオリ(Māori)の都市化が始まったのは、第二次世界大戦中から戦後期の経済状況の中で、大量の労働力が求められるようになり、地方に住むマオリに対して都市での就労が奨励されたことが契機であった〔内藤 1999:45、深山 2012:173-174、Hokuwhitu 2015:454〕。こうして、人員動員のためにマオリの戦争協力団体が組織されたことで、製造業などマオリにとって新たな労働形態も生まれた。戦中戦後期の都市には、割の良い非熟練職の雇用の受け皿(港湾荷役労働、土木作業、冷凍加工業など)が多くあった。加えて、当時の地方のマオリ・コミュニティでの人口増加傾向に農業生産が追いつかない状況にあり、また貨幣経済の浸透で、現金収入を得るために都市に働き口を求める傾向が強まっていたこともその要因とされる〔内藤 1999:45〕。さらに、内藤は「都市化の波に乗った世代が一六歳~三五歳という若年層に集中していたことからも、就労にプラスアルファの価値が含まれていたことが分かる」として、地方にはない都市の魅力も「マオリの都市化を推進する大きな誘因」であったと指摘する〔内藤 1999:45〕。さらに、ブレンダン・ホクウィトゥ(Brendan Hokuwhitu)は、政府によるマオリの都市化の背景には、マオリを都市の白人居住地域内に分散移住および同化させることで、先住民人口を管理する意図もあったことを指摘する〔Hokuwhitu 2015:454〕。しかし、政府の意図に反し、マオリが都市流入して以後も、なおマオリ文化と白人文化は個別性を維持したままであった〔Hokuwhitu 2015:454〕。

都市のマオリ・コミュニティに注目し、マラエ(marae 集会所)の創設など伝統文化における都市的再解釈の諸相について論じた深山は、都市に転入し集団を形成したマオリが、先住権獲得を目指す運動の過程で組織化したことを明らかにした〔深山 2012〕。また、深山は、都市部のティーンエイジャーのマオリ達が、都市の西洋的な環境ゆえに「伝統的」マオリ・アイデンティティ(それは例えば、系譜であるファカパパやマオリ語の知識・能力、マラエでの活動への参与、祖先の土地との紐帯など)を受け継がずに育ち、「伝統的」マオリの周辺に位置づけられながらも、それぞれの環境で「お気楽マオリ」「不良マオリ」「プラスチック・マオリ」などの、オルタナティブなマオリ・アイデンティティを形成しつつある現代的動態を明らかにした［深山 2012］。

第四節　ハワイ研究における「都市」と「地方」

タウンやカントリーという言葉こそ使われないものの、従来のハワイ研究ではハワイにおける都市／非都市を、「都市地域 urban」／「地方地域 rural」と呼び、「伝統文化」の濃淡を比較することで分析の対象としてきた［Howard et al. 1968, Linnekin 1985, MacGregor 1989］。先行研究の中では、「地方地域」は基本的に西洋化の影響をあまり受けずに、クックがハワイに来る以前の価値観を伝える地域として描かれている。しかし、ここで示される「地方地域」の枠組みと、例えばワイアナエ地域に代表されるカントリーは完全には一致しない。これら先行研究での「都市地域」と「地方地域」の枠組みは、概ね地理的条件を前提にしたものであり、タウン／カントリーのように主に社会経済的性格を反映する分析概念としては描かれてこなかった。また、ワイアナエ地区のようなハワイアン・ホームステッドの場合には、先住ハワイ人がいったん流出した後に、ハワイアン・ホームステッド事業によって先住民が「再移入」された地区であり、新たに作られた先住民コミュニティであるといえる。方や、後述する先行研究の中で言及されてきた「地方地域」では、住民はクック以前からの代々の土地、つまり集落としてのアフプアアに住みながら伝統をつないできた。西洋文化の影響の強弱という点で、「地方地域」とカントリーは、その成立の歴史を異にする。

しかしながら、先行研究で描かれる「地方地域」が、カントリーが内包する要素を持ち合わせていることも確かである。以下では、ハワイ研究において「地方地域」／「都市地域」がどのように描かれてきたのかその概略を示し、タウン／カントリーの概念の下地としたい。

1 先住ハワイ人と「都市」

時代は一九三〇年代にまでさかのぼり、準州当時のハワイ都市部の先住ハワイ人の様子を描いた民族誌がある。ニュージーランド出身の心理学者であり人類学者でもあったアーネスト・ビーグルホール（Ernest Beaglehole）は、主都ホノルルにおける当時の都市先住ハワイ人の衣食住や労働、親族観念、婚姻、信仰などについて記録をしている。

クックの来島以後にハワイが西洋化する中、先住ハワイ人達、中でも平民マカアーイナナはそれまで住んできた村落共同体を離れ、都市部に流入するようになる。一八四八年に行われたマーヘレ法による土地分割を経て、一八五〇年に施行されたクレアナ法では、平民による土地の所有が可能になったが、一九一九年の時点で先住ハワイ人のうち実際に土地を所有していたのは、六・二三％の先住ハワイ人およびパートハワイ人で、その合計人数も千人足らずと限られたものであった［Beaglehole 1937:15］。さらに、一八四九年の時点で、都市部に移住した先住ハワイ人達のうち、四千人近い男性が捕鯨船の船員として外洋に出ている。これは、ハワイ人全体の五％、ハワイ人男性の一七％である［Linnekin 1990:185、Tengan 2008:38］。また、二〇世紀前半のハワイ社会全体の労働環境をみてみると、サトウキビ・プランテーションが占めるカントリーの状況とは異なり、都市部における雇用は常に上向き傾向にあり、これがプル要因となり都市部を目指す人が多くあった［Beechert 1985:140］。こうして、歴史的あるいは経済的要因によって、伝統的な生活基盤から切り離された都市の先住ハワイ人は、アメリカ的価値観を取り込みながら彼／彼女らの社会を新たに構築したのである。

例えば、ビーグルホールは男女の恋愛や婚姻に関して、一九三〇年代の都市のハワイ人達が、伝統的恋愛観とアメリカ的恋愛観のあいだで葛藤する心情を、ある年配の先住ハワイ人男性の語りを事例に記している。

最近の若い男どもは、妻や恋人に対してとことん嫉妬深い。こんなことは昔はなかった。若いやつらは、最近の映画とか安っぽい雑誌をみて、若い女は男に対しておおらかで、男はそんな女達にいつもやきもちを焼いてる、って風に育ったからだろうよ。ハワイ人の若い男は、もし誰かが奴のかみさんには恋人がいるって噂をしたり、冗談でそいつのかみさんとプナルア（punalua　一妻多夫婚）でもしようとでもいわれたら、気が狂うだろうね。自分のかみさんに話しかける男、特にビーチやなんかで知らない男がそんなことをすれば、疑いの目でみるのさ。映画なんかでは、男は常に自分のかみさんを見張っていて、誰にも近寄らせない。男が笑いかけるのも許さない。

俺が小さい時には、そんなことはなかった。奥さん連中は、いつも他人に話しかけてたし、旦那連中は自分のかみさんがもてることを自慢に思ったもんよ。

この前、俺の娘とダウンタウンのカフェでコーヒーを飲んでたんだ。そうしたら、娘が昔の同級生が二人、カウンターの向こう側で働いているのを見つけたんだよ。彼女達は、前はビーチのホテルで働いていて、週に二五ドルもらっていたらしい。けど、旦那達にいわれて、週七ドルのカフェの仕事に変えさせられたんだと。その旦那達は、ビーチで自分らのかみさん達が働いてるのを見張ってて、彼女達がホテルでウェイトレスとかメイドをしているところに、他人が話しかけたり近くによって来るのを見て怒ったんだ。その同級生達はうちの娘に、そのことで旦那と喧嘩し続けるよりも、給料の低い仕事に買えた方がましだ、っていってたよ

[Beaglehole 1937 :59-60]。

後述するように、結婚前の男女の恋愛については、当時のアメリカ的慣習より「自由」であったと考えられてい

た伝統的な先住ハワイ人社会であるが［McGregor 1989:57］、都市では「アメリカ的」な恋愛観が浸透していたことがうかがえる。

このような「アメリカ的」価値観は、都市の先住ハワイ人一般に及んでいたが、一方で一定の伝統的な親族観念が維持されていたことも報告されている。都市に定着した後、先住ハワイ文化の影響が強い家庭においては、伝統的な共同意識や双系的親族関係が維持されていた［Beaglehole 1937:50］。先住ハワイ人家庭では、個々人の関係は依然強く、年配者は、若者が独立して家庭を築くことを嫌った。また、子ども世代は、親や年下のキョウダイへの責任を果たすことが期待された。しかし、こうした先住ハワイ的価値観は、他民族と通婚家庭においては、異なる様相を呈した。ある非ハワイ人夫は「ハワイ人妻に対して、ハワイ人のほかの親戚とのつながりを断ち切ることができず、家にはハワイ人の親戚が居座り、あるいは、親戚の食事の面倒をみることになってしまう」［Beaglehole 1937:53］と吐露している。加えて、都市では家庭内の問題も少なくなかった。一九二九年から一九三〇年の間で、ハワイに暮らす主要な七民族について、それぞれ一〇歳から一七歳までの一〇〇〇人を対象に行われた非行の割合に関する調査では、プエルトリコ系で二八・一〇%、ハワイ人（パートハワイ人を含む）が一七・〇一%、フィリピン系が一六・六四%、コリア系が一三・九一%、白人が一二・五〇%、中国系が八・一二%、日系が三・四一%であった［Adams 1933:53 c.i. Beaglehole 1937:53］。当時のハワイ人の平均的な経済状況は、日系のそれを上回っていたが、非行の割合に関しては日系を上回っている。未成年の非行は、親の監督不行き届きや、機能不全家庭がその要因だったといえる。また、スラムや借家に住む都市ハワイ人は、諸グループが定めた慣習的取り決めを守らなかったという。アンドリュー・リンド（Andrew Lind）は、スラムで多民族が混在しない状況下では、混在するときよりも、非行、依存症、犯罪が少なくなると指摘している［Lind 1930 (a). 1930 (b) c.i. Beaglehole 1937: 53］。

中でも、都市のハワイ人にとって大きなハンディキャップとなったのが「大地とのつながり」だろう。一九二一年、ハワイアン・ホームステッドの造成がはじまり、都市に住む多くの先住ハワイ人が入居申し込みをした。当初のハワイアン・ホームステッドでの生活は基本的に自給自足を目的としており、耕作用地が含まれていた。しかし、資料によれば、モロカイ島のハワイアン・ホームステッドの場合、一〇七人の入居者男性の家主（ホームステッド申請者）のうち、一二人だけが農夫出身者であった。ほかは、賃金労働者や、港湾労働者、大工、機械工、整備工、事務員、漁師、郵便配達員、また様々な専門職やそれに準ずるような職業を経てホームステッドに移り住んできた住民であった。彼ら非農業経験者は、土地とのつながりを失って久しく、一から農業の心得を学ばなければならず、さらに地方での生活に適応しなければならなかった。「大地とのつながり」の回復は、時間のかかることであった［Beaglehole 1937:44］。

その一方で、ポリネシアの中でハワイと同じく先住民を「ホームステッド」へと「再入植」する政策が行われたアオテアロア（ニュージーランド）では、ことはハワイほどの困難は極めず、むしろ成功を収めたといえる。それは、先住民マオリが、都市ハワイ人とは違い、ビーグルホールの言葉を借りるなら「一貫して地方の人々（rural people）」［Beaglehole 1937:44］であったからである。彼らマオリは、自身あるいは白人のために農地や牧地での仕事に従事していたため、熟練農夫／農婦であり、地方の生活に順応しており、農園での知識も十分であったので、「再入植」以後も、それまでの経験の延長として容易に適用したのである［Beaglehole 1937:44］。

ハワイアン・ホームステッドが政策として開始される以前にも、宣教師や教育者、実業家らによって先住ハワイ人に土地を戻し、自立的生活基盤を作ることが試みられたものの、どれも失敗に終わっている。失敗の要因をビーグルホールは「彼ら（宣教師、教育者、実業家）は、ハワイ人と古代からの土地との断絶が、ハワイ人にとって伝統的な技法と地方的な観念の喪失であることを認識していなかったからであろう」［Beaglehole 1937:44］と推測している。

ちなみに、現代のハワイ都市部（urban）においても、特に少年による非行は改善されるべき社会問題である［Hina 2014］。オアフ島で青少年の芸術活動を支援するＮＧＯを主催するジョン・ヒナ（John Hina）は、ハワイ都市部において少年達は「危なっかしい」、「器物破損の前科がある」、「ギャングとつるんでいる」、「薬物を乱用している」というレッテルを張られる存在であると述べる［Hina 2014:130］。またヒナは、少年達が「最新の iPhone を手に入れて最新のアプリを使うことに夢中になり」、さらに、「公共物を破壊して逮捕されることによって周囲の信頼（street cred：直訳は「路上での信頼度」）を得られる」という誤った認識を持ってしまう傾向を指摘する［Hina 2014:130］。ヒナは伝統文化を踏まえた公共芸術活動（ウォールアートなど）への参加を通して、都市的環境下にある少年達が、地域社会の一員としての自覚を持つ活動に取り組んでいる。

2　先住ハワイ人と「地方」

一九六〇年代以降、「地方 rural」における伝統的社会構造に先住ハワイ人の「本質」を見出そうとする研究が登場する。人類学者のジョスリン・リネキン（Jocelyn Linnekin）は、ハワイ社会のアメリカ化が進む中、伝統社会が保存されている場所として、マウイ島北東岸のケアナエ（Keanae）地区でのフィールドワークを行った。ハワイアン・ホームステッドでの先住ハワイ人コミュニティとは異なり、ケアナエでは住民は先祖からの土地を受け継ぎ、先住ハワイ人達が今でも暮らしている。リネキンは、ケアナエの先住ハワイ人コミュニティにおける特徴として関係性（relatedness）に注目し、関係性こそが先住ハワイ社会の中で個々人をつなぐ紐帯として中心的な役割を果たしていると論じた［Linnekin 1985］。

リネキンがケアナエで長期調査を行った一九七〇年代当時、ハワイは先住ハワイ文化復興の世論が高揚し始めた時期、いわゆるハワイアン・ルネサンスのただ中にあった。都市部のホノルルでは、ハワイ州における先住民の主権を回復する運動が活発になり、ハワイ大学のキャンパスがあるオアフ島のマーノア（Mānoa）やハワイ島のヒロ（Hilo）でも、ハワイ研究を専攻できるコースが設置された。リネキンは、これら一連の「ハワイアン・ナショナリズム」は、一九五〇年代のアメリカ本土で誕生した民族政策論（ethnic politics）がその源流にあるとし、ハワイアン・ルネサンスにおけるアメリカ本土起源の要素を指摘する［Linnekin1985:2］。ハワイ人ナショナリストとハワイ文化復興支持者は、様々な場でハワイ文化を規定し、政治的象徴として掲げるのであった。その政治的象徴は、例えば、ポリネシア的伝統航海［Tengan 2008:55］であったり、土地を愛する精神を表すスローガン「アロハ・アーイナ aloha ʻāina（aloha：愛・慈しみ、ʻāina：土地）」や、西洋化以前のハワイ的状況を表す造語ハワイアナ（Hawaiiana）といった言葉の浸透だったり、あるいは伝統工芸と表現が融合したフラやオリ（oli：詠唱、チャント）などを通して、ハワイ内外に提示されたのである［Linnekin 1985:1-2］。都市の運動（urban movement）として始まったこれらエスニック運動の担い手は、主にハワイ語を話すことができない若いパートハワイアン（混血ハワイ人）達で、彼／彼女達の家族も地方から出て久しい環境であった［Linnekin 1985:10］。

一方、都市部から地理的に離れたケアナエでは、アメリカ本土的ハワイアン・ナショナリズムの影響を受けずに、ハワイ文化がある程度保存された状況であった。一九七〇年代にハワイアン・ルネサンスが始まると、この地は先住ハワイ人社会の理想郷と位置づけられ、観光客が訪れるようになった。しかし、当然ながら、ケアナエのような「地方」であっても、ハワイを占める資本主義社会・経済とは完全に無縁ではない。リネキン曰く、彼／彼女達は「モダン」でありアメリカ本土の「ミドルクラス」的な生活を営んでいたのである［Linnekin 1985:34, 54］。ケアナエの四二世帯中（一九七五年当時）、二一世帯の家長が外部からの現金収入を得ており、そのうち八人は毎日あるいは毎週、地区外の建設／工事現場に働きに出ていた［Linnekin 1985:34, 45］。さらに当時のハワイ社会で一般的であったように、ケアナエでも中国人や日本人、フィリピン人、ポルトガル人など他民族との婚姻関係も頻繁であり、リネキンが調査を行った一九七五年当時は一世帯のみが純粋ハワイ人家庭であった［Linnekin 1985:32］。ここで読者は、ケアナエの先住ハワイ人を総じて本当の意味での「先住ハワイ人」と呼ぶことができるのであろうかと疑問に思うかもしれない。この疑問に対するリネキンの回答は、後述することとしたい。

さて、ケアナエにおける伝統文化の表象の一例がタロである。この地を訪ねてくる観光客に対して住民は、タロから作る主食ポイと魚「フィッシュ・アンド・ポイ」（fish and poi）がいかに重要であるかを雄弁に語る。しかし、実際にはポイはもはや高級食材であり、ケアナエ地区内であってもタロを栽培していない家庭にとってはめったに食べることができない主食となってしまった。ハワイ社会にとって、タロは象徴としてまた現金を得る商品作物としての重要性が増し、実質的な主食としての役割はすたれてしまったというのが現状である［Linnekin 1985:35］。ケアナエ住民にとって主食は、もはや米であり、タロを栽培している家庭でさえ、毎日の食事ではポイと米が半分ずつ食卓にのぼる。また、都会のそれほどではないが、かなりの量の菓子類やシリアル、チップス類、ソーセージ、清涼飲料を消費している。また、ハワイ語の能力も世代によって差があり、年配者は流暢にハワイ語を話すことができるが、三〇代半ばから四〇代前半の住民は、聞き取り能力はあるものの、限られたハワイ語しか話すことができず、ハワイ語を話す機会も年配者との会話に限定される［Linnekin 1985:36］。

こうしてみると、ケアナエも都市のハワイ人コミュニティと大差がないように見受けられる。しかし、リネキンはケアナエにおける「伝統」は、伝統文化の表象によるものではなく、むしろ住民同士の関係性にこそ表れているのだと指摘する［Linnekin 1985］。

ハワイ的な関係性の枠組みでは、個人は親戚としての役割（expectation）を果たすのであれば、親族として受け入れられる。近隣の住民であっても、交換関係において見返りを求めることもなく、贈与に関しても相手に恩をきせることもなく、惜しみなく交換関係に参与することで、親戚と呼ばれるのである［Linnekin 1985:130］。

ケアナエにおいては、大規模な食事会ルーアウ（lūʻau）の手伝いや、タロの手入れ、年配者を車で送迎するなど、地域内での伝統的な相互扶助慣習に参与することで、地区の人間、さらには先住ハワイ人として認識されるようになるのである。地区内では、パートハワイアンは通常「ハワイアン Hawaiian」と呼ばれ、その条件には、友人関係や親戚関係、地方に住んでいること、あるいは単純に「ハワイ人的作法」を身につけていることなどが含まれる［Linnekin 1985:33］。ケアナエにおける「ハワイ人性」は、地方的環境で確認される伝統的な価値観に基づく個々の関係性の上に現れ、それは都市での象徴的ハワイ人性とは異なる状況としてリネキンは位置づけるのである。

また、ケアナエと同じく、西洋化がすすんだハワイの中でも、ハワイ島ワイピオ（Waipiʻo）地区、マウイ島ハナ（Hana）地区など、先住ハワイ文化が色濃く残る地域について分析したハワイ大学の研究者デヴィアナ・ポーマイカイ・マックレガー（Davianna Pōmaikaʻi McGregor）は「地方地域」を次のように特徴づけている。「地方地域」は、扇状地を基にした集落アフプアアを単位とした地域であり、それらの地域は地理的条件、例えば外部からのアクセスや耕作に適した土地が少ないなどによって、プランテーションや牧場の開発が及ばなかった地域であることが多い。その結果、外部との接触が制限され、地域内の社会経済変化が緩慢であったことで、第二次大戦後に至っても伝統的な暮らしが残っていたという。一九四八年の記録によれば、伝統的暮らしが息づいていたワイピオでは、住民は昔話を何度も繰り返して語り、夜を過ごしていたのだという［McGregor 1989:319］。

ハワイ島北部にあるワイピオは、ハワイの創世神話にも登場し、またカメハメハ一世が幼少期にかくまわれ育てられた場所としても知られる。自然資源に恵まれた地域であったが、海と山に囲まれていたことで外部からのアクセスが難しく、また耕作に適した広い土地が限られていたことで、サトウキビ・プランテーションの開発が行われず、一九三〇年代に入っても住民の多くを先住ハワイ人が占める地域であった［McGregor 1989:319, 2007:62］。一八四七年に同地を訪ねた宣教師ヒイラム・ビンガム（Hiram Bingham）は、ワイピオの豊かさに言及し、当時の人口を一二〇〇人から一五〇〇人と見積もっている［Handy 1972:534］。しかし、一八五〇年に発生したインフルエンザの大流行後には、人口は二六〇人まで減少した［Hudson MS:142］。

一九〇〇年代に入ると、中国人の入植がはじまったことで人口は一時的に千人以上になる。これに伴い、ワイピオ内では、扇状地アフプアアの山側で先住ハワイ人がタロの耕作を行い、海側の平地では中国人が米の耕作を行うようになった。また、マックレガーによれば、中国人は先住ハワイ人の主食であるポイ工場を経営し、自らもタロを栽培し、足りない時には先住ハワイ人からタロを購入することもあった。一方で、先住ハワイ人はもっぱらタロのみを栽培し、米を栽培することはなかった。中国人の増加により、人口が増えたワイピオであったが、外部の企業による農場経営を経て、一九一八年以降には、この年に二回続けて起こった洪水被害や、タロと米の価格の大幅下落により、中国人がワイピオを離れるようになる［McGregor 1989:325-326］。こうしてワイピオの人口は一九三〇年には二七一人、翌年の一九三一年には二〇〇人となった［Census 1930］。

第五節　「カントリー」としてのワイアナエ地区

ケアナエやハナ、ワイピオのように先住ハワイ人が多いことで知られるワイアナエ地区であるが、留意したいのはワイアナエ地区のハワイアン・ホームステッドが（最も先住ハワイ人人口が多い地域であるとはいえ）「人工的」な先住ハワイ人コミュニティであるということである。すでに述べたように、ケアナエやワイピオなどの「伝統的」コミュニティの場合、住民はその系譜を居住地域にたどることができる。また、親族ネットワークもおおよそ地理的領域と重複し、日常的な住民同士の互酬関係のモデルが持続している様子が分かる。また、各戸の系譜的守護神アウマクアのような伝承も地域に根付いている。しかし、一九二〇年以降に始まるハワイアン・ホームステッド政策では、先住ハワイ人が一度は去った土地に、ハワイ各所から先住ハワイ人が入植しており、ワイアナエとは系譜的に縁もゆかりもない住民がほとんどを占めたのである。

とはいえ、ワイアナエ地区の先住ハワイ人社会内部の住民個々人の相互関係は、前節で挙げたリネキンやマクレガーらがみたハワイアン・コミュニティのそれと多くの共通点を持つ。一九六〇年代のワイアナエ地区内にあるナーナークリ・ハワイアン・ホームステッドの様子について調査を行った、ロナルド・ガリモア（Ronald Gallimore）とアラン・ハワード（Alan Howard）らは、先住ハワイ人の社会関係が、個人の利益を最小にし、相互間の協和を最大限優先することに注目し、「ナーナークリの生活は、協同関係を再確認し強化するための機会として動いている」［Gallimore and Haward et al. 1968:10］と結論付ける。

併せて、現代的な解釈も挙げておきたい。ハワイアン・ピジンに関するドキュメンタリー『*Pidgin: The Voice of Hawai'i*』の中で、ワイアナエ地区の女子高校生はカントリーとしてのワイアナエの特徴を次のように語っている［New Day Films 2009］。

Da bes' part is, everybody ova hea dey all work wit' each odda. Not like townside, o', I donno you so I not going talk to you. Ova hea, it's like, "Ho, wassap brah.".（綴りは同作品の字幕に基づく）

ここ（ワイアナエ地区）の一番いいところは、みんな一緒に何かをすることだよね。タウンじゃ、「あなたのことは知らないから、話しかけない」っていう感じだけど、ここなら「どう、元気？」っていう感じ。

（日本語訳　筆者）

また、前出のハワイ州経済産業開発および観光局（DBEDT）による地域活性計画のワイアナエ地区での説明会では、DBEDTが示した計画案に対して、住民からは、地区内の雇用の創出や経済の活性は重要であるとしつつも、近年ハワイでよく耳にするスローガン「Keep the country country.（カントリーはカントリーのままに）」という、カントリーの景観を損なわない開発を求める声が多くあがった。ただし、「Keep the country country.」は「Keep Wai'anae green.」のような言い換えも有りがちであることから、このスローガンが示すところの「カントリー」は、主に自然環境のことであり、必ずしも社会経済的状況を含意するとは限らない。とはいえ、カントリー地域にとって、自然環境も、特徴として認識される。

筆者のインフォーマントの一人で、ワイアナエ地区に長年住むサム（四〇代、サモア系）はカントリーのメリットをこう話す。

ここ（ワイアナエ地区）は静かでいい。タウンはこっちよりも車が多いし、人も多いし、いつも雑音が聞こえてくるだろ。まあ、ここら辺もたまに花火とか、パーティーの音がうるさかったりするけどさ（笑）。でも、山もあって、ビーチもあって、緑も一杯ある。子ども達が自然について学べる環境もある。俺はここで充分だよ［二〇一〇年八月二日のインタビューから］。

また、ワイアナエ地区にあるファストフード店で、ウクレレの練習をするために集う六〇代から七〇代の「定年退職組」も、練習後に店内で行ったインタビューで、メンバーのグレースとミックはワイアナエ地区の良さを次のように語った。

グレース（七〇代、女性、先住ハワイ人の血の割合は一〇〇％）と、ミック（男性、六〇代、フィリピン系、血の割合は二五％以上）はハワイ島ヒロの出身で、現役時代はサンフランシスコに住んでいたが、定年後ハワイに戻り、現在は定年後に始めたウクレレ製作をしながら暮らしている。

筆者　：タウンの〇〇〇〇（店の名前）だったら、こういうこと（店内での楽器演奏や合唱）はできないですよね。

グレース：もちろんだめよ。すぐに追い出されるわ。「店内では演奏禁止です！」とか「許可を取ってください！」とかいわれちゃうわね。

ミック：大変なことになっちゃうだろうな。でも、ここはカントリーだから。

筆者　：だから、ここは問題ない。

グレース：全然問題ない。むしろ、歓迎されるくらいよ。たぶんね（笑）。

ミック：（若い店員達の方を見て）あいつらのことは知ってるし、あいつらもこっちのことを知ってるからな。

筆者　：ここ（ワイアナエ地区）じゃみんな知り合いみたいなもんですよね。

グレース：そう。直接は知らなくても、誰かしらを通じて繋がっているの。

ミック：練習（ウクレレの）にくる人達だって、もとは知らなかった人もいるけど、ここにくればみんなキョウダイ（braddahs and sistahs ＝ brothers and sisters）なんだよ。

筆者　：それがカントリーの良いところ。

ミック：その通り。俺は仕事で長い間サンフランシスコに住んでたんだよ。でも、サンフランシスコでは、知らない人間とは目を合わせない。お互いほっておく感じだな。でも、ここは違うだろ。目があったら、名前を知らなくても挨拶するだろ。

筆者：あーすれ違う時に、あごをこうやってちょっとあげて、眉もちょっとあげるやつですね。こんな感じで（筆者がやってみせる）。

ミック：（笑）上手いじゃないか。

筆者：みんなやりますもんね。なかば反射的に（笑）。特に男性が多いですよね。同時に「Aloha Braddah.」っていったりもしますよね。

グレース：女性は「あご」はやらないわね。私達は、「Aloha」って笑顔でね。

ミック：タウンじゃみんな素通りだろ。お互い気にもしない。

筆者：確かに。

ミック：ワイアナエじゃみんなが繋がっているんだよ（everyone is related）。それに、荷物を運びたいときには、誰かがピックアップ・トラックで来てくれて手伝ってくれるし。

グレース：みんな誰にいわれなくてもそうするの。

ミック：タウンの人間は（ワイアナエ地区のことを）色々いうけど、俺はここは暮らしやすいところだと思っているよ。タウンだってここと同じような問題はあるじゃないか。

グレース：私達はみんなワイアナエに住んでいることを誇りに思うのよ。

（We are so proud that we live in Wai'anae.）

（二〇一五年一〇月二日）

ウクレレの練習には、毎回一〇名程がウクレレや楽譜のスタンドを携えてファストフード店に集まる。そのほかにも、メンバーの友人や家族が演奏に合わせ歌をうたいに集まってきたり、店内に他店で買ったドーナッツなどの差し入れもってきてお茶をしたりしながら、三〜四時間を過ごす。集まるメンバーは、日系、白人系、サモア系、沖縄系、中国系、韓国系と様々で、ときには総勢二〇名程が入れ代わり立ち代わり輪に加わる。ワイアナエ地区で生まれ育ったメンバーもいれば、地区外から移り住んできたメンバーもいる。彼／彼女達が思い思いにあつまり、それを店員や周りの客も特に気にする様子もなく空間を共有する光景は、カントリーそしてワイアナエ地区ならではといえるだろう。

小結

本章では、ハワイ住民が地域差を語る場面で多用される「タウン」と「カントリー」の対概念について、まずその定義の土台となり得るハワイの社会経済的背景を探った。両者にまつわる地元住民（ローカル）の認識は、行政が示す統計的定義とは異なり、プランテーション時代の名残や、現代の社会経済的状況、また歴史的経緯を反映しているといえる。そして、「カントリー」に対する認識は、二〇世紀前半までのプランテーション時代の社会的状況、つまり否定的な概念としての認識とは異なり、現代では「伝統的」価値観を実現するロマンチシズムの対象として認識されていることもうかがえる。その背景には、エスニック・プライド運動の過程で、肯定的概念に転換した伝統的価値観が、「カントリー」と結びつき、そして「カントリー」が伝統文化の息づく場所として、新たな役割を与えられたことがあるのではないだろうか。

またハワイは、環太平洋地域におけるほかの先住民社会の歴史的経緯とは異なり、植民地化の初期段階で先住民が都市に大量に流入したため、「カントリー」を基盤としていた伝統的規範の多くが失われた。しかし、一九七〇年代には先住ハワイ文化復興が本格化したことで、伝統文化が改めて見直されるようになった。ハワイでは、ますます都市化が進むホノルル中心街と比較して「伝統的規範」が残っていた「カントリー」を、ハワイの原風景として捉える風潮が芽生え始める。

これらの諸要因が重なり、「タウン」「カントリー」は、現代ハワイ社会における新たな二項対立を反映した概念となっている。

註

（1）ハワイに生まれ育った人。現地ハワイのアクセントが強い場合には「ロコ loco」という風に聞こえる。

（2）正式にはハワイアン・クレオール英語（Hawaiian Creole English）だが、ハワイでは一般的に「ピジン（Pidgin）」や「ピジン英語（Pidgin English）」と呼ばれる。

（3）それぞれの小区の平均年収は、ナーナークリ一万一七五五ドル、マーカハ一万四二六七ドル、マーイリ一万三一八五ドル、マーカハ・ヴァレー一万二二一五ドル［Census 2010］。

（4）ワイアナエ地区と同じくハワイアン・ホームステッドがある、ワイマーナロの平均年収は一万二四九三ドルである［Census 2010］。

（5）近年はハウスレス（Houseless）という呼び方もある。

第九章　先住ハワイ人社会における男性性の創造――フラの現場から

はじめに

ハワイに到着して、ホノルル空港（団体用出口付近）やリゾートホテルの一角で観光客をまず出迎えてくれるのは、女性ダンサーによる優雅なフラ、そして後ろには男性ミュージシャンというのが定番スタイルである。

しかし、観光客（そして先住ハワイ人ですら）の中でどれだけの人が、かつてフラが主に男性によって踊られていたことを知っているだろう。西洋との接触以前は、勇猛果敢な戦士の踊りとしてハワイ社会での重要な役割を担っていたフラであったが、一七七八年のジェームズ・クックの来島をきっかけに始まる西洋化および植民地化、そして一八一九年のカプ制度の廃止、翌一八二〇年のキリスト教布教開始の下で、ハワイ文化全般が著しく衰退し、さらにハワイに資本主義経済が浸透し始めると、フラは西洋の幻想を投影した女性的「エンターテイメント」として再編され先住ハワイ社会に定着する。こうした中、先住ハワイ人男性は「自分達の土地」にいながら、フラに象徴される先住ハワイ人文化の周縁に追いやられた存在となってしまった。しかし、西洋社会との接触が始まってから約二世紀ののち、一九七〇年代に「エスニック・プライド」が形成され活発になるハワイ文化回復運動、いわゆるハワイアン・ルネサンスで、伝統的なハワイ文化が再び脚光を浴びるようになる。中でも、ハワイ語や歴史、伝統的な思想が集約されたフラの求心力は、ハワイアン・ルネサンスにとって中心的な役割を果たすことになるのである。

昨今、フラの復興にとって重要な意味を持つのが男性の参与である。フラにおける男性性の回復は、植民地化以前の伝統的な価値観を再評価することと結び付けられている。一九七〇年代以前は、女性的と捉えられていた男性によるフラも、いまではショーや大会での歓声の的である。こうしてハワイ社会では、男性フラに対する世論も少しずつ変化し、近年は「タウン」と呼ばれる都市部を中心にフラを学ぶ男性が増えている。しかし、このような「タウン」での状況とくらべ、ワイアナエ地区など「カントリー」と呼ばれる非都市部では、いまだにフラを女性的なものと考える傾向が強く残る。本章では、オアフ島の中でも「カントリー」であるワイアナエ地区の住民の意識、ハワイ文化の「女性化」の過程、そしてハワイアン・ルネサンスにおける男性像の再生を手がかりに、エスニック・プライドにおける「男性とフラ」の役割をさぐってみたい。

第一節　男性とフラの現在

一八世紀から一九世紀半ばにかけてのアメリカによる植民地期に生み出された近代ハワイ文化は、「男性性」を欠いた文化であったといえるだろう［Tengan 2008］。現在の先住ハワイ人社会にも通ずる先住文化の「非男性化」の経緯については、次節で詳述することとして、まずは当事者である先住ハワイ人男性の「男性とフラ」をめぐる語りを紹介したい。

事例に先駆け念頭におくべきは、ハワイアン・ホームステッドおよびその周辺の先住ハワイ人社会における男性の社会経済状況である。二〇〇五年の資料によれば、ハワイ人男性（二〇歳～四四歳）は、州内のエスニック・グループの中で、自殺率が最も高く、虐待や体罰に関わる割合もほかのエスニック・グループに比べて高い［Tengan 2008: 147, Kana'iaupuni et al. 2005:113］。また、州内の受刑者の三八％が先住ハワイ人、州外のハワイ出身者（州内では収容しきれず、州外に移送される受刑者が多い）の四八％が先住ハワイ人である。かような社会経済的環境は、後述する伝統武術ルア（lua）における思想形成にも影響を与えている。

さらに、現代の先住ハワイ人社会で広く共有される労働観念も、フラとの関わりに影響を与えていると考えられる。ハワイ州の中でも、ワイアナエ地区では高校中退や、進学を希望しない生徒が特に多い傾向にある。地区にある二つの高校は、二〇〇七年の調査でハワイ州内でも最も中退率の高い上位二校であった［Honolulu Star-Bulletin Oct. 3, 2007］。この理由をワイアナエに住む筆者の知人は「男性にとっては、勉強よりも働くことが重要だから」と説明する。知人曰く「家族を養えるようになって一人前」という考えが「カッコイイ」のであるという［二〇〇九年一二月三日、筆者との会話から］。とはいえ州内で、高校未修了者や高校卒業レベルの男性が就ける職業は限られているのが現状だ。義務教育を「ドロップアウト」した者の多くが、道路工事や建築、倉庫関係の職を選び、昼夜を問わない不規則な労働に従事し、州内の他島での長期作業も頻繁である。

これら諸要因が重なることによって、ハワイ文化では、男性の不在が「良くあること」として一般化している。

1　フラについてのイメージ――アファトの場合

ハワイと日本、アメリカ本土でフラ教室を開くクムフラ（kumu hula: フラの師範）であるアファト（一九八五年生まれ）は、ワイアナエ地区のハワイアン・ホームステッドに隣接する一画で生まれ育った。父方の祖父母はアメリカ領サモアの出身で、父はアメリカ本土西岸とオアフ島で少年期を過ごした。母はワイアナエ地区出身で、日本人、フィリピン人、ハワイ人の血を受け継いでいる。以下では、二〇一三年四月一二日に行った筆者とアファトとのメールでのやり取りを中心に、アファトのフラに対する意識を見てみたい。

アメリカ領サモア出身の父方祖父母の影響で、アファトの父もまた小さい時から一家でポリネシアン・ダンス（サモア、アオテアロア、ハワイ、トンガ、タヒチの踊り）の巡業をするなど、もともと「エンターテイメント一家」であったという。父方の祖母そして母の影響で、四歳からフラを本格的に始めたことは、彼にとってごく自然な成り行きだった。

もともと勉強が好きだったアファトは、中学生になるとほとんど独学でハワイ語を学ぶようになる。身近にハワイ語を話す親戚もいなかったので、近所の図書館に通うなどしてハワイ語を勉強した。高校にあがると、アメリカン・フットボールのチームに所属し、要の選手としても活躍した。そのかたわらで、フラも継続し、高校時代は地元のフラのイベントの総合演出も経験した。また、高校での学業も優秀であったというアファトは、ハワイ文化を学ぶためにオアフ島にあるハワイ大学マーノア校に進学した。公立高校からの大学進学者が少数であるワイアナエ地区において、アファトの進学は親族にとっても喜ばしいことであったという。

二二歳の時、父方の祖母が病気で他界した。六〇歳であった。ポリネシアの踊りに造詣が深かった祖母の思いを受け継ぐために、二〇〇四年アファトはハワイ大学を中退し自身のフラ教室を開く。初めはワイアナエ地区の自宅の庭先を使いフラを教えていた。生徒はオバやイトコなど親戚であり、ほとんどが女性であったという。しばらくして、縁があり東京でも教室を開くことになった。二〇〇六年に初めての日本公演が決まったことを親族に伝えると、イトコら男性の参加希望者が集まり、男性向けのレッスンを始めた。アファトによると、ワイアナエ地区では「男性はイベントなどの参加を目的にフラを始めることが多い」（e.g. 次節スタンの事例）という。筆者もこのフラ教室で、日本公演や競技会への参加が決まると男性生徒数が増える状況を確認している。

アファトがフラを指導する際に強調するのは、フラがそもそもは男性的なものであったことである。観光施設で目にするフラは、女性的な演出によるものが多いが、アファトは本章の冒頭でも述べたフラの起源説に基づき、力強い男性的な要素を重視する。彼はよく男性生徒に対して「必要以上に腰を揺らすな」など、女性的なフラにならぬように注意をする。そして、基本ステップの反復練習では、常に中腰の姿勢を維持し、素早く切れのある動きをするための筋力トレーニングを取り入れる。

ハワイアン・ホームステッドそしてその周辺のフラの現状について、アファトは「今でも、フラが女のものだとかマーフー[1]（māhū）のものだと思っている一〇代が多い」と感じている。これは、ひとえに伝統文化に関する教育が行き届いておらず、特にフラにおいてかつて男性が重要な役割を果たしてきたということが、きちんと理解されていないためであると彼は考えている。自身のフラ教室においては、サモア系である父方親族の多くが幼少期から踊りに親しんでいるため「幸運にも」フラのような舞踊に違和感をもたない男性親族が多いのだろうといい、しかし「親戚以外の男性がフラに興味を持つことはめずらしいこと」と付け加えた。アファトは「現代のアメリカ風の考え方ではフラは『女性的』であるが、伝統的な考え方ではフラをしないことが『女性的』なのだ」といい、フラに関する知識を正確に教えることの重要性を説く。

また、ワイアナエ地区内の中学高校でのアメリカン・フットボール人気に話が及んだ際、アファトはさらにフラとアメフトとの相関が次のようなものであると指摘した。

筆者　：アメフトをやっているとスポーツ奨学金（athlete scholarship）で大学に進学できるチャンスがあるよね。それが理由でアメフトをやる人もいると思う？

アファト：もとよりワイアナエ一帯に住む多くの家族にとって、アメフトは伝統だからね。それに、アメフトにはスポーツ奨学金制度もあるし、それがアメフトを始める動機だということはよくある。フラには奨学金制度は今のところないからね。将来はフラの奨学金制度を作りたいな。でも、いつになるか分からないけど。

［二〇一三年四月一二日のインタビューから］

2 タヒチアン・ドラムとフラのバランス――スタンの場合

つぎに、アファトの従弟でもある、スタンのフラに対する意識を、二〇一三年四月五日に行ったインタビューから見てみたい。ハワイアン・ホームステッドおよび周辺で育ったスタン（一九八七年生まれ）は、従兄のアファト同様に小さい頃からポリネシアの文化に慣れ親しんで育った。米軍関連の施設が集まるパール・ハーバーに勤めるスタンの父（アファトの父の弟）は、小学校生の頃にアメリカ本土からハワイに移住、高校卒業後はワイアナエ地区からさほど遠くないコオリナにあるレストランのルーアウ（lūʻau：ポリネシアン・ダンスのディナーショー）で、ダンサーやミュージシャンとして働いたことがあり、いまでもミュージシャンの助っ人としてショーを手伝うことがある。

ワイアナエのハワイアン・ホームステッドで生まれ育ったスタンの母は、「血の割合」が七五％以上の先住ハワイ人であるが、本格的にフラを習った経験はない。彼女の場合、高校時代に「学校で何となく参加した」タヒチアン・ダンス、特にファアラプ（faʻarapu）と呼ばれる高速で腰を回転させる動きを、あっという間に習得し、二〇歳前後の時期には、地域でも名の知れたタヒチアン・ダンサーとして活躍したこともある。

こうした環境で育ったスタンにとって、フラを含むポリネシアの踊りは「生活の一部」であった。先住ハワイ人の間では「フラは女性のもの」と考える傾向が強いと感じるスタンであるが、「サモア人にとって、踊りは男女関係なく楽しむもの(2)」であったことから「サモアの踊りの延長にフラがあった」だけで、両親の提案でフラを習い始めた小学生の時はフラに対する偏見はなかったという。

幼い頃からフラに親しんで育ったスタンであったが、高校に入るとフラよりもアメリカン・フットボールなど、彼曰く「男性的」なスポーツに興味が移った。「アメリカでは、アメフトは最も人気のあるスポーツの一つ。ここら辺（ワイアナエ）の男子はみんな憧れるし、高校でアメフトチームに入るのは自然だった」ことと、さらに「フラをやっているのは女子ばかりで、フラをやっている男友達はほとんどいなかった」こともその理由であるという。また、アメフトでは有望な選手に大学での奨学金を支給する制度が多くあり、将来のためにスポーツに専念する中高生は少なくない。スタン自身も、高校のアメフトチームではキャプテンをつとめ、奨学生として大学に進学できる可能性がおおいにあったと本人は語る。しかし高校卒業後すぐに、同級生だったセリーナと結婚することを考えるようになり、家庭を支えるために大学進学ではなく、就職する道を選んだ。

卒業後しばらくは、アメフトからもポリネシアン・ダンス(3)からも離れていた。そんなとき、従兄のアファトが開いているフラ教室が二〇〇九年に二度目の日本公演をすることが決まり、「日本に行ってみたい」という気持ちから、ほかの兄弟や従兄弟らと一緒にその教室でフラを再開することにした。

公演までの一年間は、週に一回、仕事や学校が終わる夕方にアファトやメンバー宅の庭に集まって練習を行った。練習はおよそ二時間半。曲の練習以外にも、筋力（特に足腰）をつけるためのトレーニングやハワイ語のチャントを覚えるために時間を費やした。スタンにとってフラは「難しくはなかった」という。小さい頃に習っていた経験もあるが、「なぜか分からないが、自然にフラを踊れる」という感覚もあった。

日本への公演が決まったちょうどこの頃から、スタンの妻セリーナも同じ教室でフラを始めるようになった。セリーナは、フラの経験はなかったものの、ワイアナエの高校ではチアリーダーのキャプテンをつとめ、体操競技の経験があった。セリーナは、いざフラを始めてみると「フラとの相性の良さ」を実感した。日本人がよく苦労をする腰の動きも、すぐにできたという。フラを始めてみると「フラをやることに居心地の良さ」を感じ、フラに夢中になった。こうして、フラが夫婦共通の楽しみとなり、アファトのフラ教室を通じて、ハワイ内外のコンペティション（フラの競技会）も何度か経験した。

そのうちに、スタンの両親がタヒチアン・ダンスの教室を開くようになったことから、タヒチアン・ダンスに関わる機会が増えてきた。小さい頃から父にタヒチアン・ドラムの手ほどきを受けていたスタンは、ドラマーとして両親の教室の手伝いをするようになり、セリーナもインストラクター兼ダンサーとして関わった。ちなみに、スタンにとって、タヒチアン・ドラムは「リズムが複雑で、簡単には習得できない面白さ」があり、より挑戦心をかき立てるものだという。

その後、彼はホテルのルアウ・ショーのアルバイトで出会ったドラマー仲間にさそわれて、ハワイで活動するタヒチアン・ダンスのチームに加入。妻のセリーナもダンサーとして加入した。チームにはダンサーとドラマーがおり、ダンサーは女性が八割で男性が二割、ドラマーは全員が男性である。二〇一三年には、タヒチで開かれるタヒチアン・ダンスの競技会にチームで参加するなど、ここ数年はタヒチアン・ダンス関連の活動が中心となっているという［二〇一三年四月五日のインタビューから］。

第二節　フラの起源と男性の役割

そもそも、フラは「エンターテイメント」としてではなく、武術や神事に深く根ざして発展してきた舞踏といわれている。その起源については諸説あるものの、かつては男性、中でも伝統武術ルア（lua）に秀でた戦士によって踊られ、農業の神ロノ（Lono）を祭り収穫を祝うマカヒキ（makahiki）とよばれる雨季の休戦期（一〇月頃から一月頃まで）のルアの基礎トレーニングがその原型であるともいわれる。マカヒキの期間は、実践的なルアの訓練も禁止されていたため、太鼓のリズムに合わせて、蹴りや突きなど型の訓練が行われた。また、マカヒキは、祭の期間でもあり、様々なスポーツ競技が実施され、ゲーム形式（レスリング形式）でルアの技が競われた。

ルアは正式にはカプ・クイルア(4)（kapu kuʻilua）と呼ばれ、西洋文化と接触する以前のハワイの戦闘方法として発達した武術である。ルアは素手で相手を骨折させたり、指の力で血管を断絶したりするなどの攻撃が特に発達していたといわれる。また実践では、槍、サメの歯や石を装着した手斧、各種棍棒、縄などの武具をもちいた攻撃も使用した。中でも戦場で活躍したのが、マア（maʻa）と呼ばれる投石紐での攻撃であった［Emory 1999:231］。武器としての弓矢が発達しなかったハワイでは、遠距離からの攻撃は主にこのマアで行われた。

ルアは、首長階級出身の選ばれた男性のみが継承することができたカプ（kapu：タブー、禁忌）でもあった。首長階級の戦士達は、平時は高位首長の護衛をし、下位階級の男性にルアの訓練を施したという。農民（マヒアイmahiʻai）や漁師（ラヴァイア lawaiʻa）階層出身の男性や、平時は食料生産のための耕作が優先された平民マカアーイナナの男性も、戦時には兵士として徴兵された。なお、ハワイ諸島を統一したカメハメハ一世も、ルアの猛者であったことが知られている。ハワイ統一後、カメハメハはルアの学校を作り、戦士の育成を目指した。ルアの訓練のために首長階級からカメハメハの長男リホリホ（のちのカメハメハ二世）を含む二四人の男子が選ばれた。伝統的な祈祷師（カフナ kahuna）でもあったルアの師範は、オロヘ（ʻōlohe）と呼ばれ、武術以外にも人体の構造や、怪我の治療方法や、薬草、マッサージ（ロミロミ lomilomi）のほか、呪術の精通者であった。オロヘとは「毛がない」の意味であり、これはルアでは戦いの際に、相手をかわすために頭髪や体毛を抜き、体にココナッツオイルを塗ったことに由来する。

1　ルアにおける新たな精神性の創造

現代におけるルアの精神を説明する際によく語られるのが、静と動の「バランス」である。ハワイ語で「二つ（lua、または elua とも）」を意味するルアには、クー（Kū）とヒナ（Hina）の二人の神の要素を備えているというのだ。クーは、ハワイの創世神話に登場する四大神の一人で、戦いをつかさどる男性神である。かつて、クーに捧げられた聖所へイアウ（heiau）では、クーは荒ぶる神として畏れ崇められ、人が生贄として捧げられた。一方の女性神のヒナは、若くて美しく、そして賢い女性として描かれ、しばしクーの妻として神話に登場することもある。ルアの師範であるリチャード・パグリナワン（Richard Paglinawan）は「フラはそもそも男性が踊っていて、フラとルアは同源である。ルアが『硬い』もの、フラが『柔らかい』ものだった。陰と陽、もしくはクーとヒナのような関係だったのだ」と説明している［Tengan 2008:143, Clark 1993:10］。

パグリナワンのようなルアの説明は、しばしメディアにも登場する。あるインターネット系放送局のインタビューで、フラを学ぶ生徒（大学生）は次のように答えている。

> アジアの「陰」と「陽」のように、エルア（elua：ハワイ語で「二つ」の意味）という言葉に由来するルアには、力強く男性的な面と、穏やかな面があります。
> 多くの男性は「男であるためには男らしくなければいけない」というふうになりがちですが、僕は、カーネ（kāne 男性）であるためには両方を兼ねそなえる必要があると考えています。力強く男性的であることも大事ですが、同時に優しさも必要であることに気づかなければなりません［ʻŌiwi TV “Reawakning of Hula Kāne” 2012］。

ハワイ大学マーノア校で人類学を教えるタイ・カーヴィカ・テンガン（Ty Kāwika Tengan）は、現在ハワイ文化が継承されている現場において、先住ハワイ人男性の理念としてクーの存在、そし男性神クー／女性神ヒナのような二項対立が強調される側面に注目する。テンガンによれば、特に現代のルア教室やそのほかの男性主体の伝統文化活動のように、植民地主義により多くの場で女性化したハワイ文化を「脱植民地化」し、ハワイ文化における男性性を回復しようとする運動にとっては、クーのように強い男性像がロールモデルとしての役割を果たしているという。確かに、男性神クーは戦いの神であると同時に、統治、生産、労働、産業、高地森林帯（upland forest）、遠洋漁業の守護神であり、現代のハワイ社会が理想とする男性的要素を備えている。男性の失業や各種依存症などで、機能不全におちいる家庭が、州内のほかのエスニック・グループに比べ多い先住ハワイ人社会にとって、クーに付随する男性像は、先住ハワイ人社会を再生させるのに有効なロールモデルだといえる［Tengan 2008:143］。

しかしテンガンは、伝統武術ルアをクー／ヒナから抽出された要素、つまり男女の二項対立で解釈することに懐疑的である。ハワイの歴史を振り返ると、そこには男性と同等に政治を行い、さらには戦争に参じた女性が数多くいた。ルアにおけるクー／ヒナの二項対立は、先住ハワイ人社会の再生、とりわけ先住ハワイ人社会における男性性の「再生」の語りの中で生まれた、現代的かつ男性優位な西洋的家父長制における男性像であり、伝統的な価値観に基づくものではないと結論付ける［Tengan 2008: 144, 158-159］。

後述するフラと同様に、西洋文化が流入するにつれ衰退したルアであるが、カラーカウア王の時代には再興が試みられる［Stagner 2011:31］。一説には、訪日したカラーカウアが、日本の武術に感化され、帰国後にルアの再興に着手したという。現代のルアの訓練や思想に、空手や気功の理念が取り入れられているその背景には、カラーカウアの訪日の記憶が関係しているのかもしれない。

第三節　フラにおけるジェンダーの構図の変化

1 「男性像」の変遷

前述した通り、一七七八年以降、西洋文化の流入をきっかけに始まった社会的変化、そして伝染病の蔓延によって、ハワイ文化そしてフラは急激に衰退する。このほかに、ハワイ文化衰退のその要因として考えられるのが、西洋との接触をきっかけに始まったハワイ文化の「女性化」である。フラ研究者であるイシュメル・スタグナー（Ishmael Stagner）によれば、ディスカバリー号およびレゾリューション号を引き連れたイギリス人航海士ジェームズ・クックが初めてハワイにやってきた時、先住ハワイ人達はクックら一行を歓待した。その際、船員達は現地女性による接待を期待したのだという。スタグナーは長い間男だけの船内で生活してきた船員にとって、たくましいハワイの戦士達によるフラは目の保養にはなり得なかったと推測する［Stagner 2011:25］。本来は限定された機会（親族の集まりなど）でしか踊ることが許されなかった女性が、こうしてフラの新たな担い手となったのであるという。しかし、筆者は船員の「オリエンタリズム的」志向が、フラの「女性化」の直接の要因とはいい切れないと考える。なぜならば、カメハメハ二世の時代にカプが公の場で廃止されるまで、当時の社会システムにおいてフラは重要な儀礼をつかさどる文化であり、その場において男性が重要な役割を果たしていたからである。クックの航海に同行した画家ジョン・ウェバー（John Weber）が記録した一八世紀後半のハワイの様子にも、フラを踊る男性の姿が丹念に描かれていることから、一行が男性のフラに興味を示さなかったとはいいがたい。また、カメハメハ一世の妻の一人カアフマヌ主導で行われた王国の西洋化、続いてキリスト教によってフラが（公の場では）禁止された際は、男女問わず宗教儀礼としてのフラへの参加が規制されたのであったから、西洋化の初期段階においてフラそのものに決定的な男女差が生じたわけではない。

フラの主な踊り手が男性中心から女性中心にシフトした大きな要因として挙げられるのが、ハワイで貨幣経済が浸透したあとに、現金収入のために女性がフラを踊るようになったことである。土地を失った先住ハワイ人達は、現金収入の仕事を求め、港周辺に移り住んだ。港では、男性は主に捕鯨船の船員として働き、何ヵ月ときに何年もハワイに戻らないこともあった。男性の中には奴隷としてアメリカ本土へ売られた者もいたという。残された女性は、現金収入のために港で船員を相手に、エンターテイメントとしてフラを披露するなどして生計を立てた。こうして、フラは神事や儀礼としての伝統的意味から切り離され、女性による「低俗な」エンターテイメントとしてハワイ社会に浸透したのである。

同時期に起こったのが、先住ハワイ人社会内での、男性地位の低下である。一八〇〇年半ばになると、先住ハワイ人に対して「怠け者」というイメージが登場する［Tengan 2008:44］。これは、先住ハワイ人男性の間でアルコール依存症や暴力、失業が社会問題として深刻になっていたことに起因する。また、ハワイ人の男達の働きぶりは、支配階層であった白人エリートや、「勤勉な」中国人や日本人の働きぶりにかなうものではなかった。もともと、伝統的な暮らしでは、労働時間は四時間ほど。キリスト教特にカルバン的労働観念の普及によってハワイに定着した勤労の概念は、ハワイ人をさらに置き去りにしたといえるだろう［Kameʻeleihiwa 1992:203］。そうして生まれた先住民男性に付与された「怠け者」の語りは、ハワイ文化から男性性を抜き取り「去勢」するようなものであった。さらに、男性がほとんどであった初期のプランテーション移民、特に中国からの移民には、先住ハワイ人女性と結婚する者が多かったという。そして同様に、ハワイ人女性も、ハワイ人男性より経済力のある中国人男性との結婚を好んだという［Adams 1937:48-49］。一九世紀後半、プランテーションで五年間の年期労働を終えた中国人は、ハワイに残り個人で商いや米作を始める者が多く、彼らは地域経済において重要な位置を占めるようになっていた

[Linnekin 1989:29]。一九三〇年代当時のハワイ人について、アーネスト・ビーグルホール(Ernest Beaglehole)は以下のような記述を残している。

「白人やパート・ハワイアンにとって、ハワイ人は、救いがたい怠け者であると映るようである。パート・ハワイアンの女性は、真剣な口調でハワイ人はみんな怠け者であると言った。その女性によると(中略)温暖な気候だから、楽な暮らしができるのだと。昔の文化で男性的なことといえば、戦争とゲームぐらいだろう。けれど、この土地に長く住むうちに怠惰な気質が備わってしまったのである」[Beaglehole 1937:25]

また、ビーグルホールは、若いハワイ人女性がハワイ人男性のことを「すぐ手が出る」「非常に嫉妬深く、いつも問題を起こす」と思っており、結婚したくない相手だと述べている例を記している。さらに、年配のハワイ人男性は「ハワイ人は知能も未熟であり、ゆえに土地も女性ももっている物すべてを奪われてしまったのだ」と嘆いたという[Tengan 2008:45, Beaglehole 1937:25]。ハワイにおける植民地主義は、西洋的な「男性像」が先住ハワイ人社会にも浸透し、ハワイ人男性に代わり政治経済を牽引した白人エリート層が新たな男性性を象徴することになったのだ。

2　ポリネシアにおけるジェンダー概念

ここで、ポリネシアのほかの地域に目を転じてみたい。例えば、ハワイと神話的・文化的歴史的に深いつながりがあるタヒチの場合、伝統的な社会では男女の役割が西洋にくらべて極めて曖昧であったことが記録されている[Forster 1778, Adams 1930, Levy 1973]。ジェームズ・クックの二回目の航海に同行したドイツの博物学者ヨハン・フォスター（Johann R. Forster）によれば、タヒチの女性首長の中には相当の政治力を持つものや、夫を支配し、夫を殴打する者さえおり、女性は誰でもレスリングなど男のスポーツに参加することができたといい、「タヒチの女性は著しく高い地位を持っていて、ほとんどすべての仕事を行うことが許されている」と記している。また、一八九〇年から一八九一年にかけてタヒチに滞在したアメリカ人歴史家ヘンリー・アダムズ（Henry Adams）は、「ポリネシアでは、女と男があまりにも似ているように私には思われる。男女の違いは、身体的な点だけであり、感情的な点はほとんどかわらないようだ」［Adams 1890:484, c.i. Levi 1973:232］と不満げに述べたという。さらに、一八九一年にタヒチに渡った画家のポール・ゴーギャン（Paul Gauguin）はタヒチの男性が「両性具有的」であり、「女も男性的なものを持ち、男も女性的なものを持っている」と記している［Gauguin 1957:47, c.i. Levi 1973:232］。

一九六〇年代にタヒチでフィールドワークを行った精神科医であり文化人類学者でもあったアメリカ人のロバート・I・レヴィ（Robert I. Levi）は、先行資料で言及されてきた性差の曖昧性が、なおも顕在であることを確認した。レヴィによれば、六〇年代にあってもなおタヒチでは、男女の性差が「強く表示されない」で、むしろ「区別されていない」状況にあった。男性は女性よりも攻撃的ということはなく、女性も男性よりも、とりわけか弱いわけでもなかったという。また、基本的に男性は屋外で働き、女性が屋内の仕事に従事したが、必要があれば男性も育児をし、女性も屋外で男性同様に働いたという［Levy 1973:233, 234］。

このような「両性的」な社会にあって、男性は戦いというものにそもそも関心を示さなかったとレヴィはいう。タヒチ社会では、戦闘や反目はなく、また男性は狩猟を行わず、危険な職業は見当たらなかった。耕作用の土地も豊富にあったので、皆が十分な土地を所有し、家畜も充分であった。土地を持たない者は「ごくわずかの金額で」土地を借りることができたという［Levi 1973:13, ギルモア 1992:244］。

また、レヴィは一人の男性に注目する。中国人の養父に育てられ、ポリネシアと白人の血を受け継ぐタヒチ人の男性テイヴァ（Teiva）は、中国人の「父親」から労働にはげみ富をたくわえるように育てられた。そして、テイヴァはほかのタヒチ人の労働に対する「怠惰な」姿勢に批判的であったという［Levi 1973: 51, ギルモア 1992:245］。

一方ハワイでは、むしろ首長間の戦闘は頻繁であり、先住ハワイ人は常に戦争への備えをしていた［Emory 1999:229］。アリイ階級の人間は幼い頃から武術の訓練をうけ、平民も日常の中のゲームなどを通して、戦闘に必要なルアの訓練を行った。平民マカアーイナナは、予備役の戦士として普段は農業などをしているが、家には常に武器が保管されており、いざというときには武器を取り戦場にはせ参じた。徴兵を拒むものは、並ばされたうえで、耳を割かれ、腰を縛られて連行されたという。女性や子ども、そして老人の多くは、森や溶岩の洞窟などにひそみ、あるいはプウホヌア（pu'uhonua）と呼ばれる聖域に避難した。女性の中には戦いに参加し、負傷者の手当てや、男達とともに戦った者も少なからずいたという［Emory 1999:233-234］。戦いに勝利した軍は、生き残った敵軍の兵士を、奴隷や、いつか必要となるかもしれない生贄として捕らえた。

タヒチとは対照的に、休戦期以外は常に臨戦態勢であったハワイ社会では、男性は勇敢であることが求められたのだと考えられる。しかし、かといって男性のみに強さが求められたわけではなく、女性にもまた戦いに臨む勇ましさをみることができる。戦いという場面において、伝統的なハワイ社会では男女の差は緩やかであったと考えることができるのではないか。

戦い、そして政治においても男女の隔たりが緩やかであったハワイであるが、伝統的なハワイ社会の重要な概念である禁忌カプにおいては、男女の差は厳しく定められていた。特に、食におけるカプでは、男性のみが食べることが許された食物、例えば豚やバナナ、は男性のみ調理することができ、結果として男性も日常的に調理に携わることになった。また、フラでも男性のみが神に捧げることが許された踊りなど、カプによって男女の役割が明確にされていた。伝統的なハワイ社会における、ジェンダーの構図とは、例えば現代ハワイ社会が理想とする家父長的男性性の優位とは別の、むしろカプなど儀礼的、制度的な枠組みによって形作られていたといえるのではないだろうか。

第四節　二つのハワイアン・ルネサンス

1　第一期ハワイアン・ルネサンス――カラーカウア王による伝統再興と革新

ここで、フラをはじめとする伝統文化の再興の歴史を整理してみたい。一八七四年、カラーカウアが王位に就くと、フラなどの伝統文化の復興と同時に、伝統文化の保存と復興に力を注ぎ、のちに「第一期ハワイアン・ルネサンス」とも呼ばれるハワイ文化繁栄の一時代を築いた。そして、カラーカウアは、王国の近代化にも力を注いだ王であるといえるだろう。カラーカウアが建設を指示し一八八二年に完成したイオラニ宮殿は、世界で最も早く電気、電話、水洗式トイレを備えた宮殿であり、近代国家としてのハワイ王国の姿を象徴するシンボルとなった。

カラーカウアはまた、近代科学とハワイ文化に関する教育研究機関ハレ・ナウアー（Hale Nauā）を設立した［Stagner 2011:31］。キリスト教宣教師が政治の要職を占めていた当時、ハワイ文化と公の場面で関わりを持つことは、関係者が逮捕されかねない状況にあったにもかかわらず、国王の招集により、ハワイ全島から伝統的な神職カフナなどのハワイ文化に関する有識者や、伝統医術師、ハワイ語の専門家、戦士、フラの踊り手、作曲家らが集まり、首長階級出身の男子に教育を行った。また、王宮では専属スタッフとしてフラの踊り手やミュージシャンの役職を設置し、私的な催しだけでなく、海外からの要人の接待でもフラを披露するなど、フラを再び公の場に復活させた。一八八三年にイオラニ宮殿で行われたカラーカウアの戴冠式では、祝宴が何日も続き、フラが披露されるなど荘厳な式が催され、ハワイ文化が公の場に戻ったことを印象付けた。宣教師ら白人はこの祝宴を贅沢の極みであると非難したが、先住ハワイ人にとっては、それまで禁じられていた自身の文化がよみがえったことを象徴する機会であったといえるだろう。

ハワイの近代化の中でフラが再び盛んになったことで、新しいフラのスタイルが生まれる。国王カラーカウアは、メヌエットやフラメンコなど西洋の踊りの衣装を参考に、西洋文化とハワイの伝統文化が融合したスタイルを創作した［Stagner 2011:32］。また、この時期には伝統的な演目だけではなく、西洋音楽を取り入れた曲目が多く作られた。ハワイ音楽における「近代化」に一役買ったのが、プロイセン出身のヘンリー・バーガー（Henri Berger）である。バーガーは、カメハメハ五世代（一八六三年〜一八七二年）にハワイ王室楽団の指揮者としてハワイに渡り、一八七七年にカラーカウアによって楽団の総監督に任命され、王とともに多くの作曲を手掛けた。一八七四年にカラーカウアが作詞しバーガーが作曲したハワイ王国国歌『ハワイ・ポノイー（Hawaiʻi Ponoʻī）』は、現在でもハワイ州歌として親しまれている歌である。その旋律は、帝国成立以前のプロイセン国歌『皇帝陛下万歳』（Heil dir im Siegerkranz）などヨーロッパ各地で歌われていた君主を称える賛歌の旋律を、バーガーが編曲したものであるといわれている［Zambucka 1983:63］。

カラーカウアの時代に流行した現代的なフラのスタイルは、現在はハワイ語で「新しい」を意味する「アウアナ（auana）」と呼ばれ、観光施設などでもっとも目にする機会の多いフラとして受け継がれている。王国の近代化を進めたカラーカウアは、ハワイ文化を象徴するフラを「近代化」させることで、ハワイの伝統文化を世界に通用し得る近代文化に昇華させることに成功した王であった。

王妹リリウオカラニとも交流があったバーガーは、彼女の作曲活動のよきアドバイザーでもあった。国王カラーカウアが一八九一年にサンフランシスコで客死したのち、王位についたリリウオカラニもまたハワイ文化の振興に努めた。当時、ハワイ王国では一〇〇種類以上のハワイ語新聞が発行されており、リリウオカラニ自身もチャントやハワイ語の詩を掲載するなど、文学活動に熱心であった。兄同様音楽をたしなんだリリウオカラニは、ハワイを代表する歌『アロハ・オエ（Aloha ʻOe）』を作詞作曲したことでも知られている。しかし、白人勢力のクーデターによりリリウオカラニの在位は二年で終わり、彼女の廃位をもって一八九四年ハワイ王国は滅亡した。王室に使えたフラの踊り手達も、イオラニ宮殿近くにあった住まいからの転居を余儀なくされたという。その後、アメリカの統治下になったことで、カラーカウア期以降には盛り上がりをみせていた伝統文化がまたも衰退し、以後ハワイ社会のさらなるアメリカ本土化が進むことになる。

2　先住ハワイ人保護の時代

王国滅亡後、二〇世紀に入ると、先住ハワイ人の人口減少や衛生環境の悪化が鮮明になる。先住ハワイ人の生活環境の整備と尊厳の回復のために立ち上がったのが、旧王族の一人であった「プリンス・クーヒオー」ことジョナ・クーヒオー・カラニアナオレ（Jonah Kūhiō Kalanianaʻole）である。ハワイアン・ホームステッドの建設を定めた法案の成立に尽力し、先住ハワイ人の保護政策の下地を築いたクーヒオーは、法案の成立に先駆け、一九一八年に先住ハワイ人青年への教育支援を主な目的として、ハワイで初めてのハワイアン・シビック・クラブ（Hawaiian Civic Club 現在の Hawaiian Civic Club of Honolulu）発足の陣頭指揮をとった。

発足当時、クラブの代表には中華系先住ハワイ人で裁判官のウィリアム・ヒーン（William Heen）と、副代表に同じく中華系先住ハワイ人で牧師のアカイオ・アカネ（Akaio Akane）が選出された［Kauanui 2008:81］。当時クーヒオーは、先住ハワイ人の将来は、彼ら自身が率先して守らねばならないと考えていた。またクーヒオーは、西洋文化に対抗するために、若い世代が教育を受けられる環境を確保することを重視し、先住ハワイ人学生への奨学金の支給、歴史的遺産およびハワイ語や伝統文化の保全普及活動、先住ハワイ人を支援する諸団体との協力などを活動の基軸とした。ハワイアン・シビック・クラブが取り組んだ草の根活動はハワイ各地に広がり、一九三〇年代にはいくつかの先住ハワイ人コミュニティがそれぞれハワイアン・シビック・クラブを立ち上げ、地域主体の青年育成に取り組み始める。その後、ハワイアン・シビック・クラブの活動は更なる広がりをみせ、一九五九年には各地のハワイアン・シビック・クラブを統括する機関ハワイアン・シビック・クラブ協会（Association of Hawaiian Civic Club）が設立された。

クーヒオーの意向を反映して誕生したハワイアン・シビック・クラブは、現在はハワイ州のほかにも、先住ハワイ人が多く住むアラスカ州、カリフォルニア州、コロラド州、イリノイ州、ネバダ州、ユタ州、ヴァージニア州、ワシントン州、テネシー州など全米五八ヵ所にあり、先住ハワイ人の社会経済環境の改善支援や教育支援にくわえ、定期的に集会を開き、ハワイ語やハワイの歴史、フラなどの文化活動を支える場としての役割を果たしている。

先住ハワイ人支援の土台を築いたクーヒオーであるが、彼による先住ハワイ人への支援が整備された時期が「ハワイアン・ルネサンス」と呼ばれることはない。その理由として考えられるのは、クーヒオー時代の最優先事項は生活を再建するためのシステム整備であり、ハワイ文化が公に復興する前段階として位置づけられるからであろう。また、クーヒオーが設立に関わったハワイアン・シビック・クラブは、発足当初は中産階級から上流階級の先住ハワイ人が主な構成員であったため、のちの第二期ハワイアン・ルネサンスのように先住民コミュニティ全体を巻き込むような運動には展開しきれていなかったといえる。とはいえ、クーヒオーの功績はハワイアン・ルネサンスへの重要な布石であり、彼の功績なしにその後の伝統文化復興は起こりえなかったであろう。

ハワイアン・シビック・クラブが各地に誕生し始めた頃、一九三二年に伝統文化を展示する観光施設ララニ・ヴィレッジ（Lalani Village もしくは Lalani Hawaiian Village）が、まだ観光名所となる以前のワイキーキーにオープンした。この施設を作ったジョージ・モスマン（George Mossman）はハワイ出身で、スコットランド人と先住ハワイ人の血を受けつぐ著名なウクレレ製作者であった。ラニ・ヴィレッジを作った理由について、自身もハワイ語が流暢であったモスマンは「昔のハワイの生活を良く知る年配の人達が、どんどんこの世を去り、同時に彼らが受けついだ知識も途絶えようとしている。我々の世代がやるべきことは、残されたものを守ることだ」と語っている［Reynolds 2013］。ララニ・ヴィレッジは、モスマンが住むハワイアン・ホームステッド内の土地に建てられ、施設内には伝統的な草ぶきの家屋ハレ・ピリ（hale pili）が職人の手によって建てられていたという。アメリカ本土や海外からの観光客が多く訪れたララニ・ヴィレッジでは、モスマン夫婦、ときには彼らの娘達がガイドをつとめ、伝統的なハワイの生活を説明した。敷地内には、ヤシの木も多くありスタッフが木に登り、ココナッツをふるまった。ビレッジでは、ガイドツアーのほかに、ルーアウと呼ばれるディナーショーも開かれ、フラ以外に、サモアン・ダンスも上演された。

また、ララニ・ヴィレッジでは、フラ教室も開かれ、地元の子ども達もこれに参加していた。とはいえ、世間はまだフラに対する偏見が根強い時代。キリスト教教会や、現在はハワイの文化と言語教育における主要な教育機関であるカメハメハ・スクールズでさえも、当時はフラを否定する立場にあった。この時期にララニ・ヴィレッジのフラ教室に通い、教室を卒業したのちビレッジでフラのダンサーとなったエマ・カアヴァカウオ（Emma Kaawakauo）は、「頭のかたい両親が私にフラを習わせたのは、意外なことだった」［Kodama-Nishimoto et al. 2009:140］と語っている。ララニ・ヴィレッジのフラ教室では、古典的なフラと、当時はハパハオレ・フラ（hapa-haole hula）と呼ばれた西洋楽器の伴奏で踊る新しいスタイルのフラが教えられた。

一九三〇年代から一九四〇年代のハワイは、アメリカ愛国主義が強い時代であり、先住民やマイノリティが自身のエスニック・アイデンティティを自由に主張できる社会ではなかった。当時のハワイの社会状況をジョージ・カナヘレ（George Kanahele）は「『エスニシティ』という言葉が一般的になる前だった。アメリカ人ではないこと、例えばハワイ人だとか日本人、中国人だとかいうことを主張することがカッコイイ、そういう時代ではなかったのだ」[Kanahele 1979:2] と回想する。

そして、第二次大戦が終わると、ハワイではビッグ・ファイブ(5)(Big Five) や日系アメリカ人(AJA:American with Japanese Ancestry)、そして労働組合が戦後の政治経済を牽引するようになる。同時に、戦後のハワイではワイキーキーを中心とした観光産業が急速に発展した。開発業者はワイキーキーなどから先住ハワイ人や「ローカル」の人々を立ち退かせるなどして、ハワイの観光化を推し進めた [Kauanui 2008:30, Trask 1987]。こうして、先住ハワイ人は戦後ハワイ社会の周縁に追いやられ、彼らの文化的アイデンティティも影をひそめることになった [Kanahele 1979]。ちょうどその頃、一九五〇年代半ばのアメリカ本土では黒人差別の撤廃を訴えた公民権運動が急速に広まり、先住民などのマイノリティ・グループもこれに感化され同様の運動を展開し始めていた。ハワイでも、一九六四年には、のちのハワイアン・ルネサンスの先駆けとなるエッセイ「*On Being Hawaiian*(ハワイ人として)」が話題となる。著者のジョン・ドミニス・ホルト (John Dominis Holt) は、ハワイ人としてのプライドをこう記した [Holt 1964]。

「私は、計算上はパート・ハワイアン(混血の先住ハワイ人)です。あるディナー・パーティーの席で、チャーミングで、身なりのきちんとしていて、かつ有名な宣教師夫婦の子孫であるという女性に、私は八分の三の先住ハワイ人であると教えられたことがあります。私の祖父母は、父方母方ともに全員ポリネシアの血を受け継いでいました。そのうち二人は、五〇%の白人と五〇%のハワイ人。一人は、タヒチとハワイ、白人の混血。残る一人は、四分の一ハワイ人、四分の三の白人でした。(中略)私の先祖は、スペイン人の農場主、クロアチア人の混血、タヒチの血を受け継ぐアリイの女性、ボストン州ホールデンからきた宣教師夫婦、イギリス人伯爵、ボストンの実業家、そしてマウイ島とハワイ島出身の上位アリイおよび下位アリイ（カウカウ・アリイ）でした。私の中には、ハワイとアメリカの血が流れており、アメリカの五〇番目の州の市民でありますす。しかし、私は血筋的にも感情的にもハワイ人でもあります。私はこのことを誇りに思うのです」。

3　第二期ハワイアン・ルネサンス——伝統への「回帰」

一九七〇年代になると、本土のエスニック・プライド運動の余波を受け、ハワイでもハワイ文化復興運動および先住民主権回復運動、いわゆる「第二期ハワイアン・ルネサンス」が本格化する［Trask 1987:126, Rayson 2004:247, Smith 2006:56, Diamond 2008:47, Tengan 2008:54］。第二期ハワイアン・ルネサンスでフラに関して特筆すべきは、古典フラと男性フラが再び公の場で踊られるようになり、ハワイの人々そして先住ハワイ人の支持を得始めたことである。これは、その三〇年前には想像にも及ばぬことであった。一九四六年、フラの師範でもあり現代ハワイ研究の下地を築いたメアリー・カヴェナ・プクイ（Mary Kawena Pukui）は、日刊紙ホノルル・アドバタイザーの紙面でこう語っている。「本当のフラはもう消えかかっています。そして、一ダースほどの踊り手しか、伝統的なしきたりにのっとったフラを踊れないのです」。さらにプクイは、「三二〇年後にはハワイの伝統は追憶の中に消えているだろう」と、フラが消えてなくなることを憂いていたのである［Kanahele 1986］。また、第二期ハワイアン・ルネサンスには、ハワイ大学でハワイ語などハワイ文化を専攻できるコースが開設され、ハワイ語学習熱が高まった。一九八〇年代後半には、子ども達がハワイ語のみで授業、および日常生活を送る「イマージョン・スクール（immersion school）」が登場し、現在では州内各地に校舎を置きハワイ話者の育成を行っている［松原 2013:210］。

第五節　クムフラ

ここで、ハワイ文化の保存そして第二期ハワイアン・ルネサンスにおいて特に重要な役割を果たしてきたフラの師範クムフラ（kumu hula）達と、彼／彼女達の行うフラのレッスン風景について言及しておきたい。

一九二〇年代になると、先細るフラなど伝統文化の将来を危惧した一部のカフナと呼ばれる知識人によって、若者達にフラに関する知識を伝承する活動が密かに始まった。若者の中から、聡明で容姿のすぐれた者を選抜し、人目につかない片田舎や離島の教室で、フラに関する知識が教えられた。一九三〇年代には、リゾート開発が始まったワイキーキーに、チャントや打楽器に合わせて踊る古典的なスタイルのフラを披露するラニ・ヴィレッジなどの施設が登場する。しかし、そこで重宝されるのは女性の踊り手であり、依然として男性が公の場でフラを披露することは稀であった。一九六三年には初めてハワイ島でフラの祭典メリー・モナーク・フラ・フェスティバル（Merrie Monarch Hula Festival）が開催される。この大会の名称はハワイ文化の復興に力を注いだカラーカウア王のニックネーム「陽気な王 Merrie Monarch」にちなんでいる。同大会は、一九七〇年代以降の第二期ハワイアン・ルネサンスでは、フラにとって再生の場としての重要な役割を果たした。(6)

クム（kumu）とはハワイ語で基礎や土台、源泉、規範などの意味をもち、現代では「先生」の意味で使われるハワイ語である。クムフラが開くフラの教室は、ハーラウ（hālau）とよばれ生徒はフラやハワイ語、ハワイの文化や歴史についての知識を学ぶ場となっている。二〇世紀になってハワイでフラの教室が登場し始めた頃には、単に「フラ・スタジオ」や「フラ・スクール」という名称が一般的であったが、一九七〇年代以降は、かつて伝統的社会ではカヌーをしまった小屋ハーラウ（hālau）でフラが教えられていたことから、フラ教室をハーラウと呼ぶようになった。

西洋文化によってフラが衰退する以前は、クムフラが教えを授けるのは、生涯に数名の生徒だけであったという。しかし、現代では時に数百人の生徒を持つことさえある。さらに、メリー・モナーク・フラ・フェスティバルなどの大規模なフラの競技大会に出場し、優勝経験があるクムフラの中には、日本やアメリカ本土など、ハワイ外にも教室を持ち、頻繁にハワイ内外を行き来する生活を送るクムフラも多い。中でも、日本でのフラ人口は四〇万人から五〇万人の間とも、あるいは六〇万人ともいわれ、日本でのフラ需要によって、ハワイがうける経済的恩恵は小さくはない［名護 2013: 335-336］。フラビジネスの拡大と、日本でのフラ人気が、伝統文化であるフラの商業化を推し進めている状況があることは否めない。しかし、クムフラ達にとって、日本の教室から得る収入、そして年に数回日本で行うワークショップで得る収入は、貴重な活動資金であり、それによってハワイでの教育活動を存続することができる事実があることも、ここで述べておく必要があるだろう。

クムフラに限らず、ミュージシャンやダンサーなどフラ産業に従事する者にとって、フラだけで生計を立てることは決して容易なことではない。筆者が出会ったクムフラ、そしてミュージシャンやダンサーの多くが、仕事を掛け持ちしながらフラに携わっていた。ワイアナエ地区でフラを教えるアファトも、ハーラウを開いてしばらくの間は、日中はディスカウント・ストアで働き、夕方に住宅の一角でフラを教える生活だったという。アファトのハーラウでは、生徒は月に三〇ドルの月謝を払っていたが、貧困世帯が多く集まるワイアナエ地区では、その月謝も払えない世帯が珍しくなく、アファトはほとんどの生徒を無料で受け入れていた。その後、日本に開設したフラ教室の運営が安定したので、現在はフラ一本で生活できるようになったが、それまでの五、六年は「とてもフラだけでは家族（両親と弟、妹）を支えられない状態」だったという。

もう一人、ハワイや日本のハワイアン・ミュージック・ファンの間では、名の知られたハワイアン・バンドのベーシストであるエルア（男性 四〇代、仮名）は、オアフ島東岸のワイマーナロ・ハワイアン・ホームステッド（Waimānalo Hawaiian Homestead）で生まれ育ち、現在も同地区に住み続けている。ハワイアン・ミュージックの最高峰であるナー・ホークー・ハノハノ賞（Nā Hōkū Hanohano Awards）を受賞し、バンドでの仕事が軌道に乗った後も、家計を支えるために自営で配管工の仕事も続けながら、ハワイや日本、アメリカ本土での公演をこなしている。エルアは、仕事を掛け持ちする理由を、ハワイの物価上昇傾向に加えて、「バンドの仕事は夜が多いから、昼間はほかの仕事をしたほうが効率が良いんだよ」「それに、バンドは趣味の延長みたいなものだからね」［二〇〇八年一一月二四日のインタビュー］と、笑いながら説明した。彼ら以外にも、フラを教える傍ら、ケースワーカーや学校教員、スクールバス・ドライバー、カウンセラーなどとして働くクムフラやフラ関係者は珍しくはなかった。近年、全米一物価が高いともいわれるハワイでは、フラ一本で生計を立てることができるクムフラはごく少数にとどまる。

クムフラの多くは自宅や学校の体育館、公共のホールを活動拠点として、フラ教室ハーラウを開いている。ハーラウに通う生徒の年齢層は、小学校低学年から二〇代が中心で、女性の数が男性を上回ることが一般的である。かつてのルアの訓練がそうであったように、フラの練習は精神的にも体力的にも厳しいことで知られている。筆者がワイアナエ地区で出会った当時四〇代の男性は、まだ幼かった当時「フラの練習はとても厳しかった。だからやりたくない子どもが多かったのだと思う」といい、ゆえに自身もフラをやらなかったのだと話してくれたことがあった。実際に、フラの練習では大半をベーシックと呼ばれる基礎練習に費やす。ベーシックでは、例えばフラの基本姿勢であるアイハア（aihaʻa）という中腰の姿勢を長時間維持しながら、基本的なステップや腰の動きをひたすら繰り返し、足腰の筋力を鍛える。生徒が苦痛で顔をゆがめても、クムフラはリズムをきざむイプヘケ（ipu heke：ヒョウタンの打楽器）の手を止めることはない。さらに腹筋などを鍛えるトレーニングを行うこともある。また、フラの曲にはそれぞれ意味があり、古典曲目に関しては実在した王や首長、神話に登場する神に捧げる踊りも多く、曲の背景や歌詞にあるハワイ語を正確に理解することが求められる。そのトレーニング風景は、観光施設で見る優雅なフラからは程遠い。現代に受け継がれるフラの訓練の厳しさは、かつてフラがルアから生まれ、神聖な儀式と密接に関わっていたことを彷彿させる。

こうして一〇数年にわたり、クムフラのもとでフラに関する知識全般を体得した生徒の中には、卒業し新たにクムフラとして自身の教室ハーラウを開く者もいる。卒業の儀式はウーニキ（ʻūniki）といい、師匠であるクムフラとハーラウ関係者のまえで、フラをはじめハワイ語のチャントなどを披露し卒業の承認を得る。卒業儀式ウーニキを受けるにあたり、多くの場合卒業生は数日前から肉食を避けるなどのカプ（禁忌）を設け、身体を清めて儀式に臨む。(7) 踊りで使うティー・リーフ(8)（ti leaf：ティーの葉）の腰みのなど、伝統的な衣装を自作する技術も卒業要件として求められることもある。しかし、最近では、師範であるクムフラからの正式な承認を得ないままクムフラを自称し、高額なレッスン料をとる者がハワイ内外に多くいるとされ、ハワイの伝統文化に携わる有識者らはこのような伝統文化の「詐称行為」を、ハワイ文化をおとしめる行為だとして憂慮している。

小結

ここまで本章では、現在の先住ハワイ人社会における「男性とフラ」、そしてエスニック・プライドとの関わりについて、フラに参与する男性当事者の意識、そしてハワイ文化の「女性化」の経緯を軸に記してきた。事例に登場したアファトとスタンの二人は、フラとの関わりにおいて、常にフラに対して女性的なイメージがあることを認識している。彼らがいうところの女性的なフラのイメージは、現在もワイアナエ地区のハワイアン・ホームステッドとその周辺では、根強く存在しているといって良いだろう。さらに、「先住文化の植民地化」以外にも、先住ハワイ人社会に根付くアメリカ的労働観念による「男性の不在」も、フラにおける男女比に影響を与えていると推測できる。

第二期ハワイアン・ルネサンスにおける男性性の再生は、女性化したハワイ文化、中でも伝統武術ルアやフラの実践において、伝統的な男性の役割の再現、そして男性神クーに象徴される男性性の導入に特徴づけられる。しかし、第二期ハワイアン・ルネサンスでは単なる男性化にとどまらずに、近代ハワイ文化における「脱女性化」を行った上で、女性神ヒナのもつ女性性が再び移入されていることが興味深い。テンガンは、現代的であるクー／ヒナの二面性を、伝統的思想とは区別するべきイデオロギーだとしているが［Tengan 2008: 159］、筆者は女性性が再移入される背景には、クーの象徴である「男、強い、支配、硬い」といった要素が、突出した形で現れる家庭内暴力や犯罪など、先住ハワイ人男性が直面する社会経済的課題があると考える。フラの現場では、現代の先住ハワイ人社会が抱える社会経済問題に呼応する「男性像」の再編、つまりエンパワメントとしての試みが進行していると考えることができるのである。

註

（1）ハワイ社会における第三の性。
（2）ポリネシアの中でも、サモアの踊りでは、男性が中心的な役割を果たすことが多い。例えば、体中を手のひらでたたきリズムをとるスラップ・ダンス（ファアタウパティ fa'ataupati）や、近代になって登場したファイヤー・ダンス（シバ・アフィ siva afi）はどちらも男性によって踊られ、サモアン・ダンスの花形である。

（3）ハワイ、タヒチ、サモア、トンガ、マオリの踊り。ルーアウと呼ばれる観光用のディナーショーでは、ポリネシア地域の数種の踊りが演じられる。

（4）クイルア（ku'ilua）は文字通りに直訳すると「二回打つ（ku'i：打つ lua：二つ）」という意味である。

（5）当時 Big Five と呼ばれたのは、Alexander & Baldwin、American Factors（現在は Amfac）、Castle & Cooke、C. Brewer & Co.、Theo H. Davies & Co. である。

（6）現代ハワイ社会では、「古典的」なスタイルのフラは「カヒコ（kahiko: 古いの意）」、「現代的」なスタイルのフラは「アウアナ（auana: 新しいの意）」と呼ばれる。

（7）ただし、このような形式はハーラウ（教室）によって異なる。

（8）ハワイ語では「kī キー」。幅広で細長い葉が特徴である。豚肉を包んで蒸し焼きにするなど、調理にも使用する。

第一〇章　ワイアナエ地区とイルカツアー——海とワイアナエと観光

はじめに

本章では、ワイアナエ地区で行われている観光用のイルカ見学ツアーで行った参与観察を通して、ツアーの中で伝統文化、そしてエスニック・プライドがどのように表象されるのかを、ツアー船の船長ハリーによる説明をもとに記述してみたい。ちなみに、筆者が参与観察を行ったイルカツアー船では、乗客の八割以上が日本からの観光客であった。本書では、ツアーの中で示されるエスニック・プライドを、海外の観光客がどのように受け止め、解釈するのかという点についても注目したいと考える。

近年、ハワイにおいて海をベースにしたエコツーリズムの増加は著しく、ハワイ諸島各地の沿岸では、イルカなど海洋性の哺乳類を間近でみる観光ツアーを提供するようになった。今では、イルカやクジラなどの水生野生生物と「触れ合う」ことは、観光客にとってハワイ観光の醍醐味の一つといえるだろう。しかし、イルカを含む鯨類の個体数調査の報告では、ハワイ沿岸に多く住むスピナードルフィン(1)（spinner dolphin：和名ハシナガイルカ）の個体数は、他種類のイルカに比べ、減少しているという指摘もある［Baird et al. 2003］。海洋生物学者であるファビエン・デルフォー（Fabienne Delfore）は、スピナードルフィンの減少は、人間の営みと密接に関わっているとして、特に観光産業との関連から、個体数減少はハワイ諸島沿岸で行われているイルカ見学ツアーの増加が要因であると指摘する［Delfore 2007］。さらに米国商務省の機関である、アメリカ海洋大気庁（National Oceanic and Atmospheric Administration, 通称NOAA ノア）の分析によれば、ハワイにおいて「（イルカが）休憩する水域での人との接触は、スピナードルフィンの休息に多大な影響を与えかねない」［NOAA.gov］（括弧内は筆者補足）としている。またワイアナエ地区北部のマクア（Makua）地域沿岸での調査から、人による遊泳、中でも午前中の遊泳が、スピナードルフィンの休憩時間を遅延させる可能性を示唆、加えて人の存在により日中はワイアナエ地区沿岸で休息をとるイルカが、本来の習性よりも早い時間に沖に出ると指摘する［NOAA.gov］。

その一方でNOAAは、ハワイに生息するイルカの個体数減少の諸原因として、観光のほかに四つの要因を示している。一つは、ハワイ諸島では全島の海岸でプラスチック製の漂流物が確認されていることである。イルカがこのようなプラスチックの「ゴミ」を誤食してしまうと、消化力の低下など深刻な健康問題を引き起こしかねない。北西ハワイ諸島では、とりわけ打ち捨てられた漁具が深刻な環境問題の原因となっている。二つ目は、人為的な「騒音」である。「騒音」の発生源となるのは、ボートやヘリコプター等の海上交通機関、海底掘削、地震探査、爆破、浚渫《しゅんせつ》、建築、水中音波探査などである。このような「騒音」が海洋哺乳類の聴覚や方向感覚に障害を及ぼすことが懸念されている。三つ目は、沿岸の汚染と感染病の可能性である。イルカに関する感染症の調査は行われていないが、ハワイ固有種であるハワイモンクアザラシでは、数種類の感染症の事例が報告されている。四つ目が、漁業との関連である。ハワイでも行われている刺し網漁の場合、カリフォルニア州沿岸での一九九〇年から一九九五年にかけての調査によると、網に絡まった海洋哺乳類一二六三頭のうち、わずか五頭だけが助けられている。ハワイでもスピナードルフィンが刺し網に絡まるケースは報告されているものの、沿岸地域での刺し網漁は調査の対象になっていないため、正確なデータはない［NOAA.gov］。

このようにイルカの生息数減少には、観光以外にも上述したいくつかの要因が示されているにもかかわらず、報道や科学的知見を背景に、地域住民の言説レベルでも「イルカ見学ツアーの増加によって魚が減った」という意見がしばしば聞かれるのが現状である。

こうした複数の「科学的根拠」による批判が取り巻く中にあって、イルカ見学ツアーに携わるワイアナエ地区住民はどのような意識をもってイルカと向き合っているのだろうか。

第一節　先住ハワイ文化におけるイルカの「不在」

イルカツアーに関する事例を紹介するまえに、まず、先住ハワイ文化とイルカとの伝統的な関係性を確認してみたい。自然界に存在する森羅万象、生物無生物について、膨大な神話や伝承の中で語り継ぎ、またそれらを一族の系譜的守護神アウマクア（ʻaumakua）として崇め奉ってきた先住ハワイ人であるが、なぜかイルカに関する「物語」はほとんどといって良いほど存在せず、またイルカがアウマクアとして登場するケースはない［Valeri 1985:20-25］。確かに、筆者が何度も同行したパイア家のイルカ見学ツアーでも、ホヌ（honu：ウミガメ）やマヌ（manu：鳥）、コホラー（koholā：クジラ）などの生物のハワイ語名をよく耳にしたのに対して、ツアーの主役であるはずのイルカは「ドルフィン（dolphin）」と英語での呼称にとどまり、野生生物のハワイ語名の使用に関しては、やや一貫性の欠けた状況であった。

先住ハワイ文化におけるイルカの不在に関して、独自の視点をもってハワイ文化を研究する郷土史家のサージ・カリヒ・キング（Serge Kalihi King）によると、ハワイ語の辞書にはイルカを示す単語として、ナイア naiʻa やヌアオ nuʻao が挙げられており、前者のナイア naiʻa はイルカまたはネズミイルカ類(2)、後者のヌアオ nuʻao はネズミイルカ類であると書かれている。ところが、キングは、ナイア naiʻa は名詞の複数冠詞 nā（ナー）と iʻa（イア：魚、海の生物）からなる複合語でもあり、直訳すれば「海のもの」となり、ナイア（naiʻa）自体は必ずしも種としてのイルカに限定されない語であると主張する。また、ヌアオ nuʻao も、一説には「口笛を吹く集団」という意味であるというが、この二つの単語が、イルカのみに用いられた単語であったかどうか、定かではないというのだ［King web］。ほかにも、辞書にはイルカ（dolphin）の訳語として、マヒマヒ（mahimahi：シイラ）やオマ（oma）、ラパラパ（lapalapa）などの表記が紹介されているが、それぞれはイルカ以外にシイラのことも指す単語であることが記されている。

この、現代のハワイ文化におけるイルカの不在について、キングは、ハワイ文化が英語に翻訳される過程で、イルカという「概念」が消失した可能性を指摘している［King:ibid］。キングは、現代のハワイ語でサメを意味するマノ（mano）が、そもそもはイルカも意味していたのであると推測する。確かに、ハワイの伝承には、サメは多く登場する。対して、イルカが登場することは極めてまれである。キングがこのように推測する理由として、彼は、クック諸島のサメに関する伝説を引用し、「サメ＝イルカ」の仮説の根拠としている。

キングは、南クック諸島のマンガイア島に伝わる、クック諸島を代表する伝承を以下のように引用している。「女神イナ（ʻIna：ハワイの女神ヒナ Hina に相当する）は、様々な用事にサメの手を借り、ある時、ヤシの実を割るのにサメの額を使った。ゆえに『その日から、すべてのサメの額にはこぶがあるのである』」［King ibid. Andersen 2013:246-93］。この記述を踏まえて、キングは、サメの額にこぶはなく、方やイルカの額にはこぶがあることから、上記の伝承で言及されている「サメ」は、実際にはイルカであると推察するのである。

しかし、実際にはマンガイア島を含めるクック諸島の言語であるクック・マオリ語では、サメは一般的にマンゴー（mangō）、イルカは一般的にはパーパティ（pāpati）あるいはマンガイア島ではトゥトゥー（tutū）とも呼ばれることから、サメとイルカが混同される可能性が高いとは言い切れない。さらに、キングが言及していないその先を読み進めると、物語に登場する「サメ」が、サメそのものであると推測できる記述に行きあたる。

伝承の続きでは、聖なる島にいる恋人のティニラウ（Tinirau）に会うために、海に飛び込んだイナは、サメに出会いその背に乗って旅をすることになった。


その従順な魚（サメ）は、背びれを立てて、イナは持っていたヤシの実の目（ヤシの実には、三つの黒い点があり、それらが人の顔のように見える）に（ココナッツ・ジュースを飲むために）突き刺した。しばらくののち、イナはまた喉が渇いたので、サメに頼んだ。サメは今度は頭を上げ、言うが早いかイナはサメの額でヤシの実をかち割った。サメは、痛みにもだえ、海深く潜っていった。一人残されたイナは、必死で海面に浮いていた。その日から、すべてのサメの額には、「イナのたんこぶ」とよばれる目立つこぶができたのである。

そして、タケア大王という名のサメの王が現れた。イナは、サメの王の大きな背に乗り旅をつづけた。直後、イナは八艘のカヌーらしきものが、一列になってぐんぐん近づいてくるのに気づいた。間近まで来たとき、それはイナを喰らわんとする八匹のサメであることが分かった。

イナは、恐怖におびえて用心棒のタケアに向かって「タケア！　タケア！」と叫んだ。「どうしたのだ」。タケアは聞き返した。イナは言った。「あそこのカヌーが見えるでしょ」。「何艘あるのだ？」。イナは答えた「八艘よ」。

彼女の用心棒であるタケアが言う。「奴らに言うがいい。『マンガマンガイア、マンガマンガイア　アエアコエ　エ　タケア　ヌイ（どこかに行け、さもなければ、タケア大王が八つ裂きにしてくれる）』と」。

イナがそう言うと、八匹の恐ろしいサメは去った。危機から逃れ、イナは再び聖なる島への長き航海をつづけた。しかし、またも危機が彼女を脅かすことになった。一〇艘のカヌーの船団に見えたものが、一〇匹のメジロザメであったのだ。メジロザメは、聖なる島の岸辺から、イナの息の根を止めるためにやってきたのだった。

メジロザメ達もまた、サメの王に恐れをなして逃げ失せた。とうとうこの勇敢な少女（イナ）は探し続けた聖なる島にたどり着き、タケアは海のねぐらに戻った。

（対訳 四條真也）

（原文）

The obedient fish immediately erected its (rara tua) dorsal fin, on which Ina pierced the eye of one of her nuts. After a time she again became thirsty, and again asked the shark for help. This time the shark lifted its head, and Ina forthwith cracked the hard shell on its forehead. The shark, smarting from the blow, dived into the depths of the ocean, leaving the girl to float as best she could. From that day there has been a marked protuberance on the forehead of all sharks, called " Ina's bump."

The king of sharks, named Tekea the Great, now made his appearance. Ina got on his wide back, and continued her voyage. She soon espied what seemed to be eight canoes in a line rapidly approaching her. When near they proved to be eight sharks resolved to devour Ina.

Ina in an agony cried to her guardian shark, "O Tekea! O Tekea!" "What is it? " inquired the shark. " See the canoes? " said the girl. " How many are they? "

"Eight," replied Ina.

Said her guardian shark, "Say to them, 'Mangamangaia, mangamangaia aea koe e Tekea Nui (Get away, or you will be torn to shreds by Tekea the Great).'"

As soon as Ina had uttered these words the eight monstrous sharks made off. Delivered from this peril, Ina again went on her long voyage to the Sacred Isle. But one more danger threatened her: what seemed a fleet of ten canoes, but which proved to be ten ground sharks, started off from the very shores of the Sacred Isle to make an end of Ina.

Again they were driven away by the fear of the king of sharks. At length the brave girl reached the long-sought-for Sacred Isle, and Tekea the Great returned to his home in mid-ocean.

［Gill 1876（2013）:92-93］

ここに描かれているのは人に脅威を与える存在としての「サメ」であり、それは我々がもつ一般的なサメのイメージと重なるし、この物語の中で登場する「イナのたんこぶ」はイルカの頭頂部にあるこぶ（メロン体）を思わせる描写である。しかし、イナとサメの物語には、「イナのたんこぶ」はシュモクザメの突き出た目がそれであるという別のバリエーションも存在し［Crawford 2008:51］、このことから、『イナとサメ』の伝承で言及されている「サメ」がイルカであるとは言い切ることは難しいだろう。

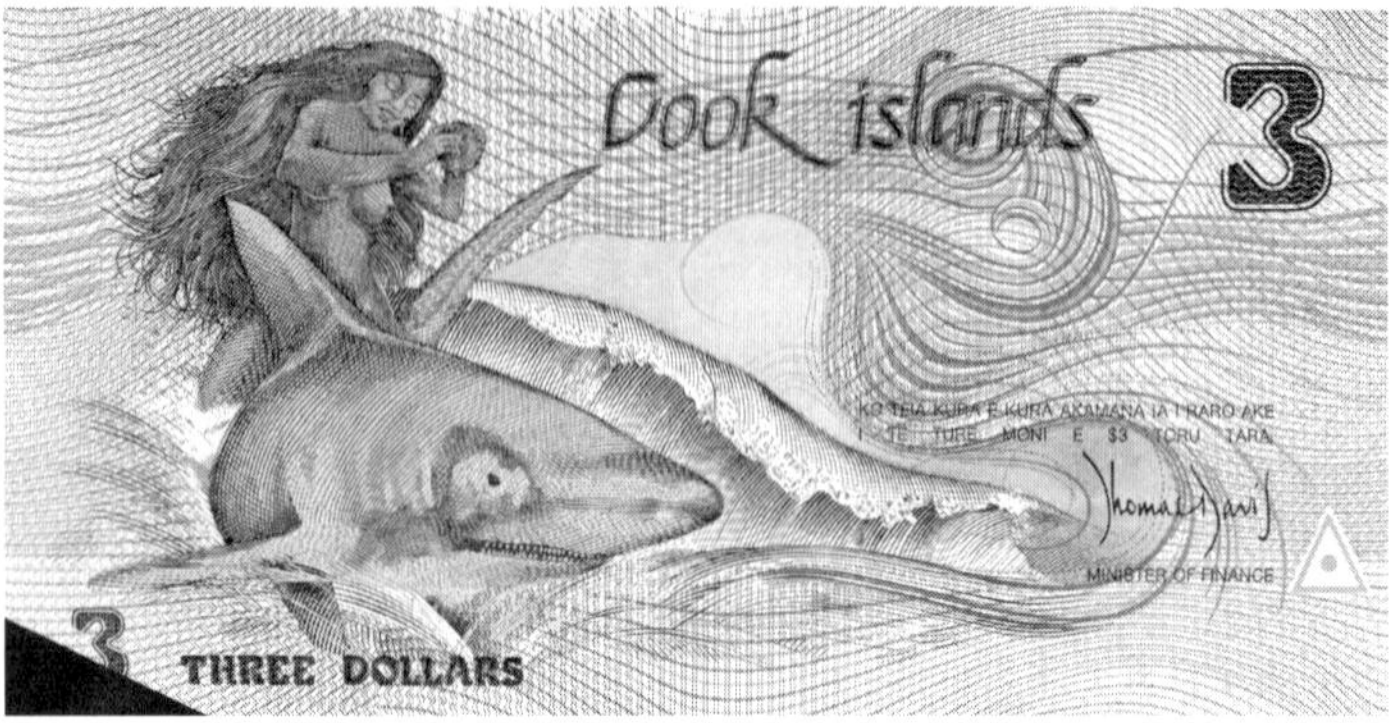

写真１　クック諸島の３ドル紙幣

キングの仮説について、ハワイ大学のプアケア・ノーゴルマイアー（Puakea Nogelmeier）は、イルカが現代のハワイの伝承や神話に登場するのは稀であることに同意する一方、キングが主張する「サメ＝イルカ」の説には懐疑的である。ノーゴルマイアーは、過去に発行されたハワイ語新聞の記事に、イルカを意味するナイア naiʻa やヌアオ nuʻao が多数登場することに注目し、西洋文化が優勢になった以後の先住ハワイ人社会でも、イルカを意味する双方の単語には一定数の使用が認められると述べる［二〇一五年一二月一五日筆者とのメールでのやり取り］。かつて発行されていたハワイ語新聞四八紙を電子アーカイブ上で公開している『Nūpepa』（ヌーペパ：新聞の意）上を検索すると、ナイア naiʻa は一〇七件の記事、合計一二六ヵ所が該当する。ヌアオ nuʻao は、地名にも使われているが、イルカを指していると思われるものは一件のみのヒットにとどまる［http://nupepa.org（最終閲覧日二〇一九年三月九日）］。加えて、キングはハワイ語辞書にあるマノ・イフ・ヴァア（mano ihu waʻa：カヌーのアウトリガーに頭を置き休め、漁師にも愛され餌付けもされていたというサメ[3]［Pukui and Elbert 1986（1957）:239 Hawaiian Dictionary］）がイルカのことであると推察するが、筆者の見聞ではサメの中には人にある程度なつく個体がいることから［e.g. "Tiger Shark Love-Tarantino" at Youtube.com］、マノ・イフ・ヴァア mano ihu waʻa がイルカであるとは言い切れないだろう。

現時点では、イルカの「不在」に対する回答としての「サメ＝イルカ」説は、キングの私感であると言わざるを得ない。しかし、現代ハワイ社会では、観光資源として存在感を示すイルカが、一族の守護神アウマクアになることもなく、また神話にもほとんど登場することがない状況は、今後の研究において注目するに値する。

第二節　観光産業とワイアナエ地区

ハワイ諸島で、イルカツアーの対象となるイルカは、主にスピナードルフィンと呼ばれる種類のイルカである。ハワイにおけるスピナードルフィンの生態調査は、一九七〇年代から始まり、主にハワイ島周辺での生息数調査が中心であった［Delfore 2007］。スピナードルフィンは、遠洋と陸近海の双方で観察され、夜間に沖合で小魚などを捕食し、早朝に砂地の入江にやってきて休憩をとってから、午後には再び沖合に出ることが知られている。本書の調査地であるワイアナエ地区一帯の沿岸は、日中イルカが休息するのに適した入り江が数ヵ所あり、イルカと間近に「触れ合える」場所として、イルカ見学ツアーが盛んな地域である。

先住ハワイ人が多く住み、ワイキーキーとは異なる社会経済的環境を有するワイアナエ地区であるが、イルカツアーの参加者を乗せたシャトルバスが、ワイアナエ地区内で寄り道をすることはない。そもそも、この地区に観光客が気軽に立ち寄れる施設や店舗がほとんどないことも理由の一つであるが、ハリーらイルカツアー船のスタッフは「日本人観光客にとっては安全じゃないから」と口をそろえる。確かに、ワイアナエ地区では日本人観光客の姿を目にする機会は少ない。また、観光案内所でもワイアナエ地区を訪れる際は充分な注意が促されることが多いようである。ワイアナエ地区で、一九七〇年代から一九八〇年代にかけて問題となっていた観光客をねらった強盗恐喝事件は、現在ではだいぶ減少したといわれるものの、駐車中の車をねらった盗難事件は現在でも頻発している。

また、二〇〇〇年頃からは、ホームレスがビーチの一画を占領するようになり、海岸付近の治安が悪化した。地元住民の服装とは違う日本人観光客はワイアナエでは、ことさら人目をひき、それに「日本人は金持ち」「日本人は大人しい」という偏見が相まって、日本人観光客に「ちょっかい」を出そうとする者がいるというのだ。イルカツアー船が停泊するワイアナエの港周辺の茂みでも、テント生活を送るホームレスがおり、桟橋近くでくつろぐ姿をよく見かける。時には、物珍しさや「小銭をもらうため」に、日本人の参加者に近づいてくる人もあり、その際はツアーガイドがさりげなく参加者に距離を置くように指示したりもする。

ワイアナエ地区の北部には、かつてゴルフコースを併設したリゾートホテルがあり、ゴルフを目的に日本人観光客もシャトルバスで訪れる観光スポットであった。しかし、二〇一一年五月に経営難のためにホテルは閉館、現在はゴルフコースのみの運営である。ワイアナエ地区北部のサーフィン・スポットが注目されていた時代、一九六九年にハワイ出身の中国系アメリカ人実業家チン・ホー（Chinn Ho）によって開業したホテルは、その後一九七九年に日系企業の全日本航空の子会社に買い取られ、地元では「ＡＮＡホテル」と呼ばれ親しまれていた。しかし、ＡＮＡホテルも一九九五年にはホテル部門を閉館する。二〇〇〇年にはカナダ人実業家がホテルを買い取るが、二〇一一年にゴルフコースを残し閉館してしまう。以来ワイアナエ地区は、ハワイの中でもますます観光開発とは縁の少ない地域となったのである。

第三節　イルカ見学ツアーの概要

ワイアナエ地区沿岸は、オアフ島のほかの地域に比べ、自然なままの海岸線が多く残され、一年を通じてイルカや、ごくまれにシャチなどを見ることができることで知られ、また一二月から五月にかけてはザトウクジラが出産と子育てをする様子を観察することができる場所である。

第七章で、ハーナイの事例③として登場したパイア家は、二〇〇〇年代初頭からワイアナエ地区の沿岸でイルカツアー船を家族で操業している。パイア家の家族構成をもう一度確認しておくと、夫ハリーと妻ローラと子どもが五人（長男、長女、次女、次男、三女）であり、うち長女と次女は婚出して、同ワイアナエ地区のそれぞれ別のハワイアン・ホームステッドに暮らしている。夫ハリーと妻ローラはともに一九四五年生まれで、地元ワイアナエにあるハイスクールの同級生である。

家族のうち、イルカ見学ツアーの運営に関わっているのは、夫婦と次男である。夫と次男が日替わりで「船長」をつとめ、妻が船上でツアー客に出す軽食（チーズバーガーとスナック、ドリンク、マカデミアチョコレートなど）の仕入れを担当している。過去には長男もガイドとしてツアーを手伝ったことがあるが、「自由気ままな生活を好む性格」であるので、常勤スタッフとしては登録されていない。また、二〇一四年にホノルル市街の有名私立高校であるカメハメハ・スクールズを卒業した三女は、本土の大学に進学する以前は、休みの時期などに船に乗るなど家族の仕事を手伝っていた。

パイア家は、ワイキーキーに事務所がある観光会社Aと提携を組み、A社が集客、パイア家がツアー船の操業を行っている。日本出身の女性が社長を務めるA社は、日本人観光客を対象にイルカやクジラ（ザトウクジラ）の見学ツアーを提供している。また、イルカツアー船には、パイアの家族以外にも、通常は通訳一名とインストラクター三名、撮影スタッフ一名の五名がスタッフとして乗船する。インストラクターの仕事は、船上での雑務と海中での参加者の誘導、安全確認である。乗船スタッフは日替わり制で、特に地元出身のスタッフの多くが、ほかの仕事、例えばバンドミュージシャンやホテルの従業員などとの掛け持ちである。筆者が本格的な調査を始めた二〇〇八年頃には、二〇歳前後から三〇歳代の一〇名程が乗船インストラクターとして登録し、その後見学船がもう一艘増え、二〇一五年現在は一五名程がインストラクターとして雇用されている。イルカツアーが行われるのは、午前と午後の一日二回。シーズンにもよるが毎回二〇名程度の乗客数がある。

第四節　船長ハリーの一日

ここで、二〇一五年九月のイルカツアーのある一日を見てみたい。

この日の乗客数は、二五名。前夜にA社からパイア宅に直接電話が入り、その人数に合わせて、ツアーの合間にふるまうハンバーガーの仕込みが行われた。

ツアーの準備は早朝から始まる。家族は日の出前の朝五時には起床、身支度を整え、ピックアップ・トラックに食料などを積み込むと、ハリーは午前六時には自宅を出て船がある港に向かう。自宅のあるナーナークリ・ハワイアン・ホームステッドからワイアナエの港までは車で一五分ほど。渋滞しやすいホノルル市街へ向かう方向とは逆方向なので、出勤は比較的スムーズである。港に着くと、ハリーはまずドックに停泊しているイルカツアーで使用する船の点検とガソリンの補充を済ませる。

かつてホノルル消防局の消防船船長を務めただけあって、客を迎える船の点検をするハリーの顔つきは真剣である。準備が終わって、船を客を迎えるための栈橋に移動する頃になると、若いインストラクター達がやってくる。この日のインストラクターは、前の年に地元のワイアナエ高校を卒業したウィル（先住ハワイ系、プエルトリコ系）そしてカメラマンとしてホノルル市街出身の二〇代のジム（ヨーロッパ系、日系）である。本来ならば、ウィルのほかに、もう一人インストラクターが乗船するはずであったが、都合がつかず、この日は一人少ないスタッフでの航行となった。ウィルとジムは船長のハリーと軽く挨拶をかわすと、ハリーの指示を待たずに、素早く、甲板の掃除や、ツアー客が使用するライフジャケットやシュノーケルの点検、食事やスナックの荷積みにとりかかる。インストラクターの作業に、ハリーはときに厳しい口調で指示を出す。「ちょっとしたミスが事故につながるんだぞ」。準備にはいつも緊張した空気が張りつめている。

午前七時三〇分過ぎ、ツアー参加者と通訳ガイドを乗せた送迎バスが港に到着する。送迎バスはA社の所有で、ワイキーキーのホテルを回り参加者を乗せ、四〇分ほどかけてワイアナエまでやってくる。インストラクターのウィルは、サーフショーツの上にスタッフ用のパレオ（pareo：パレオはタヒチ語）を巻いて出迎える支度をする。父親がプエルトリコ系だというウィルは、普段パレオ(4)になじみがないのか、着こなしはややぎこちない。

乗船客が桟橋に着くと、船長ハリーと船員ウィルは船のまえに並び、参加者を「アローハ」という挨拶とハグで迎える。その様子をカメラマンのジムが写真に収める。出迎えるハリーとスタッフ達の顔は、準備中のけわしい顔つきから、満面の笑顔に変わっていた。参加者が乗船すると、ワイキーキーから同行してきた通訳ガイド（多くの場合日本出身者が担当している）が乗船スタッフを紹介しその場の雰囲気を盛り上げる。ハリーも、ときにおどけながら参加者の拍手に応える。その姿は、自宅で机に向かい淡々と事務仕事をする姿や、船を準備するときの厳しい顔とは対照的である。

船が桟橋を離れると、全員でハワイ語の祝詞『エ・ホー・マイ（E Hō Mai）』が、徐々に音程を上げながら三回繰り返して唱えられる。乗船客には、ラミネートされた歌詞カードが手渡され、全員がこれを詠唱する。

E hō mai ka ʻike mai luna mai ē
ʻO nā mea hūnā noʻeau o nā mele ē
E hō mai, e hō mai, e hō mai ē

我らに天からの知識を授けたまえ
数々の唱に秘められた知恵を
与え給え、与え給え、我らに与え給え

『エ・ホー・マイ』は、一九六〇年代にフラの師範であり音楽家でもあったエディス・カナカオレ（Edith Kanaka'ole）によって作られた、伝統的聖域へイアウに入る際の許可を求めるため捧げられるオリ（oli：祝詞、チャント）である。多くの場合、フラ関係者がヘイアウに立ち入る際に唱えるこのオリを、イルカ見学ツアーでは海をハワイ文化における聖域とみなし唱える旨が参加者に説明される。オリが終わると、供物として海に白いプルメリアの花を投げ入れ出航の「儀式」が完了する。ちなみに、ここで用いられるプルメリアの花はパイア宅の庭で、ローラが摘んだ花を使っている。

イルカ見学ツアーの客層はシーズンによって変化するが、家族連れ、友人グループ、新婚夫婦、恋人同士での参加が多く見受けられる。参加者に参加動機を尋ねると「イルカと一緒に泳ぎたいから」という回答が目立つ。少数ではあるが、中には「ハワイ人が多く住むワイアナエに来てみたかった」や「ハワイの文化について学びたかったから」という理由も聞かれた。時には、ハリーの人間性に惹かれ何度も参加しているという客もあった。ハリー達地元のスタッフも、簡単な日本語を覚えて、参加者と積極的にコミュニケーションをとっている。ハリーによれば「日本人にはきめ細かい気配りが必要。彼らは、何か困ったことがあっても、それをなかなか口に出さない」という。なので、インストラクター達にも、乗客の様子には常に注意するよう言っている。

港の外に出ると、ハリーは周囲にいるツアー船や漁船と無線でやり取りをし、イルカの群れを探し始める。ワイアナエ地区沿岸では、日中イルカの群れが休憩をしていることが多く、群れの情報が入るとハリーは船をその場所へ急行させる。その間に、ツアーの参加者はライフジャケットとシュノーケルを装着し、二、三のグループに分かれ船上で待機し、いつでも海に入れる体制を整える。イルカの群れに近づくと、船は速度を落として距離をとりながらイルカに接近しつつ、ハリーは船を群れの進行方向にまわし、ツアー客を水中に降ろす。ハリーは、イルカ達をボートで追い立てるようなことはしない。「そんなことをすればイルカは逃げる」からである。ツアー客をイルカの群れの前に降ろすことで、イルカが興味を持って近寄ってくるのを待つのである。この日も、ツアー開始から一〇分ほどして、イルカの群れに近づいた。しかし、ハリーは群れから五〇メートルほど離れた位置でツアー客を降ろした。筆者が「これでは離れすぎている」と感じていた矢先、気づけばイルカ達は海面でシュノーケリングをするツアー客の真下や真横を、人間を観察するかのように、ゆっくりと泳いで行った。そして、船の下を泳いだり、近くでスピンをしながらジャンプしたりするイルカの様子をみて参加者は声を上げる。

ちなみに、イルカのほかにも、ワイアナエ沿岸ではごくまれにシャチの目撃例も報告されている。また、冬から春にかけては、ザトウクジラも出産と子育てをするためにハワイ近海にやってくる。ザトウクジラの多くは、マウイ島付近に集まるが、毎年数頭がワイアナエ地区の沖で出産をする。パイア家のツアーボートも、クジラが近くにいるという情報があれば、イルカと合わせてクジラを見学することがある。しかし、ハリーは「ここに来ているゲストは、イルカと泳ぐために来ているのだから、イルカが優先」といい、クジラの捜索やクジラを追うことに必要以上に時間をかけることはない。

話をイルカツアーに戻す。イルカの群れを発見し、運よく群れが一ヵ所にとどまって休憩していれば、参加者はゆっくりと海に入り、海面から付近を回遊するイルカを観察することができる。イルカは「観光客」から一定の距離を置き、はじめは遠巻きに遊泳するが、そのうち何頭かが、遊泳客の三、四メートルまで近づいてくることもある。時には二〇〇頭ほどのイルカの群れに遭遇することもある。インストラクターは「シタミテ！（下見て）」など簡単な日本語で指示を出し、参加者にイルカの場所を教える。参加者が海中に居るあいだ、船上に居るハリーは海面の参加者の様子に目を配る。泳ぎの苦手な参加者が、潮に流されたり、波にのまれてしまわないためだ。インストラクターがいる海面からの目線では、浪間が死角となることがあるので、船上からも参加者の安全確認は欠かせないとハリーはいう。またイルカの様子も観察しながら、群れが移動する気配を見せると、参加者を船に上げ、別の場所へと移動する。このように時に場所を変えて、充分にイルカと接することができたところで、波が穏やかな入り江などに船を停め、参加者には船の周囲などで自由な時間を過ごしてもらう。その間に、ハリーはバーベキュー・グリルでハンバーガーを用意する。ハンバーガーはいたってシンプルな「アメリカ風」のチーズバーガーだが、二〇〇九年頃からは、タロを混ぜ込んだバンを使い、ハワイ風のハンバーガーに仕立てている。船上で参加者が食事の時間、インストラクターはじめスタッフは、ケチャップやマスタードを手に忙しく甲板を往復する。

食事が一通りいきわたると、ショータイムが始まる。ショーの内容はその日に乗船しているスタッフによって異なるが、通常はインストラクターがフラを披露し、続いて参加者も一緒に手のふりだけの簡単なフラを体験する。ハリーと次男を含め乗船スタッフのほとんどはフラの経験がないものの、定期的にワイアナエに住むクムフラ（フラの師範）の女性に指導を受けて踊りを習っている。このクムフラは、大規模なフラの競技会であるメリーモナーク・フラ・フェスティバルにも出場するなど地域では有名なクムフラであり、ハリーらが行うイルカツアーの文化監修もつとめ、前述した出航の祝詞もこの女性に指導をうけたものである。

ショーが終わると、残りの時間は船がワイアナエ地区の沿岸を周遊するあいだ、甲板でくつろいだり、ガイドの説明に耳を傾けたりするなど、参加者は各々自由な時間を過ごす。インストラクターも、知っている日本語を使うなどして、参加者に積極的に話しかけ、一緒に写真を撮るなどする。ツアー中、大抵一人は船酔いで気分を悪くする参加者が出る。その際は、インストラクターやガイドが付き添い、気分を落ち着かせる。途中、イルカの群れの情報が入ると、その場所へ急行し、イルカがジャンプする様子を観察したり、再度海中に入って一緒に泳いだりもする。見学ツアーが終わり港に戻ると、参加者とスタッフ全員でシャカサインでの記念撮影をする。記念写真など写真セット（四〇〇枚ほど）のデータは、ツアー後に五〇ドル（約五千円）程度で販売される。記念撮影を終えると、参加者はTシャツなどの「オミヤゲ」を受け取り、スタッフとハグをして通訳と撮影スタッフとともにシャトルバスに乗り込み、再びワイキーキーに戻る。

ハリーとインストラクターが、ツアー後船の清掃を済ませ昼食をとりながらしばし休憩をとると、午後一二時頃の次のツアーの参加者が到着する。午前のツアーと同様のプログラムをこなし、午後三時過ぎには帰港する。参加者を見送った後は、船の清掃、用具の片付けをすませ、船をドックに戻し係留して、インストラクター達も解散し、ハリーも帰路につく。帰りしな、いつも立ち寄るガソリンスタンドで、次の日のツアー用のガソリンを購入する。ガソリン価格はツアーの単価にも大きく影響するので、ここ数年の上昇傾向は頭が痛いという。二〇一一年頃までは大人一人一〇〇ドル（一万円程）で行っていたツアーも、現在は一五〇ドルにまで値上げをした。「値上げした分、お土産などのサービスを充実させて、ゲストが満足してもらえるようにしたい」と妻のローラはいう。

ガソリンの代金を支払うついでに（アメリカでは必要な分を前払いし給油する形式が主流）、ハリーはいつもLLサイズのタンブラーカップを購入し、それにジュースを並々と注ぐ。定番は赤い色が鮮やかなフルーツパンチ味。疲れた体には最高なのだという。ポリタンクにガソリンを給油し終わると、ジュースを運転席のわきにおきながら、自宅に向かう。帰宅はいつも大体午後四時前。最近では、ワイアナエ地区の別の場所に住む孫達が、まだ幼い子ども（ハリー達にとってはひ孫）をローラに預けることも頻繁で、家はいつも賑やかだ。帰宅してからの時間は、まずは大抵小一時間ほどローラとその日のツアーの様子を報告し合ったりしながら、ゆったり過ごす。それからはウクレレの練習をしたり、筋トレをしにジムに行ったり、パソコンに向かって雑務をしたり、ときには夕食の支度をしたりして過ごす。三女が高校でバレーボールのチームに入っていた頃は、夕方試合の応援に出かけることも多かった。夕方過ぎに、A社からの翌日のツアーの参加者人数の連絡を受け取り、午後九時前後にはベッドに入る。

第五節　ハリーと観光

二〇一五年現在、ワイアナエ地区沿岸でイルカツアーを操業している船は八隻。中でも、ハリーが操縦する船は、イルカと間近で泳げる確率が高いことで知られているという。その陰には、仕事に関して努力を惜しまないハリーのまじめな性格をうかがうことができる。それまで経験した仕事でもそうであったように（後述）、イルカツアーでもハリーは信念を持ち、いかに「観光客」に楽しんでもらうかを、日々「研究」（本人の言葉を借用）しているのだ。以下は、二〇一五年九月六日にハリーに行ったインタビューの一部である。

ハリー：乗船スタッフにはいつも言っているんだ。『自分達にとっては毎日同じことだけどツアー客にとっては、一生で一回しかないかもしれない経験なんだ』って。分かるか？
筆者　：確かに、新婚旅行とか、結婚式とか、卒業旅行の人も多いですよね。
ハリー：そう。それに、ツアーの料金は決して安くはない。ほとんどの人が、ハワイのために節約して旅行に来ているのだと思っている。だから、心からもてなさなければいけないんだ。

また、ハリーによると、イルカには人間の気持ちが伝わるのだという。イルカとの遭遇率の高さを長年のデータ収集の結果であると考えると同時に、彼はイルカに自身の気持ちが伝わった結果、イルカ達が「来てくれるのである」と考えている。

ハリー：ある日、朝起きた時に、イルカにメッセージを送ったんだ。「今日は、ポカイ湾（イルカがよく集まる水域）に来てくださいよー！」って、心の中で。そうしたら、どうなったと思う？　来てくれたんだよ。それも、俺達のボートにだけ。

筆者　：すごい！　でも、絶対に来ると思いましたか？

ハリー：それは分からない。ただその日は来てくれたんだ。メッセージが届いたと信じているよ。ほかのイルカボートの連中は不思議がってたよ。

筆者　：ハリーさんのことを分かっているということ？

ハリー：イルカ達は、俺のことを分かっているよ。あと、俺達のボートのことも。だから、来てくれるんだよ。ほかのイルカボートの連中は信じないけどな。

筆者　：なるほど。

ハリー：でも、来てほしいっていう気持ちは、ボートに乗っている人間全員が一緒じゃないと、伝わらないんだ。インストラクターがいい加減な気持ちでいたりすると、イルカはその気持ちを感じて、来てくれないんだ。

筆者　：来てくれない日は、どうするのですか？

ハリー：そういう日は、しょうがないんだ。イルカは自然であって、人間にはコントロールできないだろ？　でも、ツアー客のことを考えると、落ち込むんだ。申し訳ない気持ちになる。だから、イルカに会えた日には、ツアー客に「あなた達は、すごいラッキーだよ！」と言ってあげるんだ。本当にラッキーなんだから。それと、イルカにもお礼を言うんだ「マハーロ（*mahalo*）！」「来てくれてありがとう！」ってな。

［二〇一五年九月六日のインタビューから］

1　ハリーの経歴

ハリーは一九四五年にホノルル市街のパロロ（Palolo）地区の公営住宅（Public Housing）で生まれた。ハリー自身は、父方からハワイ人と中国系、母方からハワイ人とフィリピン系の血を受け継ぎ、公的記録による「血の割合」は七五％以上である。父方の一族は、もともとマウイ島のワイカプ（Waikapu）の出身で、のちにマウイ島の東部にあるハナ（Hana）に移り住み、ハリーの父はハナで育った。ハリーの父は一四人キョウダイ、ハリー自身は七人キョウダイ（五男二女）の三番目で三男であるので、大勢の家族や親戚に囲まれて育った。ちなみに、ハリーの母はハワイ島北西部のコハラ（Kohala）の出身である。

ハリーが一四歳の時、母方のオジがいたワイアナエ地区のナーナークリに家族で引っ越し、当時は地区で唯一の高校であったワイアナエ高校に通うようになる。ワイアナエの地元高校在学中に妻ローラと出会い、一六歳の時に結婚、在学中に長男が生まれた。高校を卒業し、義父の勧めでワイアナエにサーフショップを開いた。ホノルル市街の名門校カメハメハ・スクールズの卒業生であった義父は、ワイアナエ地区内に土地をいくつか所有しており、地元では名士として知られた人物であった。ハリーとローラにいわせれば「厳しい人」でもあったという。ハリーが、ワイアナエにサーフショップを開いた当時、ワイアナエはサーフィンの「メッカ」として多くの観光客が訪れ、賑わいを見せていた頃であった。しかし、ハワイでのサーフィンの中心がオアフ島の北西岸一帯「ノース・ショア」に移ると、治安の悪化が顕著になっていたワイアナエの観光業は一気に衰退する。

ハリーはサーフショップをたたみ、アメリカ海軍に入隊する。ハリーは「サーフィンが好きでサーフショップを始めたが、店が忙しくてサーフィンができなくなってしまったから店をたたんだ」、と笑いながら話したことがある。しかし、妻のローラに言わせると、サーフィンの拠点がノース・ショアに移り、ワイアナエ地区ではもうからなくなってしまったからだ、ということだった。海軍に入隊したハリーは、一九六六年にカリフォルニア州のオックスナード（Oxnard）に駐屯し、ローラと三人の子どもも一緒にカリフォルニアに渡った。オックスナードでの暮らしは、大所帯であったという。ハリーとローラの家には、子ども達のほかにも、ハワイ出身の兵士が同居していた。筆者とのメールのやり取りの中で、当時の様子をローラは次のように回想する。

「私達はまだ若くって、三人の子どもがいたの。（オックスナードでは）大家族（one big ohana）みたいだったのよ。家にはいつも、たぶん一九歳から二一歳までの男性（men）、というよりは少年（boys）ね、が七人いたの。みんなハワイ出身で、毎日私達の家に居て、一緒に食事をしたり、子どもの面倒をみたり。ハワイからはなれていても、ハワイ出身の人同士であって親しくなるのは不思議よね。そんなことがあって、（オックスナードで）大家族になったの」（括弧内筆者）

［二〇一六年五月六日、筆者とのメールやり取り］

オックスナードに住んだ当時、折しも時代はベトナム戦争のさなかであった。カリフォルニアに来てから三ヵ月後、ハリーはベトナムに派兵される。ハリーは、ベトナムで六ヵ月をすごしたのちに帰国をする。

一九六九年に退役後、ホノルル市消防局に就職し、自身が住むハワイアン・ホームステッド内にある消防署に配属された。消防士となってからも、昇級のために勉強に励んだ。「高校ではあまり勉強しなかったが、仕事のための勉強は楽しかった」と彼はいう。現在でも、ハリーを「消防士のハリー」として知るワイアナエ住民は少なくなく、ワイアナエではよく知られた人物である。また、消防所での勤務がない日には、ワイアナエの沿岸で漁を行い、獲れた魚（主にカツオや小型のマグロ）を地元のスーパーに卸す副業もしていた。仕事を掛け持ちしていた当時を振り返ってハリーは「その時は、子ども四人、義父、それに末の妹の大学の学費の面倒も見ていた。妻がＡＮＡホテルでウェイトレスをしていたけれど、消防士とそれ（妻の仕事）だけでは生活できなかった」［二〇一〇年八月六日のインタビュー］という。しかし「漁師の仕事は、一人で過ごすことができたし、息抜きみたいな感覚もあった」とハリーはいう。そして、海での漁は「自分が自然の一部だと実感する良い機会だった」のだと回想する。そして、体力が必要な消防士の仕事のトレーニングとしても、漁は役に立ったという。また、漁に関する知識は、漁師をしていた父親から教えられたというが、独自の工夫も惜しまなかった。特に、小型のマグロを釣るためのルアーについては、ルアーを作る職人（日系人のイチという人物）から、良いルアーを作る秘訣を特別に教えてもらうほど、熱心に研究した。おかげで、ほかの漁師が不思議がるほど、漁獲量は良かったという［二〇一〇年八月六日のインタビューから］。

漁師として得た知識は、現在のイルカツアーにおおいに役にたっている。漁師時代に毎日記録した漁場のデータに加えて、彼の頭の中には、ワイアナエ地区沿岸の海底の地形と潮の流れに関する情報がたくわえられており、イルカが集まる場所や、イルカが休憩する時間帯も把握しているのだ。そしてハリーが船長を務めるツアーでのイルカとの遭遇率と一緒に泳げる確率は、ハリー曰く「九〇％以上」。というわけで、Ａ社のツアー案内でもイルカとの高い遭遇率がふれこみになっている。

消防士時代の後半は、消防船の船長として任務にあたった。この任務では、海軍時代に学んだ船の整備のノウハウが生かされた。

イルカツアーを始めたのは、次男の提案がきっかけであった。次男はカメハメハ・スクールズ高等部を卒業後、ハリーと同じくホノルル市消防局に入局し、消防士として働いていた。「空いている時間が多いから、その時間を使って副業ができると思った」という次男は、消防局を退職予定だった父とともにイルカツアー会社を設立した。設立に至るまでの心境を、ハリーは次のように語った。

「まだ小学生の子ども（三女）がいたし、退職金と年金だけでは十分な生活が送れるとは思っていなかった。だから、将来のために家族で事業を始めることは良いアイディアだと思ったんだ。ケオニ（次男）は自分で経営の勉強をするなど、会社経営に関する知識もあり、リーダーシップもあったから、準備は彼に任せた。彼（次男）は、カメハメハ高校の合唱コンクールで、指揮者もして、なんというかカリスマがあるんだよ。ローラ（妻）もホテルのウェイトレスの仕事をすでに辞めていたので、彼女も裏方として事務と会計担当として経営に関わることになった。船のことは俺が、陸のことは妻が、ケオニは経営とツアーボートの操業両方に関わる、この方法は上手くいくと確信していたよ。ただ、誰も日本語はできないし、日本人観光客を呼び込むことはできないから、それでエコツアーを企画しているA社にイルカツアーのエージェントを頼むことにしたんだ。（中略）軌道に乗るまでは大変だったよ。二年ぐらいだと思う。中古で買ったツアー用のボート（カタマラン船）のローンもあったからな。けど、毎回のツアーが埋まるようになってからは、経営も安定してきた。それからは、自分達でハワイ島でのマウンテンバイクツアーを企画したりもした。でも、今はイルカツアーがメインになっているけどな」

［二〇〇九年二月一五日のインタビューから］

イルカツアーを始めるようになってから、ハリーは「ハワイの文化をもっと学ばなければいけない」と思うようになった。「俺は、サーフィン以外は、ハワイ語も、フラも、ウクレレもできないから、ツアーの参加者がつまらないだろう」といい、今ではウクレレのレッスンを受けて、毎晩自宅で練習を続け、やっと簡単な曲をいくつか弾けるようになった。小規模ながらも発表会のステージで演奏をしたこともある。ただ、歌は苦手だといい、未だにツアー船上でウクレレを披露したことはない。

自身がフラを踊れないことに関して、「俺が育った時代は、ハワイではフラは良くないものだった。それにここら辺の男性でフラやっている人なんかいなかった」と説明する。「そんなことより、男はまず働かなければ周りから信用されなかった」ので、必死で働いたという。もちろん、義父からのプレッシャーもあった。しかし、今ではフラに対する偏見はすっかりなくなったという。イルカツアーを始めて忙しくなる前は、よく夫婦で世界的なフラの競技会メリーモナークをみにハワイ島のヒロまで行くなど、フラやポリネシアの踊りを観覧することが楽しみだという［二〇一〇年六月五日のインタビューから］。

2　妻ローラの経歴

つぎに、ハリーの妻ローラに行ったインタビューから、ローラの経歴をみてみたい。ローラへのインタビューは、調査中複数回にわたって行っているが、本節では二〇一五年九月五日に改めて行ったインタビューの資料を使用する。

ローラは一九四五年にワイアナエのハワイアン・ホームステッドで生まれた。ローラの「血の割合」は七五％以上。父方からは先住ハワイ人と中国系、母方からはイギリス系と先住ハワイ人の血を受け継いでいる。ローラの父方の祖父はカメハメハ・スクールズの卒業生で、後年には警察署の幹部を務めた人物である。また父もカメハメハ・スクールズ出身でワイアナエ地区内にいくつも土地を所有する実業家でもあり、現地でいう所の「エリート先住ハワイ人」であった。現在パイア家が住むナーナークリ・ハワイアン・ホームステッドの一画も、ローラの父が一九三〇年代に借地権を獲得した土地であった。ローラの母は、ハワイでは有名な宣教師一族の出で、戦前は裕福な白人系家庭の子弟が通う私立学校プナホウ・スクールを卒業した「お嬢様」であった。

しかし、ローラが三歳の時、ワイアナエ沿岸で父が運転する車が海に面した崖から転落し、父はかろうじて助かったものの、同乗していたローラの母は命を落とした。当時、ローラの姉は七歳、弟はまだ一歳になったばかりだった。ローラに母の記憶はほとんどなく、彼女にとっては「写真の中の若くて美しい人」それが母であるのだという。母の死後、母方の祖父の援助もあり、ローラ家族は何不自由なく暮らすことができた。家には父が頼んだメイドがおり、ローラは家事の一切を教えられることなく育ったという。当時の父、そして親族の心境をローラは「子ども達には母親がいない分、普通以上の生活をしてほしいと望んでいたのだと思う」と語る。

ワイアナエ地区のハイスクール（九年生から一二年生）に進学すると、ローラはクラスの人気者となった。当時の様子をハリーは「ケーキのロウソクみたいに、ローラがいると教室中が明るくなった。けれど、俺は彼女を遠くから見ているタイプだったよ」と語る。一六歳の時、ローラは妊娠する。ローラの父は激怒し、ハリーとの結婚にも反対した。ローラにとって出産はそんな厳しい父への反発でもあった。出産で休学したのち、一年遅れで復学すると周囲の目は冷たかった。一九六〇年代は「子どもを産んだ女性は、学校に来て勉強する必要なんてない」そういう時代だったのだという。けれど、自身の思いもあり、高校を卒業することができた。周囲には、在学中に妊娠しそのまま「ドロップアウト（退学）」する女子生徒が何人もいた。「彼女達はシングルマザーになることも多くて、けれど勉強ができないから就職先も見つからない。ワイアナエでは男性だって良い仕事につくのは難しい。女性も、きちんと教育を受けて家計を支えなければいけない」というのがローラの考えだったという。

高校卒業後に、長女と次女が生まれ、自身の父親も定年退職し家にいたので、しばらくは専業主婦をしていた。ハリーが軍に入りアメリカ本土での生活も経験した。ハワイに戻ってからは、家計を助けるためにワイアナエのホテル（ＡＮＡホテル）でウェイトレスの仕事についた。ここでの仕事は三〇年近く続いた。ハリーが消防局を定年する五年くらいまえに、生後すぐの三女を養子に迎えた。子育てをするために、ローラもウェイトレスの仕事をやめて専業主婦に戻ることにした。その数年後、次男がイルカツアー会社を立ち上げる話を持ってきた。ハリーは乗り気だったが、ローラは子育てもあるからそんなに関われない、そう考えていた。なので、自宅でできる事務作業を担当することにした。

ハリーが定年になるまでは、アンドレという男性を操縦士として雇い、ハリーと次男の三人体制でツアー船の操業を行った。アンドレは、アメリカ本土出身の「ハオレ（haole：白人）」で、サーフィン好きが高じてハワイに移住した青年である。当初はアンドレはイルカに関する知識はまったくなかったが、ハリーの知識を吸収して、数年後にはイルカツアーを任せられるようになった。ハリーが定年してからも、アンドレはしばらくパイアの船に乗っていたが、やがてオアフ島西岸コオリナにあるリゾートホテルが運営するイルカツアー船に引き抜かれた。

アンドレがいなくなってから、ハリーは特に忙しくなった。次男は、消防士のかたわらほかの事業を立ち上げようとしていたので、イルカ船に乗る回数も減っていた。「膝が痛いといっているから、少し心配よ」。ローラはそういいながら、ハリーには体調管理のためにビタミン剤や栄養剤をのむよう勧めている。最近では、イルカ船の運転はほとんどハリーが担い、おかげでイルカツアーの看板船長として知られるようになった。

小結

以上のように、本章ではイルカ見学ツアー船の船長ハリーの視点を中心に、ワイアナエ地区の観光、特にイルカ見学ツアーと観光に携わる住民の姿の一端を記述してきた。ハワイにおいて、イルカ観光がイルカ減少の原因であるという世論が取り巻く中、ハリーはイルカを「尊重」し向き合う姿勢を大切にする。見学ツアーに関する彼の説明からは、人間が一方的にイルカを利用するのではなく、イルカの「心理」を読み、感謝の気持ちを忘れないなど、常にイルカとの相互関係（あるいは「協働関係」ともいえるかもしれない）によって、ツアーが成立している様子が想像できる。しかし、ハリーにとって、伝統的なハワイ文化は初めから肯定的な文化ではなかった。一九四五年生まれのハリーにとって、伝統的なハワイの文化は後進的な文化であったが、のちにハワイ文化が見直されるにつれて、自分の生活に伝統文化の要素を取り入れるようになったといえる。現在ハリーが持つ伝統的な価値観も、先住ハワイ人のエスニック・プライド運動が拡散する中で、ハリー自身が獲得した肯定的ハワイ文化であるといえるだろう。

また、ハリーは、自身が考えるイルカそして自然との向き合い方を、ツアー客にも伝え共有したいという気持ちを持っている。日本語が分からないハリーにとって、英語が通じにくい日本人観光客とのコミュニケーションは、一見すると容易ではない。けれども、彼は表情と身振り手振りを使い、自然への感謝、イルカへの感謝の思いを表現する。そして、彼の自然環境に対峙する姿をみて、イルカ船の乗客は、先住ハワイ人のエスニック・プライドに感化され、そしてエスニック・プライドを共有し、自然やイルカへの感謝の気持ちを共有するのである。先住ハワイ人のエスニック・プライドは、先住ハワイ人だけではなく、観光で訪れた他者も包括し得る、柔軟な枠組みを持っているといえるのではないだろうか。

註

（1）海面からジャンプをするときに、体をスピンさせることから、この名前がついた。

（2）スナメリなど口先が丸く、比較的小柄なタイプの「イルカ」の総称という説明があるが、スナメリがハワイに生息しているとの報告はない。

（3）キングは ihu がくちばしを意味すると述べ、この表現がイルカであるとしている。しかしながら、辞書によれば ihu にはほかにも、生物の鼻先という意味もあり、イルカ以外の生物にも当てはまる。

（4）パレオはハワイの観光地でよくみかける、一枚布の腰巻である。最近では、女性がワンピース風に着こなすスタイルが紹介されるなど、観光客にはなじみの「民族衣装」である。サモア地域ではラヴァラヴァ（lavalava）やイエ（ie）と呼ばれ、日常生活では切りっぱなしのプリント布を腰で結ぶなどして着用し、教会や公式の場では男性はベルト付きのやや厚手で正装用のイエを着用する。サモア系住民が多く住むワイアナエ地区では、住民がこの「パレオ」を普段から腰巻として着用している姿をよくみかけ、サモア系住民によれば「イエはサモア人であることを表現するためのもの」としても使用されているのだという。なお、近年のサモアおよびサモア系住民の間では、この腰巻イエを膝丈ぐらいに短くした着こなしが流行っている。

第一一章　地域と生きる――エスニック・プライドからコミュニティ・プライドへ

はじめに

前章ではイルカツアー船の船長ハリーの姿を通して、ワイアナエの海と先住ハワイ人が、エスニック・プライドを紐帯としてつながる一例を見た。つぎに、本章では、「アーイナ（ʻāina：大地）」と住民をつなぐ取り組みを、ワイアナエ地区に活動の拠点を置く二つの農園を通して見てみたい。

これまでの章で論じてきたように、一九世紀に段階的に導入されたアメリカ式の土地の個人所有制によって、先住ハワイ人と大地との相互関係は大きく変化した。一度は失われた、大地とハワイ人との相互関係を取り戻そうと、ハワイではハワイアン・ホームステッドのような「土地政策」が施行され、また、土地との先住ハワイ人との関係性を出発点として展開してきたエスニック・プライド運動によって、伝統的な自然と人間の共存関係が見直されるようになった。以下、まず初めに挙げるカアラ農園の事例は、伝統知識を学ぶことで、ワイアナエ地区そして現代先住ハワイ人社会の抱える社会経済的問題の解決に役立てようとする取り組みである。また、もう一つのマカハ農園の事例では、「大地」をワイアナエ地区の住民同士をつなぐ一つの媒介装置として位置づけることで、地域の活性につながる様子を見てみたい。

第一節　カアラ農場

ワイアナエ地区の南端に位置するナーナークリから、北に向かって海沿いに延びるメインロードを車で走ると、しばらくしてワイアナエ地区の中心街ワイアナエにやって来る。山側（mauka マウカ）に向かう道に入り、両側を山の稜線に挟まれた広い谷あい、通称「ワイアナエ渓谷」（Wai'anae Valley）の真ん中を抜ける道をしばらく進んで行くと、谷の奥に向かうにつれて道は狭まり、車一台分の幅しかない曲がりくねった山道に入ってゆく。周りには見通しの良い林や、放牧地がひろがる。その細い山道の奥、カアラ山(1)（Mount Ka'ala）の裾野にカアラ農場がある。

カアラ農場は、先住ハワイ文化を学び継承する場として、現在ではワイアナエ地区内外からも見学者が訪れる体験農園である。現在、農園では一〇枚ほどある古い時代のタロ（タロイモ）の水田ロイ（lo'i）を再利用し、タロの水耕栽培を主に行っている。水田以外にも、畑を作り、タロの土壌栽培も行っている(2)。畑の一部は、地域の住民にも貸し出し、各々がタロ以外にも家庭用にバナナやパパイヤなどの野菜や、果実を栽培できるスペースとして利用されている。

カアラ農園は、前身となるワイアナエ・ラップセンター（Wai'anae RAP Center, 以下RAPセンター）で始まった若者向けの生活・学習支援プログラムを、RAPセンターの関係者が引き継ぎ、一九八〇年代に現在の土地に文化学習センターとして作られた。RAPセンター（Rural Arts Program Center：地方地域芸術プログラムセンター）とは、若者達を支援するためにアメリカ連邦政府の主導で始められた、プログラムで、ワイアナエ地区では、一九八〇年代に政府からの助成金を受け、運営されていた。

カアラ農園の協同設立者の一人であり、現在農園の代表を務めるエリック・イノス（Eric Enos）は一九四八年ワイアナエ地区で生まれ、ワイアナエ地区で育った。以下では、二〇一五年九月一〇日に行ったエリックへのインタビューから、エリックが農園の活動を始めるきっかけを見てみたい。エリック自身は、先住ハワイ系、日系、イングランド系、ポルトガル系の血を受け継いでいる。しかし、先住ハワイ人の血を受け継いでいるとはいえ、幼い時から先住ハワイ文化に囲まれて育ったわけではなかったのだという。彼が育った当時のワイアナエ地区では、いくつかの神話や昔話が子ども達の間では知られていたが、先住文化に誇りを持つ住民は少なかったという。のちに、農園で子ども達に伝統文化を学んでほしいと思った理由の一つには、彼自身が「失われた自文化」を取り戻すことが、大きな自信につながったからでもあるのだという。

エリックは、小学校一年生まではワイアナエ地区の小学校に通ったが、小学校二年生になってホノルル市街にあるカメハメハ・スクールズに転校した。カメハメハ・スクールズは、幼稚園から高校までの私立一貫校である。今でこそ先住ハワイ文化伝承・復興の重要な拠点として知られるカメハメハ・スクールズであるが、エリックが通った一九五〇年代から一九六〇年代は、先住文化に関する教育はほとんど行われておらず、学校では、朝と昼には生徒が行進を行うなど、どちらかというと軍隊式の規律を学ぶ場であったという。カメハメハ・スクールズ高等部を卒業後、エリックはハワイ大学マーノア校に進学し美術を学んだ。そしてハワイ大学卒業後、エリックはワイアナエ高校で美術教員の職を得る。美術教員になった理由は「当時は、ハワイ全体で美術教員が足りてなかったから」と、エリックはいう。特別、教育に対する志が強かったわけではなく「芸術に関わり続けることができるなら」というのが最初の動機であった［二〇一五年九月一〇日に行ったインタビューから］。

高校の美術教員として働き始めたのと同じ頃、エリックはワイアナエ　ＲＡＰセンターにカウンセラー（指導員）としても関わるようになった。ＲＡＰセンターは一九七〇年代に、米連邦のモデル事業によって、ワイアナエのほかにホノルル市中心に近いカリヒ（Kalihi）地区に設置された、支援の必要な若者のための、芸術を軸とする学習センターであった。特に一九七〇年代後半から一九八〇年代のワイアナエ地区では、不安定な治安が社会問題となり、若者の間にも貧困や高校中退、暴力、酒や薬物などの問題が深刻であり、RAPセンターは地域再生の拠点としの役割が期待されていた。エリックは自らの技術を生かし、RAPセンターでは、芸術を通して、先住文化に触れる活動を若者達に提供していた。

一九七九年にRAPセンターへの助成金が終了し、事業としてのRAPセンターも終了する頃、エリックらRAPセンター関係者は、ワイアナエ地区内の、とある荒地の使い道について相談を受けた。それが現在のカアラ農場がある土地である。しかし当初は、自然と集まって来たRAPセンターの関係者や、ワイアナエ高校の有志が「RAPセンターで始めたことを継続するために、若者のために何かしよう」という、漠然とした動機から始まっただけで、とりわけ伝統文化の再生に特化した活動や、先住民族に関わる運動と連携することを構想していたわけではなかった。とりあえずは、草や木が生い茂った土地を整備し、人種や民族に関係なく地域の若者達を雇用することで、自立支援につながる施設を作るというのが、エリック達の目標であった。ところが、想定外だったのは、その土地から、タロの水田ロイの跡が出てきたことである。その水田は、サトウキビ・プランテーションへの水の供給のために、長年水の流れがとめられていたため、埋もれていたのである。

おりしもハワイでは、エスニック・プライド運動が拡大し、伝統文化回復運動いわゆるハワイアン・ルネサンスが活発になった時代であった。水田が出てきたことは、エリックら有志にとって幸運であった。タロは、ハワイの神話では、すべての先住ハワイ人の兄であると考えられ、またかつての伝統社会では、タロから作られたポイ（poi：タロのペースト）が人々の主食であったことから、現代では先住ハワイ人のアイデンティティと密接な関係にある植物／穀物である。タロの栽培を活動の軸とすることで、特に先住ハワイ人が多く住むワイアナエ地区の若者達に、彼／彼女らが生まれ育った土地の歴史や文化を学び、また先祖がアフプアアのような循環型の環境利用した集落を通して、自然と共存していたことを知り、その学びを彼ら自身の誇りにつなげる手がかりにしてほしいと考えたのである。

エリックは「みんなここ（カアラ農園）が（ハワイ人の）主権回復の活動として始まったんじゃないかとか、そういうことをいうけれど、そういうわけじゃないんだよ。俺は、単にRAPセンターでやったことを継続したかったんだ。そうしたら水田が出て来て、タロを作ることがメインになったんだ。自然な流れだよ」（括弧内は筆者）［二〇一五年九月一〇日のインタビューから］という。

写真１　イムを掘り返す農園スタッフと高校生（2010年、筆者撮影）

1　地域での活動

現在、カアラ農園ではワイアナエ地区内外の子どもや学生、一般人に向けてのスタディー・ツアー以外にも、特にオアフ島西岸にある小中高校での出張授業にも力を入れている。例えば地元のワイアナエ高校では、四つの選択コースの中にハワイ研究を専攻できるコースがあり、生徒が課外実習の一環として、カアラ農場で働くことができる。

カアラ農園による出張授業は、主に地区内の学校でハワイの伝統文化を学ぶ科目を選択している生徒が対象である。また、出張授業では、校内の空地に石焼用の穴が掘られたイム（imu）での調理がメインイベントである。

イムでの調理は出張授業前日の夕方から石を焼き[3]、一晩かけて、タロ、バナナ、パンの実、ブタ肉、トウモロコシなどの食材が程よく火が通っている状態にしておく。翌日イムにかぶせたシート（水を含ませた麻のずだ袋がちょうど良い）をのけ、イムに敷き詰めた直径一〇センチメートルから一五センチメートルの石をどけると、湯気を立てたバナナの葉の包みが顔を出す。葉を開けると、カアラ農園で採れたタロもちょうどよく蒸しあがっている。

出張授業では、ポイの作り方も生徒達に経験させる。生徒達は、初めはぎこちない手つきだが、水を加えるタイミングなどに慣れてくると、石の杵でリズミカルにタロをつけるようになる。そして、つきあがった餅状のタロを試食し、その新鮮な味に皆笑顔になり、さらにタロをつきたいと作業に戻るのであった。

伝統的な方法でポイを作るには大きく分けて三つの工程がある。まずは、タロを蒸す。これはイムを使って行う作業である。次に、蒸したタロの皮をむき、適当な大きさに切った後、木で作られた皿状の「臼」と、石で作った円錐形の「杵」を使い、餅をつく要領で、一人で蒸しあがったタロをこねながらつく。臼にタロがこびりつかないように、途中で臼を水で濡らしながら、粘りが強くなりひと塊になるまでタロをつきあげるのである。こうして出来上がるのが、パイアイ（pa'i'ai）と呼ばれる餅状になったタロである。その後、パイアイに水を加えてのばしたものがポイである。かつては、このパイアイの状態でかごに入れて保存し、食事の際に水で適当な粘度になるまでのばして食べていた。

ポイの粘度は好みや用途に合わせて調整されるというが、粘度の指標として、一本指（人差し指）ですくえる程度、次に二本指（人差し指、中指）、そして三本指（人差し指、中指、薬指）という「単位」が使われる。これは、伝統的な食事が手を使って行われていたことに由来する。

近年、日本では「パンケーキ」や「アサイボウル」などがハワイアン・フードの「定番」として注目を集めているが、ハワイの日常では、むしろ魚とポイ[4]（fish and poi）があれば充分だという人がいるくらい、ハワイのローカルにとってポイはソウルフードの代表格である。その心情をハワイ出身の歌手のショーン・ナアウアオ（Sean Na'auao）は、自ら作詞作曲した『*Fish and Poi*（フィッシュ・アンド・ポイ）』でこう歌っている。

Fish and Poi　フィッシュ・アンド・ポイ

I've been many places, tasted all the flavors
If there's one thing I can't understand, it's why I'm never satisfied
There's nothing like the feeling, when you start craving
Flashbacks reminiscing about that one very first luau

Soon as I start to head back home
I call my bruddahs up on the phone
We're heading down to that special place
Where you can bulk up for days

I like my fish and poi, I'm a big boy
Lomi salmon, pipikaula, extra large lilikoi
Squid or chicken lu'au, don't forget the laulau

Beef or tripe stew just to name a few, oh yeah

色んな所で、美味い物をたくさん食ったけど
なぜだか分からない　満足しないんだよ
食べたくなったら　それしか考えられない
人生で初めてのルーアウの光景がよみがえってくるんだ

地元に戻るや否や　地元の連中に電話して
たらふく食える特別な場所に向かうのさ

魚とポイが俺の好物　もう子どもじゃないぜ
ロミロミサーモン　ピピカルア　どでかいパッションフルーツ
イカか鶏肉の入ったルアウ　ラウラウも忘れちゃだめだ
ビーフシチューか牛もつシチュー　まだまだあるぜ　oh yeah

（対訳　四條真也）

消化が良く栄養が豊富なポイは、離乳食としても重宝され、文字通り「ゆりかごから墓場まで」ハワイの人々にとってなくてはならない、まさに伝統的なソウルフードである。しかし、今ではポイが家庭で作られることは少な

い。前述の通り、そもそもタロが比較的高値であり流通量も少ないこともあるが、タロをつく作業など手間のかかるポイは、「買ってしまったほうが簡単で美味しい」のである。

カアラ農園の出張授業は、調理実習を通して、ポイなどの伝統食をより身近に感じる経験でもある。出張授業では、ほかに鶏の丸焼きフリフリ・チキンや、紫色の品種のタロを生地に練り込んで、ハワイ風サーターアンダーギーを作ることもある。沖縄系移民とその子孫が多く暮らすハワイでは沖縄料理のアンダーギーもごくありふれた食べ物である。フリフリ・チキンは、一九五五年にハワイ島ヒロ出身でポルトガル系のアーネスト・モルガド（Ernest Morgado）というビジネスマン兼養鶏家が、会合のためにテリヤキ・チキンを作ったところ、好評を得て、ついには「Huli-huli Chicken」の名で商標登録をし、ハワイ全土に広がった料理である［November 7. 2002 Honolulu Advertiser］。「フリ（huli）」とは、ハワイ語で「回転する、展開する、ひっくり返す」という意味であり、これは調理中に鶏を裏返す際、誰かが「フリ！（huli）」と叫んだことから、モルガド自身が命名したという。また、伝統的な魚の漬けポケ(5)も、移民文化の影響をうけて、現代ではマグロをゴマ油や醤油で和えたものや、ほかにもマヨネーズとトビコを和えて唐辛子を少しきかせたスパイシー・ポケなど、具材も風味も様々なバリエーションが存在する。カアラ農場では、伝統的なハワイ文化をただ単に再現するのではなくて、ワイアナエの子ども達の生活環境がそうであるように、現代ハワイ社会の多文化的状況も踏まえ、現代のハワイという土地で生きる意味を教える授業を目指しているといえる。

2　カアラ農場の日常

カアラ農園の日々の整備を担当するのは、農園の職員であるアメリカ本土出身のベンである。ベンは筆者と出会った二〇〇八年には五〇代後半。平日の朝八時から八時半頃に、シルバーのピックアップトラックで農場に出勤してくる。

ベンは、農場にやってくると、まず林の中のある場所に向かう。そこには、二つの小ぶりな岩の周りに、大小の石が並べられ、小さな祭壇が作られている。ベンによれば、そこは亡き妻のための祭壇であるという。一日の仕事を始める前に、この「祭壇」の周りに落ちた枝や木の葉を掃除するのが、彼の日課である。

アメリカ本土出身でフランス系の血を受け継ぐベンは、一九七〇年代に軍の仕事でオアフ島にやって来た。そして、ここオアフ島で「美しいハワイ人の女性と出会い、彼女と結婚した」のだという。妻が「ピュア・ハワイアン（「純血ハワイ人」）」でハワイの伝統文化に詳しかったことから、ベンもハワイの文化に惹かれ熱心に勉強した。現在は、ハワイの主権回復運動のメンバーとして活動している。そして、本人曰く「ハワイで様々な仕事を経験した」後、カアラ農場で働くようになった。

毎週水曜日の朝、カアラ農場にはワイアナエ地区にある薬物リハビリ施設の入居者達が農園の仕事を手伝うためにやってくる。男女合わせて二〇人程度が、施設の職員に付き添われ白いバンに乗ってやってくる。作業開始予定は九時。大抵は八時半過ぎには農場に到着しているが、到着予定時間を大幅に過ぎてしまうことも珍しくない。それでも、ベンは「日によって彼らの体調も色々だから」と時間を気にすることはない。

施設のメンバーは、水田から少し下ったところにある小川の横の駐車場にバンを停め、急な斜面を歩いて上がってくる。意気揚々と力強く上がってくる人、足取り重く渋々上がってくる人、様々である。三々五々に水田のわきにあるハレ（hale：草ぶきの小屋）（写真2）まで上がり全員が揃うと、ハレに向かって男女がそれぞれ一列に整列する。ベンはハレの入り口に立つ。まず、施設のメンバーがハレそして農園に入る許しを請うために、ハワイ語のオリ（oli：チャント／祝詞）を唱和する。入所したばかりでオリをまだ暗唱しきれていないのか、何人かは苦笑いをしたり、顔をしかめたりしながらオリを唱えている様子が目に入る。入所者のオリが終わると、ベンがこの農

写真2　カアラ農場の伝統的なハレ（hale）（2010年、筆者撮影）

園に入ることを許可するオリで答える。ベンが唱えるオリは、ベン自身がハワイ語で作詞をしたのだという。[6]それぞれのオリが終わると、ベンは入所者とホニ（honi）で挨拶を交わす。週一、二回の整備スタッフとしてこの農園で働いていた筆者も、ベンの横に立たされ皆と挨拶を交わす。そして、全員が履物を脱ぎ集会用の家屋ハレの中に入り、作業前のミーティングが始まる。

ハレの中に入ると、まず皆で車座になりハワイ語を交えて簡単な自己紹介をする。そして、その日の抱負や気分についてなども簡単に述べる。そのスタイルは、アルコホーリックス・アノニマス（AA：匿名アルコール中毒者の自助グループ）や、ナルコティックス・アノニマス（NA：匿名薬物依存者の自助グループ）の集いに習ったものであることがうかがえる。大半がハワイ州内の出身であるが、アメリカ本土出身者がいることもある。施設スタッフの話では、ほとんどが裁判所の決定で更生プログラムに参加しているとのことであった。ざっと見た限りでは、施設メンバーの年齢層

写真3　タロイモのフリ（huli：苗）（2015年、筆者撮影）

は二〇代前半から五〇代くらいまでだろうか。毎回、半数から三分の二程度は、すでにこの農園での作業経験がある者で、その中の何名かからは、自己紹介で「農園での作業日が楽しみだった」という趣旨のコメントが出る。一方で、数名は農園での作業が初経験で、緊張からか、あるいは気だるさからであろうか、表情には硬さがあることもある。

　自己紹介が終わると、ベンがその日の作業内容を説明する。説明が済むと、皆立ち上がり手をつなぎ、ベンが作業前のプレ（pule：祈り）を捧げる。ベンのプレは英語の文に、所々ハワイ語を織り交ぜ、その日の作業の安全などを願い「アメネ（'Amene：アーメン）」という言葉で締めくくる。施設メンバーが来る日の作業は、草刈り、水田の雑草取り、タロの収穫や植え付けなど、人手のいる作業が中心になる。男性には、日本製の刈払機を使っての草刈り（刈払機の台数の関係で一人か二人）、水路の整備など特に力の必要な作業を任せることが多い。施設のメンバーには、体格の良い力自慢の男性が多く、ベンは男性達には特に力のいる作業、例えば畦《あぜ》の修理や休耕田の耕うんなどを手伝ってもらうこともある。とはいえ熱帯の日差しの下では、農作業は体力を消耗する仕事である。ベンは、彼らの様子を見ながら丁寧に指示を出し、せかすことなく作業を見守り、プレッシャーを与えるようなことはしない。

また、ある日の施設のメンバーの作業は、タロの収穫と植え付け用の苗の準備であった。水田で成長したタロを掘り起こし、茎と根の一部を植え付け用に適当なサイズに切り、フリ（huli）と呼ばれる苗を作るのである（写真3）。

水田でのタロの収穫も、また重労働である。足場が不安定なうえに、成長したタロは、いくつもの子イモが密集し、粘土質の泥にしっかりと根付いているのだ。それを、傷つけないように泥ごと塊で掘り起こし、畦に打ち上げる。女性の中には、水田の泥の中に足を入れるのをためらい、草刈りなどの仕事を選ぶ人もいる。

作業をしながら、ベンはタロとハワイ人の歴史やタロにまつわる神話など、様々な話をする。伝統的に、先住ハワイ人社会ではタロは単なる主食ではなく、人間の「キョウダイ」として、文化的・社会的に重要な役割を担ってきた。作業をする施設入居者の中には、先住ハワイ人・非先住ハワイ人問わず、タロや伝統的な文化に興味を抱き、ベン、さらには当時学生であった筆者に、色々な質問を投げかける人もいた。

タロが人間のキョウダイであると伝える神話には、いくつかのバリエーションが存在するものの、大筋では、父ワーケア（Wākea）と、母ホオホクラニ（Ho'o-hoku-lani：ワーケアの娘でもある）との間に生まれた初子がタロであり、その弟が人間の祖となったというものである。先住ハワイ人であり歴史家であったデイヴィッド・マロ（David Malo）は、タロと人間の創世神話を以下のように書き記している。

デイヴィッド・マロによる記述

未熟児（keiki alualu ケイキ・アルアル）として生まれたワーケアの初めての息子は、ハーロアナカ（Hāloanaka）と名付けられた。しかし、その子どもは死んでしまい、亡骸は屋敷の一画に埋められた。しばらくして、子どもの亡骸からタロが芽吹いた。その葉はラウ・カパリリ（Lau Kapalili）、つまり「小刻みに震える葉」と名付けられた。そして、茎はハーロアと名付けられたのである。

その後、ワーケア夫婦は再び子どもを授かった。その子どもは、タロの茎にちなんでハーロア（Hāloa）と呼ばれた。ハーロアは地上の人類すべての祖となった。[Malo 1903:32]

タロと人間の誕生を伝える神話には、以下のようにほかにも登場人物の名前や、舞台にいくつかのバリエーションが存在するものの、あらすじはおおよそ似通ったものである。

カヴェナ・プクイによる記述

ワーケアとホオホクラニの間に最初に生まれたハーロアはタロになった。ハーロアの弟で、兄と同じ名前のハーロアは、人間の祖となった。であるからして、タロは兄であり、人間が弟なのである。両方とも、同じ両親から生まれた兄弟なのである。

我らのチーフ（首長、アリイ）達は年長者であるので、下の世代の親族からは敬意と親しみを込めて「カロ カヌ オ カ アイナ kalo kanu ʻo ka ʻaina（大地で育ったタロ）」と呼ばれるのである。

弟のハーロアが祖先であったカラーカウア王は、一八八三年の戴冠式の際に、タロの葉を自らの王位の象徴とした。（括弧内筆者加筆）[Pukui & Haertig & Lee 1972:3]

E・S・ハンディーによる記述

自然と人間の守護神であるワーケア「広大な空」、すなわちカーネ（Kāne）は彼にとって初めての子どもを、彼の住まう屋敷の端に埋めた。(7) そこから、タロが芽生えた。ワーケアの妻ホオホクカラニ（Hoʻo-hoku-kalani：大地パパの娘）(8) のその子を、ワーケアはハーロアナカ（Hāloa-naka）、つまり「長く揺れる茎」と名付けた。（括弧内筆者加筆）[Handy 1991:80]

このような伝統的な言い伝えや、筆者がいるときには日本の話などの「雑談」もはさみ、カアラ農園での作業は進んだ。

農園で掘り起こしたタロは、手押し車を使って水場まで運び、泥をきれいに落とす。根腐れし異臭を放つイモがあれば捨ててしまう。水場の作業ではいつも世間話に花が咲く。きれいになったタロは、ナイフを使って、イモの部分と茎に分け、茎はさらにラウ（lau：タロの葉）を切り落としてフリ（huli：苗）を作る。イモと葉は、入所者が施設に持ち帰り夕食の材料になる。タロを手に、メンバー達は嬉しそうである。収穫作業を終えた男性達は、山から引いてきた水を浴びて体の泥を落とす。

農場での作業は、陽が高くなる一二時前には終了する。終わらなかった作業は、だいたいが翌週に持ち越される。全体の作業が終わると、メンバーは草ぶきの家屋ハレに戻って輪になって座り、「自然の中で働けて気持ちが良かった」「水田の泥が気持ち良かった」「途中自分勝手な行動をとってしまい申し訳なかった」「今日は気分がよくなかった。アンクル・ベンごめんなさい」「またここ（カアラ農場）に来るのが楽しみ」など、銘々がその日の感想を全員の前で報告する。最後にベンが感想を言う。ベンは「みんなマハロ（mahalo ありがとう）」という言葉を忘れない。そして、皆で作業を終えたことに感謝するプレ（pule：祈り）を捧げ、入所者は白いバンに乗ってリハビリ施設へと戻って行く。

第二節　マカハ農園

山麓にあるカアラ農園とは異なり、マカハ農園は住宅街の中にあり、敷地の隣には公立小学校が建つ。マカハ農園は、イタリア出身でカアラ農園のスタッフとして働いた経験もあるジジ・コックイオ（Gigi Cocquio）が代表を務めている。以下では、ジジらマカハ農園関係者が、ジジと農園の半生をまとめた資料『*Through the Eyes of Children: Walking and Learning with Children*（和訳：子ども達の瞳を通して――子ども達と歩み学んだこと）』と、筆者が二〇一五年九月に行ったジジへのインタビュー調査の内容から、マカハ農園のこれまでをまとめてみたい。

マカハ農場の中心人物であるジジは、一九四三年北イタリアはバッサーノ・デル・グラッパ（Bassano del Grappa）に生まれ、神学校での修練を終えたのち一九六八年にカトリックの司祭として叙階された。叙階後の二年間は、イタリアで主に若者達のための司牧活動に従事し、その後自身にとって初の海外となるフィリピンに派遣される。もともとアフリカでハンセン病患者のために奉仕することを希望していたジジは、どこにあるのかさえ知らなかった国フィリピンに渡ることに内心不安を抱いたという。そして、二八歳で初の海外であるフィリピンに渡り、マニラ市街にある当時は東南アジア最大のスラム街トンド（Tondo）地区（人口は当時およそ二〇万人）での司牧活動をすることになる。一年後マルコスが政権を握ると、基本的人権を無視した政治がフィリピン国内に広がった。ある日、ジジは同僚のアメリカ人司祭エド・ガーロック（Ed Gerlock）らほかの教会関係者とともに兵士によって逮捕された。反政府的な活動が理由であった。そして、ジジはローマへと送還されたのである。しばらくして、フィリピンに残っていた同僚の司祭がローマにやって来て、ジジにハワイ行きの話を持ち掛けてきた。ハワイにはフィリピンから多くの移民が渡っており、フィリピン移民への司牧を打診したのである。

こうして、一九七八年に三五歳で初めてハワイにやって来たジジとエドら一行は、オアフ島西岸にやって来た。当時のワイアナエ地区は一面サトウキビ畑が広がる「貧しい田舎町」であったという。ハワイに着くと、まずハンセン病患者の施設での奉仕活動に従事した。折しも、当時施設はすでに州によって開発業者に売却することが決まっており、施設閉鎖の危機に直面していた。ジジも、施設の入居者のために、売却計画を阻止するための運動に参加した。

一九七九年、ジジとエドはカトリック・ホノルル教区の司教によって、ワイアナエ小教区付きの協力司祭に任命される。そこで、小教区内のマカハ地区にある五エーカーの土地の存在を知ったのである。その土地は、一九五〇年代にホノルル教区が教会を建造するために購入したものの、そのまま草木の生い茂る空地になっていた。以前は個人が経営するサトウキビ・プランテーションの一区画であったが、五〇年代当時、サトウキビ産業が徐々に右肩下がりになる中で、ホノルル教区が買い上げたのだという。ジジとエドは、地域のカトリック信徒（主にハワイ系とフィリピン系住民）のために、この土地を活用することにした。

土地の「開墾」は、まずジジとエドがこの土地に住むことから始まった。その土地には、トタン板で作られたクワンセット（写真4）と呼ばれる低コストの住宅がたっていた。住宅は、かなり老朽化していたものの、信者の協力もあり、住むことができる状態に修復することができた。はじめは、経済的問題を抱える家庭のために、食料を自給自足するための小規模の菜園を整備する計画であったが、協力者とともに整備を進め野菜などの栽培を始めると、ワイアナエ地区で若者達のために活動をしていたＲＡＰセンターの関係者らが手伝いとして参加するようになった。その頃から、人々は自然とこの菜園を「マカハ農園」と呼ぶようになったのだという。そして、ジジ等は農園を地域の住民に家庭菜園として開放したのであった。

マカハ農園が始まって数ヵ月後、ジジはローマに居るフィリピン人司教の許可を得て、フィリピンに戻ることに

写真４　ワイアナエ地区のクワンセット型住宅（2009年、筆者撮影）

なった。しかし、ローマでフィリピン人司教に面会すると、司教はジジのフィリピン行きを撤回する旨を申し渡したのだった。時を同じくして、ジジはワイアナエ小教区の信者達がジジがハワイに戻ることを歓迎しない意向を、ホノルル教区に伝えていたことを知る。ジジの精力的な政治活動（ハンセン病隔離施設の閉鎖反対、労働者組合のストライキ支援）や草の根運動を支持する人々がいる一方、その活動を良く思わない教会関係者もいたのだ。しかし、ジジは軌道に乗り始めた農園で生活支援・次世代育成の活動をさらに進めるために、ワイアナエに戻ることを決意する。ワイアナエに戻ると、ワイアナエRAPセンターのスタッフとしての職を得て、その後カアラ学習センター「カアラ農園」の立ち上げに関わる。カアラ農園で二年間働いたジジは、マカハ農園を再開する。カアラ農園で働いていた一九八二年、ジジはカトリック司祭としての身分を辞し、ワイアナエで結婚をする。このことは彼にとって大きな決断であったが、ハワイに来て以来、身分や名誉といった人間の作り上げた「肩書」に対して空虚感を募らせていたジジにとっては、大地に根を下ろし家庭を築くことも、「神」の作った自然の営みであり、イエス・キリストに従う道であると考えるようになったのだという。

カトリック・ホノルル教区から土地を借り受けてマカハ農園を再開したジジは、家族や近隣住民とともに五エーカーの土地を切り開いた。再開したての頃は訪れる人もまばらであったが、徐々に噂が広まり個人や草の根運動のグループが集まって来た。彼らは一緒になって、時には個々人で農園を作り上げたのである。やがて、農園ではバナナやパパイヤなどの作物が実るようになった。そして、知らぬうちに農園には、マンゴーやククイ、ヤシ、オレンジ、レモン、みかんの木々が育ち、実を付けるようになったという。

その後、一九八三年、ワイアナエ地区内で「行動に問題のある児童」のためにプログラムを運営していた施設の発案によって、小学生児童が農園の活動に参加するようになる。そのことがきっかけとなり、マカハ農園に隣接する小学校の特別支援学級の教諭らも、児童のためにと、農園内に専用の菜園を設けるようになったのだった。同じ頃、ジジは地区の精神疾患患者（主に薬物依存）のための支援機関で、薬物防止を専門とする職員として常勤職に就いた。機関の目的は薬物使用の防止であったが、ジジは子ども達にとって伝統文化の大切さを学ぶこと、子ども達自身の自尊心（self-esteem）をはぐくむことが、将来健康的な生活を心がけることにつながると考えていた。

一九八七年には、隣接する小学校の当時の校長の要望で、小学校の全校児童一二〇〇人を対象とした新たなプログラムが始まった。児童はサンクス・ギビング（アメリカ合衆国で一一月に秋の収穫を祝う日）にまつわる特別な給食のために野菜を栽培し、毎日世話をするのである。世話をするときは教員が児童を引率し、社会や算数、理科、保健の授業に関係する内容を合わせて学ぶスタイルが定着した。

その後、農園は同校に通い経済的支援が必要な児童のためのプログラムも手掛けるようになった。当時は、四年生から五年生までの児童の八五％が、無料給食あるいは割安料金の給食の措置を受けていた。ちなみに、同小学校の児童のうち、六七％が先住ハワイ人の血を受け継いでいた。新たなプログラムでは、児童が農園の活動に参加することで、学校生活に必要な「現金」を得て、学校やマカハ農園が行う遠足などの参加費になるというものである。

このプログラムの最大の利点は、児童だけではなくその家族も農園の活動を通して、自分の子どもと触れ合う機会が生まれたことである。もしも親が参加できない場合は、「拡大家族」、つまりご近所、ほかの児童の親達、友人やボランティアスタッフが、その児童が「現金」を稼ぐのを手伝い、そして児童は遠足などに参加できるようになったのである。毎週日曜日には、子ども達やその親、教員など様々な人達がマカハ農園に集い、土地を慈しみ、経験を分かち合い、一日の終わりにはともに食事をとるのであった。

1　マカハ農場と子ども達

学校の教育の一環としてマカハ農園にやってくる子ども達。しかし、その学びはむしろ家庭生活において重要であるとジジは考えている。ジジが農園で聞いたという、とある母親の話からは、農園との関わりを通して成長した子ども達の姿をうかがい知ることができる。

「みんな笑うかもしれないけれど、ある時、娘が農園からチンゲン菜を持って帰って来たんです。でも、正直に言うと、私はチンゲン菜をどう料理したらいいか知らなかったんです。私自身、スーパーでは見たことあったのかもしれないけれど、買ったこともなかったし、食べたこともありませんでした。なので、娘に聞いたんです。『どうやって食べるの？』って。皆さん知っている通り、子ども達はほかにも見たこともない色んな野菜を育てていますよね。娘は私に言うんです。どうやって植えて、いつも学校に早めに行って、授業の前に水をやったこととかを。娘だけじゃなくて、おなじグループの子が交代で、早めに登校したり、休み時間に野菜に水やりをしたんですよね。農園のオープンデーの時に、子ども達が自分達の小さな畑を見せてくれて、それがバスケットのチームみたいに見えたんです。協力して働いている姿が。それを見て、子ども達は、お互いに本当に良い友達になったんだなと思いました。」

（中略）

「私、もう一度チンゲン菜のことについて、娘に聞いたんです。『どうやって食べるの』って。娘は、チンゲン菜を料理する色々な方法を説明してくれて、結局スープを作ることになったんです。娘が料理ができるなんて知らなかったけれど、一緒にスープを作ったんです。彼女が、私にほかに必要な材料を教えてくれて。その晩は、みんなで食事をして、家族はみんなスープが美味しいと言ってくれました。娘が、チンゲン菜が栄養豊富な野菜だと説明してくれて、私はなんでチンゲン菜をもっと早く使わなかったのかと思いました。何というか、親は子ども達に教育を施すことが義務だと考えますし、それは大事なことですよね。でも私達も、子ども達から学べるんです。その晩の食卓での娘は、自分で育てたもので、家族の役に立ったことに本当に誇らしげでした。」［Cocquio 2007:61］

こうして学びの場となったマカハ農園には、オアフ島全域から、一年にのべ四千人もの児童がスクールバスに乗って訪れ、教師や保護者とともに動植物の生態を学ぶ場としても、知られるようになっていた。当時、オアフ島内にマカハ農園のような場所は、ほかにはなかった。今では噂を聞き海外からやって来る人も多いという。活動を通して知り合った、日本人の平和活動家は、農園のために日本で基金を設立し、ワイアナエ地区の支援を続けている。また、農園の創生期に出会った日本人ハワイ研究者は、今でも日本から学生を連れてくるなど交流が盛んだという。

小結

本章では、ワイアナエ地区で活動する農園の事例を二つ挙げて、地区の住民が「土地（アーイナ）」との紐帯を得ることによって生じる変化と意義を見てきた。

以上を踏まえ、まず、カアラ農園の事例における、運営の中心人物となるエリックの語りと、農園管理の中心人物であるベンの語りおよび日常から、農園とワイアナエ地区の関わりについて整理する。カアラ農園はもともとは、ワイアナエ地区の青少年支援の場として設置されたRAPセンターの理念を引き継ぐことを目的とした。しかし、「偶然」タロの水田の跡地がみつかったことで、先住ハワイ人文化を活動の基軸に据えることとなった。現在では先住ハワイ人文化の再生の、そして、ハワイ州における「文化活動」の重要拠点として広く認知されているカアラ農園であるが、エリックが筆者のインタビューで述べているように、カアラ農園設立の動機は、先住民の主権回復や伝統文化回復にあるのではなく、エリック自身が育ったワイアナエ地区の、青少年の受け皿として、コミュニティと青少年がインタラクトできる「場」を作ることにあった。そこに、エスニック・プライド運動の流れが重なったことで、二次的に先住ハワイ人文化の要素を、活動に取り込むこととなった。そして、ハワイ文化復興に関心のある人々も広く受け入れるようになったのである。結果、ハワイ文化の拠点として注目されるようになったことに関して、エリック自身は「かえってそのことが、ワイアナエに住む人達にプライドが芽生えるきっかけになった」［二〇一五年九月一〇日のインタビューから］と、当初の目的であるワイアナエ地区の活性にも良い影響を与えているとの考えだ。

マカハ農園も活動の動機は、地区の社会経済環境の改善であり、カアラ農園と基本的な理念を共有していることが分かる。このことは、ジジがかつて一時期をカアラ農園で過ごした経験や、筆者のインタビューで彼が語った内容からもうかがい知ることができる。一方で、マカハ農園では、ハワイに残る伝統的な教えを教育に生かしながらも、必要以上に先住ハワイ人文化そして先住ハワイ人であることの重要性を強調することはない。このことに関してジジは「自分はイタリア人。けれどこの土地は私を受け入れてくれているだろ」といい、ゆえにマカハ農園では、特に人種や民族、宗教、個性にとらわれない姿勢が際立っているように見受けられる。また、その多様性は、ハワイ人だけではなく、多くの民族が暮らすワイアナエ地区全体における多様性でもある。

ワイアナエ地区の二つの農園では、多種多様な背景を持つ住民達が、「ワイアナエ地区の住民」という共通項でつながり、また先住ハワイ人文化を地域の財産として誇りをもち共有することで、住民の間にワイアナエ地区を核とした、コミュニティ・プライドが醸成されているといえる。また、初期のハワイ人エスニック・プライド運動が、先住民に焦点をしぼった集団的プライド運動であったのに対して、ワイアナエ地区におけるコミュニティ・プライドの特徴は、先住ハワイ人文化だけでなく、年齢や民族そして文化の多様性を包括する、より広い集団の枠組みとして地域コミュニティに根付いたことである。そして、コミュニティ・プライドの形成においては、社会経済的環境や地理的条件に起因する「偏見」など、ワイアナエ地区を取り巻く「負」の感情を、住民自らの肯定的感情へと転換し、「ウェストサイド・プライド」という求心力となって、住民の意識に定着しているといえるのではないだろうか。ワイアナエ地区に芽生えたエスニック・プライドは、エスニックという枠組みを超え、柔軟で包括的なプライド概念の可能性を示すものである。

註

（1）標高一二二七メートル（四〇二五フィート）。オアフ島の最高峰。

（2）水耕栽培のタロは成長が早く、土壌栽培のタロは、「ドライ・タロ」と呼ばれ、成長は緩やかだが、味が濃いといわれる。

（3）気泡を多く含んだ溶岩石は、特に新しい石を熱すると破裂することがあり、危険を伴う作業である。イムには、破裂をさせるために、使い込んだ石を使用することが多い。

（4）魚は特にポケpokeと呼ばれる生魚の切り身みに味付けしたもの。日本でいう「漬け」に近い。

（5）日本やアメリカ本土では、まれにポケのことを「ポキ」と呼ぶ場面に遭遇するが、これはかつてハワイ語を英語訛りで発音したことに由来する。現代の、特に第二次ハワイアン・ルネサンス期以降のハワイにおいては、ハワイ語の地名なども含めて、ハワイ語の英語訛りの発音を改める傾向が定着しており、こうした現状を踏まえるならば、「ポケ（poke）」と発音するべきであろう。

（6）互いの鼻先と額をつけて、見つめ合い同時に鼻から息を吸う伝統的な挨拶。息を吸わずに、鼻先と額を合わせるだけの簡易な方法も良く見られる。

（7）ほかのバージョンでは、未熟児で生まれたという話や、根のような形で生まれたという話もある。

（8）前出のホオホクイカラニ（Hoʻoho-ku-i-kalani）と同一人物であると考えられる。

第V部　結論——先住ハワイ人社会と「プライド」

以上、本書ではワイアナエ地区、そして地区内にあるハワイアン・ホームステッドの生活の諸相を、「血」そして「プライド」の二つの視点で切り取り記述をしてきた。第Ⅰ部と第Ⅱ部では、現代先住ハワイ社会が形成されるまでの社会文化的な歴史背景に注目し整理し、近代の土地政策が、現代ハワイ社会における二項対立関係、例えばハオレ対先住ハワイ人、エリート対非エリート、ハオレ対ローカルなど、という社会経済構造の生成に、少なからず寄与していることを確認した。第Ⅲ部では、ワイアナエ地区における先住ハワイ人社会内部の現状を、「家族」を手がかりに記述することを試みた。とりわけ、ハワイアン・ホームステッドの入居規則でありアメリカ経由の親族概念を柱とする「血の割合」は、伝統的な親族概念を変化させ、現代における新たな親族体系の骨組みを提供していることを確認した。しかし、先住ハワイ社会においては、「ハーナイ（養取）」などの伝統的概念は現代的枠組みで再構築され、新たな「伝統的慣習」として先住ハワイ人社会に息づいている状況があることを明らかにした。第Ⅳ部では、「伝統文化」が行われる状況を、ワイアナエ地区住民を対象に行った調査をもとに記述し、個々人がハワイ文化をいかに解釈して自身の生活と関連させているのかを描いた。以下では、各章のまとめについて整理する。

第一節　各章のまとめ

第一章では、本書の基軸である「血」の概念と、「プライド」の概念について、それぞれの学問的系譜を整理した。まず、「血」に関する議論であるが、現代のハワイ社会、特にハワイアン・ホームステッドをめぐる状況において意識されるようになった、系譜における「血」を重視するという考え方は、アメリカ経由でハワイに持ち込まれた概念であることが先行研究からも明らかになっている。そもそも伝統社会では、「血」以外にも、養育などの「関係性」でもオヤコ関係が成り立っていた。しかし、ハワイアン・ホームステッドの入居規定である「先住ハワイ人の血が五〇%以上あること」という規則は、先住ハワイ人のエスニシティを数値化し、また先住民社会を「血の割合」で二分するようになる。先住ハワイ社会は、ホームステッドの経済優遇政策の恩恵をうけることができる「五〇%以上のハワイ人」と、ホームステッドに入ることができない「五〇%未満のハワイ人」という二つのハワイ人に分けられ、このことがハワイ人社会における経済格差の一因となっているのである。

また、第一章では「プライド」に関して、本書における定義を示した。社会心理学の立場からから「プライド」に関する議論を試みているサリヴァンは、「プライド」とは、集団的なアイデンティティに内包される、肯定的側面と肯定的感情であると定義する。集団における「プライド」では、幸福感(happiness)、自尊心(confidence)、高揚感(effervescence)、といった肯定的感情が、集団内の相互行為の中で共有され、集団の結束を強める役割があると考えることができる。また、サリヴァンは、集団的「プライド」は、国家のような大きな枠組みだけではなく、一般のチーム、ファンクラブ、社交クラブ、バンドやオーケストラ、劇団、政党、宗教団体のような、日常的な集団でも発生する概念だとしている。さらに、ジェンダーやセクシャリティ、疾患、エスニシティなど、特定の意識や特性を共有する人々の集まりでも、集団的かつ肯定的感情としての「プライド」が発生し得る。

さらに、「プライド」の特性について、クーンは「エンパワーメント」としての要素に注目する。ブラジルで二〇一四年に開催されたFIFAワールドカップと、二〇一六年に開催された夏期オリンピック・パラリンピックの運営をめぐり、ブラジル国内では政府に対して市民による抗議活動が起こる。しかし、政府に向けられた抗議は、政府を否定する行動ではなく、根本的には国の発展を願うがために発生した、「プライド」運動なのである。このような集団の発展のために表面化する「プライド」を踏まえ、クーンは、「プライド」が肯定的感情により市民の団結を促進するだけでなく、所属する集団内部の問題にも積極的に働きかける、「エンパワーメント」としての要素を持っていることを明らかにしたのである。

そして、「プライド」とエスニシティとの相関について、レアーの議論を踏まえるならば、現代の先住ハワイ社会における「プライド」は、一九六〇年代にアメリカ本土で活性化する公民権運動後に広がった「エスニック（レイス）・プライド運動」がその淵源であるといえる。とりわけ、規模の大きなエスニック・プライド運動を展開したのがアフリカ系アメリカ人と先住アメリカ人のグループであった。一九七〇年代のハワイにおける「エスニック・プライド」の拡大には、特に活動の方向性や土地における主権の主張など、アフリカ系アメリカ人と先住アメリカ人が展開した「エスニック・プライド」運動の影響を確認することができる。

また、第一章ではハワイ研究史における先住ハワイ人の立場についても整理した。ハワイ研究においては、長く「非先住ハワイ人」特に「ハオレ（白人）」による記述が議論の中心であった。しかし、一九七〇年代に伝統文化復興運動「ハワイアン・ルネサンス」が盛り上がりを見せると、白人研究者の記述に対する批判の声がネイティブ研究者から起こるようになり、以後のハワイ研究では、歴史解釈をめぐる議論の場などで、発言の主体がネイティブ研究者へと移行することになる。

第二章では、現在のハワイ社会の概要を述べた。多民族社会であるハワイは、個人が複数の民族出自を有することが珍しくなく、個人のエスニック・アイデンティティは、重層的かつ状況的である。また第二章では、本書の舞台であるワイアナエ地区について社会経済的状況の概略を示した。貧困層が比較的多いとされるワイアナエ地区では、近年海岸づたいにホームレスが集まるなど、治安の悪化が懸念される。しかし、同時にオアフ島西部の開発に伴い、ワイアナエ地区内でも、中間層–中間富裕層をターゲットにした新興住宅地が整備されるようになった。しかし、地域の開発は、ワイアナエ地区が抱える社会問題の根本である貧困の解消には至っておらず、地域内の住民の格差は広がるばかりである。

第三章では、ジェームズ・クックが到達する以前のハワイ社会について、神話とカプ（kapu：禁忌体系）を起点に、基本構造についてまとめた。なお、神話など伝統的コスモロジーを再評価する傾向は、ハワイアン・ルネサンス以降、特にフラなどの伝統芸術の中で強まり、ハワイ人の集団的なエスニック・プライドの求心力として、重要な役割を果たしたといえる。近代ハワイ社会で、神話、とりわけ神々の時代にさかのぼり王族の系譜を伝える『クムリポ』は、アメリカの支配が強まる中で、王の地位を確固たるものにするために、カラーカウア王やリリウオカラニ女王によって積極的に公開されてきた。

伝統的コスモロジーを理解するために重要な概念のもう一つがカプである。男女の共食の禁止や特定首長の前で跪くことなど、生活全般に及ぶ様々な禁忌を規定したカプ・システムは、宗教体系および政治体系としても作用していた。しかし、伝統的な暦や儀礼には、カプが解禁される期間があり、その期間にはカプがない状態であるノア（noa）となり、均質的な社会空間が現れるのである。伝統的社会では、カプとノアの「緩急」によって厳格な階層社会が維持されていたと考えることができる。

第四章では、西洋との接触以降のハワイの歴史について、まず伝統的な土地制度について整理し、つづいて、近代以降になって土地の個人所有制度が導入される経緯を中心に記述した。伝統的な土地制度においては、土地は個人所有ではなく、基本的には管理を任された首長が統治を行った。ハワイ社会の西洋化が進むと、まずは、資本主義に基づいた土地の個人所有という考えが持ち込まれる。キリスト教への改宗などで、次第に西洋化した宮廷内も、ついにはハワイにおける土地の個人所有を認めるよう政策を転換せざるを得ない状況となった。結果、王国内の多くの土地は白人層によって占められ、先住ハワイ人は代々の土地を追われ、都市部に流入する。都市部に流入した先住ハワイ人は、非衛生的な環境下での生活を強いられ、伝統的なハワイ文化はさらなる危機に瀕するのであった。そこで導入されたのが、ハワイアン・ホームステッドである。ハワイアン・ホームステッドは、ハワイ人議員であり、王族の出身でもあったクーヒオーらの提言によって法整備がはじめられ、ハワイ人救済を意図するものであった。

第五章では、ハワイアン・ホームステッドの法案が審議される過程で、アメリカ経由で導入された「血の割合」のルールによって、現代の先住ハワイ社会の家族の形がいかに変容したかを、ホームステッドでのインタビュー資料を中心に考察を試みた。現代ハワイ社会で広く援用される血の割合（blood quantum）という概念は、ハワイアン・ホームステッドの申し込みの際に定められた規則（五〇％以上の先住ハワイ人の血）をもとにしており、現代ではホームステッドの場を越えて言及されることも多い。そもそも、血縁だけではなく関係性によっても親族体系が成立した先住ハワイ人の親族関係において、血縁を最重要視する親族システムの導入は、家族を新たな形に作り変えるきっかけとなった。しかし、「血の割合」のルールは、先住ハワイ人社会を二つに分断する規則でもあった。

一方で、アメリカ本土の先住アメリカ人社会で拡大したエスニック・プライド運動では、「血の割合」を超えて、現代の先住ハワイ社会内部で問題となる経済社会的格差には、「血の割合」による区別が影響しているといえる。パン－部族的な集団的結束が醸成されている。このことを鑑みて、プライドは、エスニシティ内の偏差を超えて、より大きな枠組みでエスニック・アイデンティティの共有を可能にする概念であるといえるだろう。つまり、プライドが内包する肯定的感情や、エンパワーメントの要素には、個別の差異、そして「血の割合」の差異を超越する要素があるとの考えが可能である。

第六章では、ワイアナエ地区が抱える社会問題のうち、第五章の背景でもある、貧困問題について、ハワイの歴史的背景、および米国本土との関係に注目して記述した。特に、昨今ハワイ社会で増加傾向にあるホームレスは、ワイアナエ地区で深刻な社会問題となっている。ハワイにおいて貧困層が増加した要因には、アメリカ本土での「住宅バブル崩壊」や「リーマン・ショック」などによるところが大きい。アメリカ本土の経済状況が、ハワイの景気の低迷や観光による物価の上昇以外に、ワイアナエ地区の社会経済状況に直接的に影響しているのである。また、ハワイ人社会の貧困問題の背景として、「血の割合」などの先住ハワイ人政策による、社会経済的格差を指摘する声もある。こうした複合要因により、ホームレスとなる住民が集まるのがビーチである。しかし、先住ハワイ人そしてワイアナエ地区住民にとってのビーチは、近代化以前の原風景が残る場所でもあり、ビーチでの生活経験がある住民からは、ホームレス経験に肯定的感情を投影する言説も確認することができた。ホームレス経験者の事例からは、不安定な経済状況下にあるワイアナエ地区住民にとって、ビーチでの生活が、時として経済的貧困状態を解消するための踏み台として選択され得る状況が明らかになった。

第七章では、第五章と第六章を踏まえ、ハーナイ（養子）と「血」の意識の相関についての考察を試みた。ハワイを含むオセアニア地域では、伝統的に養取慣行が広く行われていた。しかし、ハワイ社会において、親族体系における「血」という概念の涵養《かんよう》は、伝統的な養取慣行に対して、否定的な文化環境を醸成することになる。ハワイ語やフラ同様に、伝統的なハーナイも、ハワイがアメリカ化する中で一時は停滞するものの、一九七〇年代以降にハワイ文化が再評価され始めると、ハーナイも伝統的価値観と関連付けられ、再評価されるようになる。また、現代の「ハーナイ」に関しては、制度的な枠組みはアメリカ式であるが、先住ハワイ社会では、アメリカ式養子縁組も「ハーナイ」と呼び、そこに伝統的なオヤコ関係を再現しているといえる。

第八章は、現代ハワイ社会にみられる地理的な二重構造についての議論である。ハワイ社会で用いられる「タウン」と「カントリー」という二つの概念は、ハワイにおいて都市地域と地方地域のそれぞれを呼ぶ際に用いられる。「タウン」と「カントリー」の境界についての説明は個人で異なるが、大まかに一致するのは、境界は開発の程度と住民の経済的基盤が指標になっていることである。また、かつては、伝統文化や労働者にまつわる否定的イメージの受け皿でもあった「カントリー」は、一九七〇年代以降には、プランテーション時代の名残や歴史背景が重視されるようになり、「カントリー」に郷愁を求める風潮が生まれた。ハワイ社会において、かつて「カントリー」は都市地域に劣る社会経済的環境であったのに対して、現在では「カントリー」が想起させるイメージが、肯定的感情に結びつく状況があることが明らかになった。

第九章では、ハワイの伝統文化の中で、重要な位置を占めるフラの現代性を、ワイアナエ地区での事例をもとに、考察を行った。西洋との接触が始まって以降、フラにおいては女性の踊り手が重宝されるようになったために、もともとはフラにおいて重要な役割を果たしていた男性は、フラから切り離されてしまう。一九七〇年代に始まるハワイアン・ルネサンス以降は、男性フラの回復も試みられるようになり、現在では男性フラも一定の認知をもって、ハワイ社会に受け入れられている。しかし、「カントリー」であるワイアナエ地区では、未だに男性がフラを踊ることに対する「偏見」は根深い。そうした偏見を払拭するべく、ワイアナエ地区で開かれるフラ教室の男性クラスでは、踊る姿勢に関して、例えば腰を必要以上に揺らさない、手の動きを柔らかくしないなど、男性性を強調する指導が見受けられる。第九章では、こうした、男性（あるいは男性性）を伝統文化に再移入する試みが、フラのみならず多くのハワイ文化を継承する場で行われている状況について述べた。また、フラや伝統文化における男性性の再生は、ハワイ人社会が抱える社会問題（とりわけ男性を取り巻く状況）の解決の方向性を示す、エンパワーメントとしての役割も確認することができた。

第一〇章では、ワイアナエ地区で行われる観光用のイルカ見学ツアーにおいて、筆者が行った参与観察から、ツアーの中で観光客に説明する伝統文化の意味について、ツアー船を操業する船長ハリーの説明を通して記述した。最近では、ボートの騒音など人間の営みが、イルカの生活環境を脅かし、生態系に悪影響を与えているとする批判もある中で、海を熟知したハリーは、ツアーに先住ハワイ人の伝統的価値観を積極的に取り入れ、自然と共生する姿勢を参加者に説明する。観光産業やエンジン付きのボートという、外来のシステムを利用しながらも、伝統的な意識をもってツアーを行うことで、ハリーは自然との調和を保とうと努めるのである。第一〇章では、先住ハワイ人が伝統的価値観を意識して観光に取り組む姿と、そして参加者も先住民の伝統的意識を共有する状況を明らかにできたと考える。

第一一章は、ワイアナエ地区に深く根を張る子どもの貧困問題や、未成年の非行、機能不全家庭問題を解決するための取り組みについて、二つの農園の活動を事例に、地区を包括する集団的感情についての記述を試みた。カアラ農園とマカハ農園で行った参与観察から、それぞれの農園は、地域住民、特に未成年の住民の環境改善を動機として、活動が行われてきたことを確認した。また、活動に際しては、アロハ・アーイナ（aloha ʻāina：大地を愛せよ）やオハナ（ʻohana ハワイ的拡大家族）など、エスニック・プライド運動でも多用された言葉をシンボルとし、地域住民同士の紐帯や、自然の重要性を学ぶ機会を設けている。そうした経験は、やがて先住ハワイ人以外の子ども達も、地域に対する愛着を持つことに繋がり、これらの農園での活動は、多民族社会であるワイアナエ地区全体の社会活性を目指す取り組みであるといえる。

第二節　総括と今後への展望——ワイアナエ地区にみる「プライド」の可能性

本書では、先住ハワイ人における「血」の概念と「プライド」の概念の現状を、ワイアナエ地区のハワイアン・ホームステッドを中心に記述し考察することを試みてきた。

一九七〇年代の土地の主権問題に端を発し、ハワイの都市部出身の先住ハワイ人や、学生を中心に活発になった先住ハワイ社会におけるエスニック・プライド運動は、とりわけその初期段階にあっては、先住ハワイ人の居住権や土地へのアクセス権の回復が運動の主眼であった。先住ハワイ人のエスニック・プライドが、伝統的な土地概念と関連付けられた背景には、アメリカ本土での先住アメリカ人のエスニック・プライド運動において、土地との関係性がクローズアップされたことが挙げられる。ハワイでのエスニック・プライドは、アロハ・アーイナ（aloha ʻāina：大地を愛せよ）やマラマ・アーイナ（mālama ʻāina：大地を慈しめ）のように、ノスタルジックな感情を内包し、かつ求心力のあるこれらハワイ語のスローガンに表象されることで、ハワイ人社会に浸透した。この時期のエスニック・プライド運動の特徴は、運動が先住ハワイ人の集団感情に基づいた権利回復運動でもあり、「白人／先住ハワイ人」という社会的二項対立を土台としていたことにある。このような状況を踏まえると、ハワイにおけるプライドの萌芽期は、先住ハワイ人に限定的な、まさに「エスニック・プライド」運動が展開されたといえる。

この先住ハワイ人エスニック・プライド運動は、権利回復を要求するエンパワーメントでもあったが、一方で、ハワイ人と非ハワイ人を本質主義的に区別する、ある種の排他的要素も備えていた。サリヴァンは、集団的「プライド」が否定的感情によって動機づけられる場合を、「うぬぼれ的プライド（hubristic pride）」［Sullivan & Hollway 2014:81］と呼ぶわけだが、一九七〇年代のハワイアン・エスニック・プライド運動の主流では、一部が、「他集団に対して、険悪で反抗的な集団的プライドで対峙する」［Sullivan 2014a:8］という、「うぬぼれ的プライド」の典型的状況があったことも踏まえるべきであろう。

ハワイアン・エスニシティにおける、排他的仕組みは、ホームステッドの「血の割合」のルールにも内包される要素である。「血の割合」に関しては、肯定的感情やエンパワーメントとしての動機が、ハワイ人社会全体では共有されていないのが現状であり、本書が考察を試みる、集団における肯定的感情としてのプライド概念には結びついていない。現行の「血の割合」のルールはむしろ、先住ハワイ人社会を五〇％以上のハワイ人と、五〇％未満のハワイ人に分断し、社会経済格差を生み、増幅させる装置であるとの批判もある。しかし、「血の割合」という考えは、ハワイに先駆けてエスニック・プライド運動を展開した、先住アメリカ人に関する政策でも取り入れられてきたルールである。アメリカ本土の先住アメリカ人エスニック・プライド運動の展開では、プライド運動がアメリカ全土に浸透する過程で、分散していた部族アイデンティティが、肯定的感情の共有をきっかけに、エスニシティの共有が生まれ、パン－部族的なネイティブアメリカン・エスニック・プライド運動へと発展している。先住アメリカ人社会における、エスニック・プライド形成の事例からは、プライドが、個別的アイデンティティを超えて、共有され得る感情であることがうかがえる。

先住ハワイ人の日常的状況において、エスニック・プライドを内包していると考えることができるのが、ハーナイ（養子縁組）である。ハーナイは、伝統的には広く行われていた慣習であるが、アメリカ経由の親族体系の普及によって、「劣った慣習」として位置づけられた時代があった。また、現在ハワイでも行われている養子縁組は、連邦法の枠組みでの養子制度であり、養子と生家を切り離すしくみが根本にあった。しかし、連邦制度下で行われる養子縁組の理由を、多くの養親はアロハ（aloha：愛、慈しみ）やオハナ（ʻohana：ハワイ的拡大家族）というような、伝統的価値観で説明する。アメリカ本土から移入された養子縁組制度に、先住ハワイの伝統を埋め込むことで、ハーナイを先住文化として再構築し、エスニック・プライドの拠りどころとしているといえる。加えて、先住ハワイ人社会の貧困や機能不全家庭のセーフティーネットとして、実践的役割を果たすハーナイの肯定的イメージも、ハワイアン・エスニック・プライドの要素であるといえるだろう。

このほかに、ハワイアン・エスニック・プライド運動にとって重要な役割を果たすのが、フラなどの伝統芸術である。一九七〇年代以降のハワイアン・ルネサンスで中心的な役割を果たしたフラは、ワイアナエ地区においても重要な伝統文化として認知されている。しかし、近代化が進む中で女性性が強調されてきたフラは、先住ハワイ人男性にとって、ときに女性的な踊りとして受け止められ、一部では、男性がフラを倦厭する状況が根強いことも確かである。特にワイアナエ地区のような「カントリー」とよばれる地方地域においては、一〇代の男性は、アメリカンフットボールのような男性的で、かつ奨学金制度が充実しているスポーツを好む傾向があることが、インタビュー調査から明らかになった。

こうした偏見を払拭すべく、ワイアナエ地区で開かれる男性フラのレッスンでは、フラにおける男性性が強調される。とりわけ、フラがかつて男性のみによって踊られていたことや、伝統武術の型がフラの原型であるという説明は、フラに男性性を再移入する過程で多く用いられる言説である。男性先住ハワイ人としてのエスニック・プライドを構築することで、男性は自身の先住ハワイ人エスニック・プライドを獲得していると考えることができる。

さらに、ワイアナエ地区では、プライドが、多様な民族性を有する地区全体、あるいは外部から訪れる観光客までも包括する状況がある。地区で行われるイルカ見学ツアーでは、先住ハワイ人のツアー船船長が乗客に説明する伝統文化に対する肯定的感情が、日本やアメリカ本土からの観光客によって共有され、乗船する人々に一体感を与えることもある。

そして、農園活動を通して地域活性に携わるカアラ農場とマカハ農場でも、ハワイの伝統文化を中心とした活動が、子ども達のセーフティーネットとして働き、また、活動によって地域の結束が強化される様子を見ることができた。このように、ワイアナエ地区で見られるような、多様なエスニシティを超越して地域住民で共有されるコミュニティ・プライドは、肯定的感情そしてエンパワーメントとしての「プライド」が有する、包括的で柔軟な集団の枠組みを我々に示しているのではないだろうか。

あとがき

本書は、二〇一七年二月に首都大学東京大学院人文科学研究科に提出した博士（社会人類学）学位申請論文『先住ハワイ社会におけるエスニック・プライドをめぐる人類学的研究』（主査：綾部真雄、副査：高桑史子、深山直子）をもとに、加筆修正をしたものである。

博論執筆中にスペアリブを御馳走して下さった指導教員の綾部真雄教授をはじめ、修士課程入学時から私を温かく見守り指導して下さった高桑史子首都大学東京名誉教授、そしてオセアニア研究の見地から専門的な助言を多く頂戴した深山直子准教授には、それぞれの研究活動や教育活動でご多忙中にもかかわらず、長期にわたり、未熟な博士論文原稿の修正のためのお時間を賜ったことを、改めて深くお礼申し上げたい。

また、前所属先である東京外国語大学アジア・アフリカ言語文化研究所の深澤秀夫教授には、博論執筆に関するご助言を賜り、また執筆に集中するための研究環境を提供して下さったことをここにお礼申し上げる。

現地長期調査に関しては、とりわけ米国ハワイ州イースト・ウエスト・センター（East-West Center）ならびに、ハワイ大学マーノア校の調査協力および関係諸氏のサポートなしに、実現することは不可能であった。特に、イースト・ウエスト・センター太平洋諸島開発部局（Pacific Islands Development Program：PIDP）部長（当時）であったジェラルド・〝ジェリー〟・フィニン（Gerald “Jerry” Finin）教授には、ハワイでの長期調査を計画していた時にはまだ学生の身分であった私に、同センターの客員研究員という通常ではあり得ない研究ポストをご用意頂いた。また同氏は、私の調査研究だけでなく、慣れないハワイでの生活面をサポートして頂いたことを、ここに心から感謝申し上げたい。また、ＰＩＤＰ研究員のスコット・クルーカー（Scott Kroeker）氏、ターシウス・〝タラ〟・カブタウラカ（Tarcisius "Tara" Kabutaulaka）氏（当時）、そして私をいつも気にかけてくれたＰＩＤＰ事務員の「アンティーauntie」達、ティティリア・バーバー（Titilia Barbour）氏とモナ・ナキヘイ（Mona Nakihei）氏には、複雑な調査関係書類の整理や、ハワイ生活の心構え、ピジン、評判の飲食店などについてご指南頂いた。

ハワイ大学マーノア校人類学部准教授のタイ・テンガン（Ty Tengan）氏にもハワイ研究における多くのアドバイスを頂いた。また、ハワイ語習得に際して、ハワイ大学マーノア校のナオミ・ロッシュ（Naomi Losch）教授（当時）と、プアケア・ノーゴルマイヤー（Puakea Nogelmeier）教授という、ハワイ研究の権威である両氏に師事できたことは、私にとって非常な幸運であった。また、両氏には、調査における資料収集や資料分析においても数多くの助言を賜った。

また、ワイアナエ地区での長期調査が可能になったのは、二〇〇七年夏の予備調査中、とある事情で文字通り「路頭に迷っていた」私に、ナーナークリにある自宅の一室を快く提供してくれたヘンリー・ペレカイ（Henry Pelekai）氏とローリン（Lurlin）夫妻のおかげである。彼らとの出会いが、翌年から予定していた長期調査の貴重な足掛かりとなった。

ワイアナエ地区で、ペレカイ家同様、お世話になったのが、フラ教室 Hālau Nā Mamo O Tulipa（ハーラウ・ナー・マモ・オ・トゥリパ）の代表レアト・サヴィニ（Leato Savini）氏と、彼の親族である。私をハーナイの息子として受け入れ、ワイアナエでの生活を支えてくれたサヴィニ一族（人数が多すぎるためここでは全員の名前を挙げられないことをどうかお許し頂きたい）と、同フラ教室日本校の関谷悦子氏をはじめとするスタッフおよび関係諸氏には、ただただ感謝するばかりである。

整備のボランティアスタッフとして働かせてくれたカアラ農園の代表エリック・イノス（Eric Enos）氏と農園の関係者各位、ナーナークリ・ネイバーフッド・ボード（Nānākuli Neighborhood Board：ナーナークリ町内会）の役員各位、ナーナーク・カトリック教会（St. Rita Catholic Church）のキム・アラパキ（Kim Alapaki）神父、ワイアナエ本願寺（Wai'anae Honganji Mission）の檀家の皆さんにも、長期調査中に様々な場面でご助力頂いた。

また、ハワイ大学に近いマーノアに拠点を置く沖縄系移民の芸能集団Ukwanshin Kabudan（御冠船歌舞団）のエリック・ワダ（Eric Wada）氏とノーマン・カネシロ（Norman Kaneshiro）氏はじめメンバーの諸姉兄、そしてハワイ大学沖縄研究所（Center for Okinawan Studies）の関係者各位、さらにハワイ大学沖縄系学生のサークル「アキサミヨー・クラブ」のメンバーには、ワイアナエ地区以外のハワイの状況や、先住ハワイ社会についての客観的視点、また琉球民族でもある私自身のハワイ社会での立ち位置などについて、勉強会や深夜のゆんたくを通して、多くを学ばせてもらった。

私が調査を行っていた当時、オアフ島東部のカハルウ（Kahalu'u）でフラを教えていたデビー・ライダー（Debbie Ryder）氏にも、ハワイの伝統文化や、現在のハワイの姿について貴重な話を聞かせて頂いた。また、同氏が主催するフラ教室Hālau Hula O Leionalani（ハーラウ・フラ・オ・レイオナラニ）のミコ・カザマ（Miko Kazama）氏はじめメンバーの諸姉には、ハワイ社会に関する様々な情報を提供して頂いたこと、そして私の調査を終始温かく見守って頂けたことに心からお礼を申し上げたい。

なお、本研究に関しては、カトリック大学連盟の二〇一五年度大学院奨学生として研究助成を得たことを、記して感謝申し上げる。また、本書の刊行にあたって手を差し伸べて下さった教友社の阿部川直樹氏にも心から感謝を申し上げたい。

最後に、ハワイでの長期調査で体形が二回りほど大きくなった息子にショックをうけつつも、これまでの長い道のりを支え応援してくれた父と母、そして短期調査にも同行してくれた弟に、心から感謝したい。

二〇一九年三月一〇日

四條　真也

参考文献

(英語資料)

Adams, Henry

1930 *Letter from Henry Adams*, 1858-1891, Worthing C. Ford (ed.), Huoghton Mifflin Co.

Adams, Romanzo

1925 *The Peoples of Hawaii: A Statistical Study*, Romanzo Adams, T. M. Livesay, E. H. Van Winkle (eds.), The Institute of Pacific Relations.

1933 *The Peoples of Hawaii*, The Institute of Pacific Relations.

Apple, Russel & Apple, Peg

1980 *Tales of Old Hawai'i*. Island Heritage Limited.

Andrade, Naleen Naupaka & Bell, Cathy Kakeau'iliani

2011 "The Hawaiians". *People And Cultures of Hawai'i: The Revolution of Culture and Ethnicity*. J. Mcdermott and N. Andrade (eds.), pp.1-30, University of Hawai'i Press.

Andrews, Lorrin

1922 (1865) *A Dictionary of the Hawaiian Language*. Revised by Henry H. Parker. Hawaii Published by the Board.

Alexander, William De Witt.

1891 *A Brief History of the Hawaiian People*. American Book Company.

Bailey, Frank Jr.

2009 *'Āina Ho'opulapula: A Contested Legacy: Prince Jonah Kūhiō Kalanianaʻole' s Hawaiian Homes Commission Act during the Territorial Years, 1921-1959*. Ph.D. Dissertation submitted to University of Hawai'i at Mānoa.

Baird, R.W. and McSweeney, D.J. and Webster, D.L. and Gorgone, A.M. and A.D.

2003 *Studies of Odontocete Population Structure in Hawaiian Waters: Results of a Aurvey Through the Main Hawaiian Islands in May and June 2003*. Report prepared under Contract No. AB133F-02-CN-0106 from the National Oceanic and Atmospheric Administration, Western Administrative Support Center.

Banks, Dennis and Erdoes, Richard

2005 *Ojibwa Warrior: Dennis Banks And The Rise Of The American Indian Movement*, University of Oklahoma Press.

Beaglehole, Ernest

1937 *Some Modern Hawaiians*. University of Hawai'i Press.

Barr, Bernadine

1992 *Spare Children, 1900-1945: Inmates of Orphanages as Subjects of Research in Medicine and in the Social Sciences in America*. Ph.D. dissertation submitted to Stanford University.

Beckwith, Martha Warren

1940 (1970) *Hawaiian Mythology*. Yale University Press.

1951 (1972) *The Kumulipo: A Hawaiian Creation Chant*. The University of Chicago Press.

Beechart, Edward D.

1985 *Working in Hawaii: A Labor History*. University of Hawai'i Press.

Beresford, William & Dixon, George

1789 *The Voyage around the World: Performed in 1785, 1786, 1787 and 1788*, George Goulding.

Braun, Kathryn and Goebert, Deborah

2011 "The Euro Americans", John F. McDermott and Naleen Naupaka Andrade (eds). *People and Cultures of Hawaii: The Evolution of Culture and Ethnicity*. University of Hawai'i Press.

Bowie, Fiona

2004 *Cross-Cultural Approaches to Adoption*. Routledge.

Brady, Ivan

1976 "*Transaction in Kinship*", *ASAO Monograph*, No.4. University of Hawai'i Press.

Campbell, Archibald

1967 *The Voyage Round the World, from 1806 to 1812, Fascimile reproduction of the 3rd American Edition*, University of Hawai'i Press.

Carroll, Vern

1970 *Adoption in Eastern Oceania*.University of Hawai'i Press.

Carp, E. Wayne

1998 *Family Matters: Secrecy and Disclosure in the History of Adoption*. Harvard University Press.

Carsten, Jannet

2000 *Culture of Relatedness: New Approaches to the Study of Kinship*. J. Carsten (ed). Cambridge University Press.

2004 After Kinship. Cambridge University Press.

2011 'Substance and Relationality: Blood in Context'. *Annual review of Anthropology* 40 : pp.19-35.

Clark, Jeff

1993 "Hawaiian Martial Art Enjoys Resurgence", *Ka Wai Ola OHA-The Living Water of OHA*, November, 10, The Office of Hawaiian Affairs.

Chang, David A.

2016 *The World and All The Things upon It : Native Hawaiian Geographies of Exploration*, University of Minnesota Press.

Chapin, Henry Dwight

1926 Family vs. Institution. *Survey* 55 : 485-488.

Crabbe, M. Kamana'opono

2002 *Initial Psychometric Validation of He'ana Mana'o O Nā Mo'omeheu: A Hawaiian Ethnocultural Inventory (HEI of Cultural Practice)*. University of Hawai'i Ph.D. dissertation.

Craig, Robert D.

2004 *Handbook of Polynesian Mythology*. ABC-CLIO.

Cocquio, Gigi & Gerlock, Ed & Subedi, Lilette

2007 *Through the Eyes of Children: Walking and Learning with Children*, Hoa 'Āina O Mākaha.

Colnett, James

MS "Journal of Captain James Colnett aboard the Prince of Wales & Princess Royal from 16 Oct. 1786 to 7 Nov. 1788." vol.1, Typewritten Manuscript, Hawaiian Collection, Hamilton Library, University of Hawai'i.

Codrington, R. H.

1891 *The Melanesians: Studies in their Anthropology and Folk-lore*, Clarendon.

Cordy, Ross

2002 *An Ancient History of Wai'anae*. Mutual Publishing. Council for Native Hawaiian Advancement.

2006 *The Hawaiian Homes Commission Act: National Policies for Native Needs*. Council for Native Hawaiian Advancement.

Crawford, Dean

2008 *Shark*, Reaktion Books Ltd.

Crosby, A.W.

1992 "Hawaiian Depopulation as a Model for the Amerindian Experience". *Epidemic and Ideas: Essays on the Historical Perception of Pestilence*, Terence Ranger and Paul Slack (eds.), pp.175-202, Cambridge University Press,

Deloria, Vine

1985 *Behind the Trail of Broken Treaties: An Indian Declaration of Indepen-*

Hina, John "PRIME"

2014 'The Urban Island Pendlum', Akiko Yamashiro and Noelani Goodyear-Ka'ōpua (eds.), *The Value of Hawai'i 2: Ancestral Roots, Oceanic Visions*, University of Hawai'i Press.

Hokuwitu, Brendan

2014 'Māori : Mau Ki Muri, Front to Back'. Robert Warrior (ed.). *The World of Indigenous North America*. Routledge.

Holman, Lucia Ruggles

1931 *Journal of Lucia Ruggles Holman*. Bernice Bishop Museum Social Publication no.17, Bishop Museum Press.

Holy, Ladislav

1995 *Anthropological Perspectives on Kinship*. Pluto Press.

Holt, John Dominis

1964 *On Being Hawaiian*. Topgallant Publishing.

Hopkins, Alberta Pualani

1992 *Ka Lei Ha'aheo: Beginning Hawaiian*. University of Hawai'i Press.

Howard, Alan

1970 "Traditional and Modern Adoption patterns in Hawaii. Adoption in Eastern Oceania", Alan Howard et. al. *ASAO Monograph*. vol.1, University of Hawai'i Press.

Howard, Alan, Gauguin, Paul, Gillmore, Ronald and

1968 "Studies in Hawaiian Community: Na Makamaka O Nanakuli". *Pacific Anthropological Records, No.1. Department of Anthropology*. Bishop Museum Press.

Hudson, Alfred E.

1930-1932 *The Archaeology of East Hawaii* [sic]. vol.3. Bishop Museum.

'Ī'ī, John Papa

1995(1959) *Fragments of Hawaiian History*. Mary K. Pukui (trans.), Dorothy B. Barrère (ed.), Bishop Museum Press.

Jarves, James Jackson

1872 *History of the Hawaiian islands: Embracing their Antiquities, Mythology*. Henry M. Whitney Publisher.

Jones, Charles Earl

2005 *The Black Panther Party (reconsidered)*. Black Classic Press.

Kamakau, Kelou

1919-1920 "No Na Oihana Kahuna Kahiko", in Fornander Collection of Hawaiian Antiquities and Folk-lore, T. A. Thrum (ed.), John Wise (trans.),

Memoirs of the Bernice Pauahi Bishop Museum 6:2-45.
Kamakau, Samuel M.
1869 *Ka Moolelo Hawaii.* Ke Au ‘Oko‘a.
1961 *Ruling Chief of Hawaii.* Kamehameha Schools Press.
2010 (1964) *Ka Po ‘E Kahiko: The People of Old.* Bishop Museum Press.
Kame‘eleihiwa, Lilikalā
1992 *Native Land and Foreign Desires: Pehea Lā E Pono Ai? How Shall We Live in Harmony?*, Bishop Museum Press.
Kamehameha Schools
1994 *Life in Early Hawai‘i: The Ahupua‘a*, Kamehameha Schools Press.
2012 *Kalo Kanu o Ka ‘Āina (Taro Planted on the Land: Natives of the Land from Generation Back)*, Kamehameha Schools Press.
Kamehiro, Stacy L.
2009 *The Arts of Kingship: Hawaiian Art and National Culture of the Kalākaua Era.* University of Hawai‘i Press.
Kana‘iapuni, Shawn K. and Malone, N. and Ishibashi, K.
2005 *Ka Huaka‘i: 2005 Native Hawaiian Educational Assessment.* Kamehameha schools, Pauahi Publications.
Kanahele, George S.
1986 (a) Hawaiian Renaissance, Project WAIAHA.
1986 (b) Ku Kanaka: A Search for Hawaiian Values. Honolulu: University of Hawai‘i Press.
Kāuanui, J. Kehaulani
2008 *Hawaiian Blood: Colonialism and the Politics of Sovereignty and Indigeneity.* Duke University Press.
Keesing, Roger M.
1992 *Custom and Confrontation: The Kawaio Struggle for Cultural Autonomy.* University of Chicago Press.
1989 “Creating the Past: Custom and Identity in the Contemporary Pacific”, The Contemporary Pacific, Volume 1, Number. 1&2, pp.19-42, University of Hawai‘i Press.
1991 “Dialogue: Reply to Trask”, *The Contemporary Pacific*, vol.3, no.1, pp.168-171, University of Hawai‘i Press.
King, Samuel P. & Roth, Randall W.
2007 *Broken Trust: Greed, Mismanagement & Political Manipulation at America’s Largest Charitable Trust.* University of Hawai‘i Press.
Kirch, Patric

2012 *A Shark Going Inland Is My Chief: The Island Civilization of Ancient Hawai'i*. University of California Press.

Kodama-Nishimoto, Michi and Warren S. Nishimoto, Cynthia A. Oshiro
2009 *Talking Hawai'i's Story*, University of Hawai'i Press.

Kyselka, Will
1993 *On the Rising of the Pleiades*. Hawaiian Journal of History 27, pp.173-183.

Kühn, Thomas
2014 'Construction of Belongingness in Late Modernity: National Pride in Brazil from a Social Inquality Research Perspective'. *Understanding Collective Pride and Group Identity: New Direction in Emotion Theory, Research and Practice*, Routledge.

Kuykendall, Ralph S.
1965 (1938) *The Hawaiian Kingdom: Volume 1: 1778-1854, Foundation and Transformation*, University of Hawai'i Press.
1953 *The Hawaiian Kingdom: Volume 2: Twenty Critical Years, 1854-1874*, University of Hawai'i Press.
1967 *The Hawaiian Kingdom 1874-1893: The Kalakaua Dynasty*, University of Hawai'i Press.

Laugesen, Amanda
2007 'American Indian Movement' and 'Trail of Broken Treaties' Donald L. Fixico (ed.). *Treaties with American Indians: an Encyclopedia of Rights, Conflicts and Sovereignty*, ABC-Clio.

Levy, Robert I.
1973 *Tahitians: Mind and Experience in the Society Islands*, University of Chicago Press.

Lind, Andrew W.
1930 (a) "Some Ecological Patterns of Community Disorganization", *American Journal of Sociology*, 36-2, pp.206-220, University of Chicago Press.
1930 (b) "Ghetto and Slum", *Social Forces*, 9-2, pp.206-215, Oxford University Press.

Linnekin, Jocelyn
1985 *Children of the Land: Exchange and Status in a Hawaiian Community*. Rutgers University Press.
1990 *Sacred Queens and Women of Consequence: Rank, Gender, and Colonialism in the Hawaiian Islands (Women and Culture Series)*. University of Michigan Press.
1991 "Dialogue: Text Bites and the R-Word: The Politics of Representing

Scholarship", *The Contemporary Pacific, Volume 3*, Number 1, pp.172-177, University of Hawai'i Press.

Locsh, Naomi

2003 *Whetu Moana: Contemporary Polynesian Poetry in English.* Robert Sullivan & Albert Wendt&Reina Whaitiri (eds.), Auckland University Press.

Macrae, James

1922 (1825-1826) *With Lord Byron at the Sandwich Islands in 1825,* Wilson New Freedom Press.

Maharidge, Dale

2013 *Someplace like America: Tales from the New Great Depression (Updated Edition With a New Preface and Afterward),* University of California Press.

Malo, David

1858 (1898) Hawaiian Antiquities (Moolelo Hawii)[sic]. Dr. N.B. Emerson (trans.). Hawaiian Gazette Cooperation.

McDermont, John F. & Andrade, Naleen Naupaka

2011 *People and Cultures of Hawaii: The Evolution of Culture and Ethnicity.* University of Hawai'i Press.

McGlone, Katalina L.

2009 *Raised Hānai: Recollections of Hawaiian Adults.* Ph.D. Dissertation Submitted to University of Hawai'i at Mānoa.

McGregor, Davianna Pōmaika'i

1989 *Kupa'a I Ka 'Āina: Persistence of the land.* Ph.D. Dissertation Submitted to University of Hawai'i at Mānoa.

2007 *Nā Ku'āina:Living Hawaiian Culture,* University of Hawai'i Press.

Mensies, Archibold

1920 (1792-1794) *Hawaii Nei 128 Years Ago,* New Freedom Press.

Merry, Sally E.

2000 *Colonizing Hawai'i: The Cultural Power of Law.* Princeton University Press.

Mookini, Ester T.

1998 'Keopuolani: Sacred Wife, Queen Mother, 1778-1823'. *Hawaiian Journal of History vol. 32.* Hawaiian Historical Society.

Nitta, Liela Nyuk Lun

1996 Native Hawaiians, Freedom and Education: Kula No Po'e Hawai'i, Native Self-Determination. Dissertation submitted to University of Hawai'i at Mānoa.

Nogelmeier, Puakea

2003 *Mai Pa'a I Ka Leo: Historical Voice in Hawaiian Primary Materials, Looking Forward and Listening Back.* Ph.D. Dissertation submitted to University of Hawai'i at Mānoa.

OHA

2006 Native Hawaiian Data book. Office of Hawaiian Affairs Publication. Prepared by the Office of Board Service. Lea K. Young. OHA http://www.oha.org.

Okihiro, Kyle

2005 *The Columbia Guide To Asian American History.* Columbia University Press.

Oshiro, Gary Y.

2001 *The Columbia Guide To Asian American History.* Columbia University Press.

Osorio, Jonathan Kamakawiwo'ole

2002 *Dismembering Lāui: A history of the Hawaiian Nation to 1887,* University of Hawai'i Press.

2014 'Hawaiian Souls: The Movement to Stop the U.S. Military Bombing of Kaho'olawe.' *A nation rising: Hawaiian movements for life, land, and sovereignty.* Noelani Goodyear-Ka'opua, Ikaika Hussey, and Erin Kahunawaika'ala Wright (eds.). Duke University Press.

Palafox, Neal et al.

2011 "Micronesians", John F. McDermont and Naleen Naupaka Andrade (eds.), *People and Cultures of Hawai'i: The Evolution of Culture and Ethnicity,* University of Hawai'i Press.

Paris, Anthony Makana

2015 "Hawaiian Religion: 'Imi Loa (Purposeful Search)", Jonathan H. X. Lee, Fumitaka Matsuoka, Edmond Yee, Ronald Y. Nakasone (eds.), *Asian American Religious Cultures,* ABC-CLIO.

Pukui, M. Kawena

1983 *'Olelo No'eau: Hawaiian Proverbs and Poetical Sayings.* Bishop Museum Press.

Pukui, M. Kawena & Elbert, Samuel H.

1986 (1957) *Hawaiian Dictionary: Hawaiian-English, English-Hawaiian.* University of Hawai'i Press.

Rayson, Ann

2004 *Modern History of Hawai'i,* Bess Press Inc.

Remy, Jules

1859 *Récits d'un vieux sauvage pour servir à l'histoire ancienne de Havaii.* Châlons-sur-Marne: E. Laurent.

Rhea, Joseph Tilden

1997 *Race Pride and the American Identity.* Harvard University Press.

Roquefeuil, Camille de

1823 *Voyage Around the World 1816-1819,* Printed for R. Phillips.

Sahlins, Marshall

1985 *Islands of History.* The University of Chicago Press.

Samwell, David

1967 (1778-1779) "Some Account of a Voyage to South Sea's in 1776-1777-1778", *The Journal of Captain James cook on His Voyage of Discovery,* J.C. Beaglehole (ed.), vol.3, pp.987-1300, Cambridge University Press for the Hakluyt Society.

Schachter (Modell), Judith

1995 "Nowadays everyone is Hanai [sic]: Child Exchange in the Construction of Hawaiian Urban Culture". *Journal de la Société des océanistes.* 1-2. pp. 201-219.

Schneider, David M.

1980 [1968] *American Kinship: A Cultural Account* (second edition), University of Chicago Press.

1984 *A Critique of the study of Kinship.* University of Michigan Press.

Schein, Richard H.

2006 *Landscape and Race in the United States.* Routledge.

Shore, Bradd

1989 "Mana and Tapu", Alan Howard and Robert Borofsky (eds.), *Developments in Polynesian Ethnology,* University of Hawai'i Press.

Shulz, Joy

2011 *Empire of the Young: Missionary Children in Hawai'i and the Birth of U.S. Colonialism in the Pacific, 1820-1898 (sic),* Ph.D. Dissertation submitted to University of Nebraska.

Silva, Noenoe

2004 *Aloha Betrayed.* Duke University Press.

Smith, Keri E. Iyall

2006 The State and Indigenous Movement, Taylor and Francis.

Smith, Sherry L.

2012 *Hippies, Indians, and the Fight for Red Power.* Oxford Univ Press.

Stanton, Joseph
1997 *A Hawai'i Anthology: A Collection of Works by Recipients of the Hawai'i Award for Literature 1974-1996*, University of Hawai'i Press.
Stagner, Ishmael W.
2011 *Kumu Hula: Roots and Branches*, Island Heritage Publishing.
Strathern, Marilyn
2005 *Kinship, Law and the Unexpected relatives Are Always a Surprise*. Cambridge University Press.
Sullivan, Gavin Brent
2014a 'Introduction', Gavin Brent Sullivan (ed.), *Understanding Collective Pride and Group Identity: New Direction in Emotion Theory*, Research and Practice, Routledge.
2014b *Understanding Collective Pride and Group Identity: New Direction in Emotion Theory*, Research and Practice, Routledge.
Sullivan, Gavin Brent and Hollway, James
2014 'Collective Pride and Collective Hubris in Organization', Gavin Brent Sullivan (ed.), *Understanding Collective Pride and Group Identity: New Direction in Emotion Theory*, Research and Practice, Routledge.
Sumida, Stephen H.
2013 *And the View from the Shore: Literary Traditions of Hawai'i (sic)*. University of Washington Press.
Townsend, Ebenzer
1921 (1888) *Extract from Diary of Ebenezer Townsend, Jr., Supercargo of the Sealing Ship "Neptune" on her Voyage to the South Pacific and Canton... Arranged and indexed for the Hawaiian Historical Society by Bruce Cartwright*, Hawaiian Historical Society Reprints no.4.
Taum, Ramsay Remigius Mahealani
2010 "Tourism", *The Value of Hawai'i: Knowing the Past, Shaping the Future*, Craig Howes and Jon Osorio (eds.), University of Hawai'i Press, pp.31-38.
Trask, Haunani K.
1984 Fighting the Battle of Double Colonialism: The View of a Hawaiian Feminist, Office of Women in International Development.
1987 'The Birth of the Modern Hawaiian Movement: Kalama Valley, O'ahu'. *Hawaiian Journal of History vol. 21*. pp.126-153, Hawaiian Historical Society.
1991 'Dialogue:Natives and Anthropologists: The Colonial Struggle', *The Contemporary Pacific, Volume 3, Number 1*, pp.159–167. University of

Hawai'i Press.
1999 *From a Native Daughter: Colonialism & Sovereignty in Hawai'i*, University of Hawai'i Press.

Tengan, Ty P. Kāwika
2002 "Ka Huaka'i Oa Huaka'i O Nā 'Ōiwi: The Journey Home", Edward Halealoha Ayau and Ty Kāwika Tengan, *The Dead and Their Posessions: Repatriation in Principle Policy and Practice*, C. Fforde, J.Hubert, P.Turnbull, D.Hanchant (eds.), pp.171-190, Routledge.
2002 (En) gendering Colonialism: Masculinities in Hawai'i and Aotearoa, *Cultural Values*, Vol. 6, No. 3, pp.239-256.
2008 *Native Men Remade: Gender and Nation in Contemporary Hawai'i*, Duke University Press.
2015 " 'The Face of Ku:' A Dialogue on Hawaiian Warriorhood", Ty P. Kāwika Tengan, with Thomas Kaauwai Kaulukukui, Jr., and William Kahalepuna Richards, Jr., *Indigenous Men and Masculinities: Legacies, Identities, Regeneration*, Robert Alexander Ines and Kim Anderson (eds.), University of Manitoba Press.

Treide, Dietrich
2004 "Adoption in Micronesia: Past and Present", *Cross-Cultural Approaches to Adoption*. F. Bowie (ed.), pp.127-142, Routledge.

United State Census
2010 http://2010.census.gov/2010census/

Valeri, Valerio
1985 *Kinship and Sacrifice: Ritual and Society Ancient Hawaii*. Univeristy of Chicago Press.

Van Dyke, Jon M
2008 *Who Owns the Crown Lands of Hawai'i?*, University of Hawai'i Press.

Vancouver, George
1798 *A Voyage of Discovery to the North Pacific Ocean, and Round the World vol.3*, printed for G.G.& J.Robinson, Paternoster. Row & J.Edwards, Pall. Mall.

Watson, Trisha Kehaulani
2008 *Ho'i Hou iā Papahānaumoku: A History of Ecocolonization in the Pu'uhonua of Wai'anae (sic)*, Ph.D. Dissertation submitted to University of Hawai'i.

Westervelt, W.D.
1987 *Myths and Legends of Hawaii*. forwarded by A.Grove Day. Mutual Pub-

lishing.
Williams, Ronald Jr.
2012 "To Raise a Voice in Praise: The Revivalist Mission of John Henry Wise", *Hawaiian Journal of History*. vol. 46, Hawaiian Historical Society.
2014 "The Other Hawaiian Renaissance", *Hana Hou!* (Hawaiian Airlines in-flight magazine), Dec 1, 2014, pp.147-153.
Witeck, John J.
1996 "Organized Labor". *Autobiography of Protest in Hawai'i*. Robert H. Mast, Anne B. Mast (eds.). University of Hawai'i Press.
Wong, Helen & Ann Rayson
1987 Hawaii's Royal History (sic). Bess Press.
Yamamura, Douglas Shigeharu
1941 *A Study of Some of the Factors in the Education of the Child of Hawaiian Ancestry in Hana, Maui*. Master's thesis submitted to University of Hawai'i.
Zambucka, Kristine
1983 *Kalakaua: Hawaii's Last King*. Mana Publishing.

（日本語資料）
青柳清隆
1999 「大都市シカゴとインディアン：都市先住民社会史への試み」、213-228頁、『先住民と都市：人類学の新しい地平』青柳清隆・松岡利夫（共編）、青木出版。
新垣智子
2011 「ハワイ沖縄系移民による『ルーツ探し』」『女性と経験』36:41-53、女性民俗学研究所。
井上昭洋
2014 『ハワイ人とキリスト教――文化の混沌とアイデンティティの再創造』、春風社。
上杉富之
2003 「現代生殖医療と『多元的親子関係』――人類学のパースペクティブ」『成城文藝』181、17-32頁。
太田心平
2013 「『人種のるつぼ』」ふたたび」『月刊みんぱく』2013年5月号、21頁、国立民族学博物館。
岸上伸啓
1999 「カナダ・イヌイットはなぜ都市をめざすのか：モントリオール地区の事

例を中心に」『先住民と都市：人類学の新しい地平』青柳清隆・松岡利夫（共編）、青木出版、195-122頁。

ギルモア、デイヴィッド

1994 『男らしさの人類学』、前田俊子（訳）、春秋社（原著　David D. Gilmore 1990, *Manhood in the Making — Cultural Concepts of Masculinity*, Yale University Press.）

栗田博之

2012 「生殖と身体──民俗生殖論のその後」、『家族と生命継承──文化人類学的研究の現在』、河合利光（編著）、123-143頁、時潮社。

後藤明

1997 『ハワイ・南太平洋の神話──海と太陽、そして虹のメッセージ』、中公新書。

2002 『南島の神話』、中央文庫。

2013 「ポリネシア人の到来：ハワイ人の起源を探る」『ハワイを知る60章』、38-42頁、明石出版。

塩谷亨

2004 「フラとハワイ語」後藤明・松原好次・塩谷亨（共編）『ハワイ研究への招待：フィールドワークから見える新しいハワイ像』、関西大学出版。

四條真也

2008 「老いて近づくわが故郷──関東圏における奄美系郷友会への高齢者の関わりを事例に」、『東アジアにおける高齢者のセイフティーネットワーク構築に向けての社会人学的研究』（伊藤眞代表平成19年度－21年度科学研究費補助金）、49-57頁。

2010 「ハワイ人として住みつづけるということ──オアフ島ワイアナエ地区におけるハワイアン・ホームステッドの現在」、『日本オセアニア学会 News Letter』、日本オセアニア学会 No.96、1-7頁。

2013（a）「ハワイと貧困」『ハワイを知るための60章』山本真鳥・山田亨（編）明石書店、272-276頁。

2013（b）「日系移民の歴史」『ハワイを知るための60章』山本真鳥・山田亨（編）明石書店、111-115頁。

2013（c）「クムフラとハーラウ：生活に溶け込むフラ」『ハワイを知る60章』、295-299頁、明石出版。

2013（d）「世界をつなぐ同郷ネットワーク──ハワイをハブとした沖縄ネットワークの展開と展望」伊藤眞編『新しい「国際移動研究センター」構築にむけた研究』（平成22年度－平成24年度首都大傾斜的研究費研究成果報告書）、187-197頁。

2014 「制度の中の「伝統」──アメリカの養子縁組制度における「ハーナイ」の機能に関する一考」、『文化人類学』、日本文化人類学会、79-2号。

2015 「作り出される伝統――ハワイの養子縁組ハーナイの現場から」、『比較家族史研究』、29 号、比較家族史学会、61-78 頁。

城田愛

2004 「オキナワンの踊りと音楽にみるハワイ社会：エスニシティの交錯する舞台から」後藤明・松原好次・塩谷亨（共編）、『ハワイ研究への招待：フィールドワークから見える新しいハワイ像』、関西大学出版。

須藤健一

1977 「ミクロネシアの養取慣行――族制、土地所有、分配体系との関連で」『国立民族学博物館研究報告書』2：246-281 頁。

スチュアート ヘンリ

1999 「都市の『インディアン』:カナダとアメリカの政策と先住民の都市化」、『先住民と都市：人類学の新しい地平』青柳清隆・松岡利夫（共編）、青木出版、163-173 頁。

古川敏明

2013 「ハワイ語とピジン：ハワイ社会の言語使用」山本真鳥・山田亨（共編）『ハワイを知るための 60 章』、明石出版。

内藤暁子

1999 「都市のマオリ」『先住民と都市：人類学の新しい地平』青柳清隆・松岡利夫（共編）、青木出版、41-58 頁。

長島怜央

2013 「カラーブラインドと先住民――ハワイ先住民局（OHA）問題」山本真鳥・山田亨（共編）『ハワイを知るための 60 章』、明石出版、215-220 頁。

中西雄二

2008 「奄美出身者と同郷者メディア：エスニック・メディア研究との関連で」『人文論究』57（4)、65-85 頁、関西学院大学。

名護麻美

2013 「J- フラ――日本でのフラの拡大と土着化」、『ハワイを知るための 60 章』、明石出版。

野口泰生

2013「火山とプレートの移動、そして水」、『ハワイを知るための 60 章』、明石出版。

馬場優子

1998 「南太平洋ニウエ島における習慣的養取制度の現代的意味」『大妻女子大学紀要　文系』30:1-9。

2004 「オセアニアにおける養取をめぐる贈与交換 ：北部ギルバート諸島における養子・里子慣行の考察」女子大学紀要　文系』36:13-26。

深山直子

2012 『現代マオリと「先住民の運動」――土地・海・都市そして環境』、風響社。

古橋政子
2000 「アフプアア（地域共同体）の再生をめざして――ハワイ・オアフ島・ワイアナエ地区の先住民文化復興運動」、山折哲雄（編）、『白鳳叢書Ⅰ 国際人間学入門』、春風社。
2004 「先住民文化の復興運動――食文化の再生を目指す百年の計」、後藤明・松原好次・塩谷亨（共編）『ハワイ研究への招待：フィールドワークから見える新しいハワイ像』、関西大学出版。
松原好次
2013 「ハワイ語の将来――危機言語と先住民運動」、『ハワイを知るための60章』、明石出版。
矢口祐人
2002 『ハワイの歴史と文化――悲劇と誇りのモザイクの中で』、中央公論新社。
山田亨
2013 「王族・首長・平民・奴隷：基層的社会構造」山本真鳥・山田亨（共編）『ハワイを知るための60章』明石出版。48-52頁。
2013 「アフプアアの暮らし」『ハワイを知60章』山本真鳥・山田亨（共編）、53-57頁。明石出版。
山中速人
1992 『イメージの「楽園」――観光ハワイの文化史』、筑摩書房。
1993 『ハワイ』、岩波書店。
山本真鳥
2012 『土地と人間』小谷 汪之・山本 真鳥・藤田 進（共著）、有志社。

（Web資料）
City Data.com
http://www.city-data.com/city/Hawaii.html（最終閲覧2016年9月26日）
Forbes
August 13, 2013
"Hawaii Plan To Fly Homeless Back To Mainland Looks Unlikely, Costs Too Much" by Andrew Bender
http://www.forbes.com/sites/andrewbender/2013/08/13/hawaiis-plan-to-fly-homeless-backto-mainland-now-looks-unlikely/#48cdbea86c40（最終閲覧2016年12月29日）
Hawaii State Data Center
2010 *Urban and Rural Areas in the State of Hawaii*, by County
Honolulu Advertiser

October 15, 2006
"Who are the homeless?: Wai'anae's homeless just can't afford to rent" [sic.] by Will Hoover and Rob Perez
http://the.honoluluadvertiser.com/article/2006/Oct/15/ln/FP610150358.html（最終閲覧日 2019 年 3 月 9 日）
November 7, 2002
"Huli-Huli chicken creator Ernest Morgado dies at 85" by Curtis Lum
http://the.honoluluadvertiser.com/article/2002/Nov/07/ln/ln48a.html（最終閲覧日 2019 年 3 月 9 日）
Honolulu Star-Advertiser
December 29, 2015
"DNA tests urged for homestead applicants" by Jennifer Sinco Kelleher
http://www.staradvertiser.com/2015/12/29/hawaii-news/dna-tests-urged-for-homestead-applicants/（最終閲覧 2019 年 3 月 9 日）
January 10, 2016
"Hawaiians at risk: Keiki locked in cycle of foster care system"by Rob Perez
http://www.staradvertiser.com/2016/01/10/hawaii-news/special-report-hawaiians-at-risk-keiki-locked-in-cycle-of-foster-care-system/（最終閲覧 2019 年 3 月 9 日）
Honolulu Star-Bulletin
August 23, 2006
"Home Lands project plants roots in Kapolei The parcel will be able to support 403 single-family homes" by Nelson Daranciang
http://archives.starbulletin.com/2006/08/23/news/story08.html（最終閲覧 2019 年 3 月 9 日）
Octorber. 3, 2007
"7 Oahu schools 'dropout factories' " by Alexandre Da Silva
http://archives.starbulletin.com/2007/10/30/news/story01.html（最終閲覧 2019 年 3 月 9 日）
King, Serge Kalihi
"Dolphin Legends in Hawaii"
http://www.sergeking.com/HAM/dolphinshawaii.html（最終閲覧 2019 年 3 月 9 日）
National Oceanic and Atmospheric Administration (NOAA)
"Spinner Dolphin"
http://www.fpir.noaa.gov/PRD/prd_spinner.html（最終閲覧 2019 年 3 月

9日）

（行政資料）
Census
2010 U.S. Census Bureau http://www.census.gov/2010census/
2015 U.S. Census Bureau http://www.census.gov/2015census/
Council for Native Hawaiian Advancement
2006 *The Hawaiian Homes Commission Act :National Policies for Native Needs*, Desktop Reference Guide Fall 2006.
Department of Community Services
2015 *City and County of Honolulu Homeless Point-in-Time Count 2015*, City & County of Honolulu.
Department of Business, Economic Development & Tourism（DBEDT）
2015 *2015 State of Hawaii Data Book*
2016 *Quarterly Statistical & Economic Report (4th Quarter 2016)*
Department of Human Service,
July 23, 2014
"Resource Caregiving Receive Increased Board Payments, Effective July 2014"
http://humanservices.hawaii.gov/blog/resource-caregivers-receive-increased-board-payments-effective-july-2014/（最終閲覧 2019 年 3 月 9 日）
Department of Hawaiian Home Lands（DHHL）
2008 *Lease Survey 2008*
2014 *'Āina Ho'opulapula Hō'ike Makahiki :Annual Report 2013*
2015 *Applicant Waiting List*
North American Council on Adoptable Children
National Data Archive on Child Abuse and Neglect, http://www.ndacan.cornell.edu
State Policy Advocacy & Reform Center
2012 Hawaiian Adoption Facts.
The United States Conference of Mayors
2009 *Hunger and Homelessness Survey: A Status Report on Hunger and Homelessness in America's Cities: A 27-City Survey*
United States Census Bureau
Census 2000, http://www.census.gov/main/www/cen2000.html（最終閲覧 2019 年 3 月 9 日）

参考文献

Census 2010, http://www.census.gov/main/www/cen2010.html（最終閲覧 2019年 3 月 9 日）
日本政府観光局（JNTO）
『二〇一四年 国籍別／目的別　訪日外客数』
http://www.jnto.go.jp/jpn/statistics/visitor_trends/（最終閲覧 2019 年 3 月 9 日）

四條　真也（しじょう・まさや）

1980年神奈川県生まれ。首都大学東京大学院人文科学研究科博士後期課程単位取得退学。博士(社会人類学)。East-West Center 客員研究員、東京外国語大学アジアアフリカ言語文化研究所ジュニアフェローを経て、現在、首都大学東京社会人類学教室客員研究員。専門は、社会人類学、ハワイ研究、沖縄・奄美研究。
著書に『エリア・スタディーズ114　ハワイを知るための60章』（共著、明石書店、2013年）など。論文に、「制度の中の『伝統』──アメリカの養子縁組制度における『ハーナイ』の機能に関する一考」（『文化人類学』第79-2号、2014年)、「作り出される伝統──ハワイの養子縁組ハーナイの現場から」（『比較家族史研究』第29号、2015年）など。

ハワイアン・プライド ──今を生きるハワイ人の民族誌──

発行日………2019年8月15日 初版

編著者………四條　真也
発行者………阿部川直樹
発行所………有限会社 教友社
275-0017 千葉県習志野市藤崎6-15-14
TEL047(403)4818　FAX047(403)4819
URL http://www.kyoyusha.com
印刷所………モリモト印刷株式会社

ISBN978-4-907991-56-2　C3039